POUR NOS ADOS, SOYONS ADULTES

PHILIPPE JEAMMET

POUR NOS ADOS, SOYONS ADULTES

Odile Jacob

15, rue Soufflot, 75005 Paris

www.odilejacob.fr

ISBN 978-2-7381-1735-9

INTRODUCTION

Les adolescents sont à la mode. Pourtant, c'est un regard bien ambigu que notre société pose sur sa jeunesse. On ne parle d'elle qu'en termes de risques et de menaces. Aurions-nous peur de nos adolescents ? On pourrait le croire tant il est vrai qu'on ne les cite, dans les médias, que pour évoquer leur « souffrance » ou leur dangerosité pour eux-mêmes et pour les autres.

Qu'en est-il de la réalité des adolescents en France en ce début du XXIe siècle ? Il suffit de les regarder pour constater qu'ils apparaissent plutôt « libérés » et en meilleure santé que nous ne l'étions. Ils vivent une révolution sans trop avoir l'air de s'en rendre compte et plutôt sans crainte excessive. Jamais dans l'histoire de l'humanité autant de jeunes n'ont reçu une éducation aussi poussée, n'ont eu autant d'ouverture sur le monde et de moyens de communication et d'information à leur disposition. Dans le même temps, il se confirme que la famille reste le point d'ancrage, le lieu ressource par excellence pour près de quatre-vingt-dix pour cent d'entre eux et que l'amitié est la valeur la plus prisée. La souffrance des adolescents serait-elle donc une invention des adultes déprimés, incapables d'affronter un monde qui évolue trop vite par rapport à leurs capacités d'adaptation ? Les parents auraient-ils tort de s'inquiéter pour leurs enfants ?

La réalité est, bien sûr, plus complexe. La majorité des adolescents va bien et on peut raisonnablement penser qu'elle va mieux qu'elle n'a jamais été. L'évolution de notre société offre à la très grande majorité d'entre eux et, potentiellement, à la quasi-totalité, des possibilités d'épanouissement et de choix jamais égalés. Pour la première fois, nos adolescents vont avoir un mode de vie, une profession différents de ceux de leurs parents. On a, enfin, cessé de reproduire du même. C'est une bonne nouvelle, car c'est une chance, une ouverture. Mais c'est également un facteur d'anxiété : ce qui est source d'enrichissement potentiel est souvent cause d'insécurité.

Et précisément, parce que la majorité des adolescents va bien, il est d'autant plus scandaleux qu'un pourcentage non négligeable d'entre eux se porte mal et voie ses chances pour l'avenir se restreindre dramatiquement. Quand votre enfant va mal, ce n'est pas une consolation de penser que les autres vont bien. C'est même plutôt attristant. « Pourquoi le mien ? Qu'ai-je fait pour qu'il soit ainsi, si les autres peuvent aller bien ? Comment prévenir et peut-on le faire ? Quand s'inquiéter ? » Ces questions méritent d'autant plus d'être posées qu'à contraintes et facteurs de risque semblables, le destin des adolescents peut être radicalement différent. Les uns peuvent faire de leur vulnérabilité un atout qui, après des difficultés plus ou moins importantes, plus ou moins longues, les conduit à la reprise des échanges et au développement de leurs potentialités. D'autres, en revanche, vont s'enfermer dans des comportements qui ont en commun de les amputer de ces potentialités, de les priver de leurs ressources. Or il se trouve que ce basculement vers la créativité ou la destructivité dépend largement de la qualité des rencontres qu'un adolescent fait avec des personnes significatives de son entourage, qu'elles appartiennent à la famille, au monde des amis, des pairs, ou bien au milieu soignant et éducatif entendu au sens large.

Bien sûr, l'adolescence révèle ce qui est en jeu depuis l'enfance, que ce soit sur le plan génétique, affectif ou éducatif, mais elle interroge aussi le présent. Que les bases de l'adolescent soient ou non fragiles, sa recherche de lui-même fait des adultes qui l'entourent des modèles et des miroirs – miroirs dans lesquels il quête sa propre image ; modèles qu'il interroge, dont il sonde les valeurs et les croyances. Or ce soutien que constitue les adultes est devenu particulièrement fragile et peu sûr dans notre contexte actuel, où tout consensus éducatif a disparu et où l'autorité est souvent vécue comme un abus de pouvoir. Pourtant, un adolescent qui se cherche ne peut se trouver que si cela résiste face à lui, que s'il trouve du « répondant ».

C'est de ce nécessaire « répondant » que voudrait parler ce livre. Les adolescents sont en attente de parents et, plus largement, d'adultes qui aient, ou plutôt qui retrouvent confiance en eux-mêmes et en leurs capacités éducatives. Mais pour retrouver cette confiance, il faut commencer par essayer de mieux comprendre à quels besoins fondamentaux doit répondre l'éducation et quels sont les besoins existentiels à l'adolescence. Comme tout être vivant, un adolescent est avant tout en attente de liens qui le nourrissent et le construisent ; il est dans une quête de lui-même qui passe par la rencontre avec les autres et dont l'issue dépendra de la qualité de présence des adultes, de leur capacité à transmettre et du contenu qu'ils ont à transmettre. L'absence de réponse n'est pas la liberté, c'est l'abandon.

Un adolescent est trop en recherche de lui-même et de son avenir pour ne pas être habité par la crainte de ne pas trouver ce qu'il cherche, d'autant qu'il ne sait pas bien ni ce qu'il cherche ni ce qu'il attend. Or l'attente ne peut être porteuse d'espérance que si la confiance prédomine – sinon, la peur de la déception risque de pousser à refuser toutes les occasions d'ouverture. Pour aider les adolescents qui vont mal, ou prévenir d'éventuelles difficultés, il faut avant tout faire vivre cette qualité de présence qui donne le sentiment d'être important, d'être aimé. Encore convient-il de s'entendre sur ce qu'aimer veut dire. C'est toujours un peu soi-même qu'on aime dans son enfant et ce sont souvent ses propres besoins affectifs, surtout s'ils ont été déçus, qu'on cherche à combler par cet amour. Tout amour parental a besoin d'être tempéré par la compréhension de ce que sont les vrais besoins de l'enfant pour se développer, c'est-à-dire épanouir ses potentialités. Avec cette compréhension et la reconnaissance de ces besoins, c'est la réalité propre et spécifique de l'adolescent qui peut alors trouver sa place dans la relation d'amour qui l'unit à ses parents.

C'était, naguère, la fonction de l'éducation d'introduire cette référence aux conditions nécessaires au bon développement. La critique systématique de toute autorité, le dénigrement des adultes par les adultes eux-mêmes durant ces dernières décennies ont gravement contribué à délégitimer les principes et les normes. À cette disqualification de l'éducatif s'est substituée une survalorisation de l'écoute des enfants, certes indispensable, mais à condition qu'elle soit réciproque et que les adultes se sentent autorisés à être eux aussi écoutés. Mais qui peut désormais les autoriser, sinon eux-mêmes ? Au nom de quoi les parents d'aujourd'hui se sentiraient-ils justifiés à poser cette limite dont ont tant besoin nos adolescents et qui peut se formuler ainsi : « on ne s'abîme pas et on n'abîme pas les autres ; on se respecte et on respecte les autres » ? Pour se sentir autorisé à prendre une position ferme et tranquille, il faut savoir pourquoi on le fait et dans quel but. Puisse cet ouvrage apporter des éléments de réponse aux parents désemparés qui aiment leur adolescent et voudraient tant l'aider à accomplir ce passage essentiel qu'est l'adolescence.

CHAPITRE PREMIER

LA PUBERTÉ : UNE MISE À L'ÉPREUVE DES RESSOURCES

« Dans l'attente, on souffre tant de l'absence de ce qu'on désire, qu'on ne peut supporter une autre présence. »
Marcel PROUST, *À la recherche du temps perdu.*

Anne est une jeune fille de dix-sept ans, grande, brune, plutôt attrayante et dont on pressent qu'elle pourrait être très jolie si une obésité certaine ne venait l'alourdir. Elle a une apparence plutôt contrastée, faite d'un mélange de recherche et de laisser-aller dans sa présentation, de chaleur et de brusquerie agressive dans son contact et son langage. De même, on est frappé par l'alliage d'une grande féminité sans sophistication qui la fait apparaître plus femme que jeune fille et d'une allure quelque peu masculine par sa lourdeur et sa brusquerie. Elle vient me voir poussée par ses parents parce qu'elle ne va pas bien et qu'elle est déprimée, surtout depuis deux ou trois mois, juste après la réussite à son bac. Depuis cette date plus rien ne va, elle n'a goût à rien, ne sait absolument pas quoi faire ni vers quelles études s'orienter. Pour un rien elle pleure et la seule évocation de cette situation la fait pleurer à nouveau. Pendant près d'une année, il ne se passera guère de séances sans qu'elle soit ainsi débordée par ses larmes et par des affects dépressifs.

Anne a un contact qui restera, même aux plus forts moments de dépression, toujours bon et chaleureux avec une grande qualité de présence et un regard vivant, droit et bien posé. Je sens qu'elle cherche en permanence à retenir ses larmes et qu'elle est humiliée et furieuse de ne pouvoir se contenir davantage. Ses pleurs resteront toujours bien inscrits dans la relation, mais sans qu'elle en tire aucune satisfaction ni bénéfice secondaire apparent. L'importance de sa dépression se confirme rapidement et elle apparaît même souvent désespérée. Elle se déteste de se voir ainsi, sans goût pour quoi que ce soit, et sans réaction. Elle est un poids pour sa famille. Elle vient de réussir son bac, mais elle s'en veut de n'en éprouver aucune joie, de ne pas savoir ce qu'elle a envie de faire et de ne rien désirer entreprendre.

Pourquoi est-elle déprimée ? Elle ne le sait pas au juste, mais ce qu'elle sait c'est qu'elle ne s'aime pas, qu'elle ne s'aime pas molle et déprimée ; quelle n'aime pas son corps ; qu'elle n'aime pas « bouffer » comme elle le fait, qu'elle « en a marre » ; que tout l'irrite y compris mes questions et même d'avoir à parler. De culpabilité point ; du moins manifeste, mais une immense dévalorisation.

En fait, dès le premier entretien, il apparaît clairement que si l'état dépressif est devenu manifeste après la réussite au bac, il n'est pas nouveau mais existait bel et bien depuis le début de la puberté vers douze ou treize ans. C'est également à cette époque que s'est développée l'obésité d'Anne. D'un peu forte pendant son enfance, elle est devenue en quelques mois franchement obèse, tandis qu'elle était sujette à des accès de goinfrerie qui la laissaient abattue et dégoûtée d'elle. Oui, décidément, il y a longtemps qu'elle ne s'aime pas et cette évocation accroîtra son émotion.

Anne est la fille unique d'un couple d'industriels. Elle présente son père comme un self-made-man, très actif et entreprenant, qui a monté une affaire importante et à côté de son travail anime de multiples comités et associations. Sa mère a longtemps secondé son père dans son travail. Elle y fut sûrement efficace, mais n'en a tiré aucune gloire, tout l'éclat de la réussite revenant à son mari, dont Anne a le sentiment qu'il écrase sa mère, qui n'a jamais pu et osé exister pour elle-même. Elle trouve le comportement de son père révoltant. Après l'avoir admiré pendant son enfance, elle s'est rendu compte vers douze ou treize ans de son despotisme, de sa suffisance et du peu de cas qu'il faisait de sa femme (bien qu'il restât toujours gentil et prévenant avec elle).

C'est à cet âge qu'elle a commencé à le détester et à ne plus le supporter « physiquement ». Il la dégoûtait et le bruit qu'il faisait en mangeant lui était insupportable. Elle se mit à éviter de manger avec lui, mais cela ne suffit pas à apaiser son irritation et elle devint agressive avec lui, polémiquant à la moindre occasion, puis abandonnant la discussion brutalement en le traitant à l'intérieur d'elle d'imbécile, et partant en claquant la porte pour s'enfermer seule et triste dans sa chambre. Depuis un an ou deux, ces manifestations sont moins vives et elle se sent plus tolérante avec lui. Elle aimerait bien qu'il s'occupe davantage d'elle.

Anne se sent plus proche de sa mère, qui est calme et douce, mais elle lui en veut de se laisser faire ainsi. Pourquoi ne se met-elle pas davantage en valeur ? Pourquoi s'efface-t-elle devant son mari ? Elle souffre sûrement de cette situation, mais ne fait rien pour la modifier. Il y a là quelque chose d'intolérable, de révoltant, qui lui donne envie de hurler.

Cette mère parfaite, dévouée, inattaquable et victime du père est également une mère un peu lointaine. Surtout, c'est une mère absente et doublement absente : physiquement absente, notamment pendant la première enfance d'Anne, car elle était trop occupée par son travail avec son mari, et moralement absente, car triste et insatisfaite de manière chronique. Anne a été confiée à des gouvernantes qui se sont succédé jusqu'à ce qu'elle ait trois ans, la dernière étant restée jusqu'à sa sixième année. Ses parents disent qu'elle y était très attachée et qu'elle a mal supporté son départ, survenu après une dispute avec la mère. Anne n'a aucun souvenir de cette femme, ni de celles qui l'ont précédée. Quant à l'agressivité contre le père, elle se nuance très rapidement, cependant qu'émergent les souvenirs, les moments de grande proximité pendant l'enfance, la complicité et les points communs, notamment la curiosité, l'esprit d'entreprise, l'envie de vouloir tout créer et tout faire, toutes choses qui ont eu pour effet de laisser la mère un peu plus à l'écart. C'est cette belle complicité qui s'est très rapidement, presque brutalement, rompue à la puberté, tandis que se faisaient jour reproches et dégoût. Maintenant, dans le cours de la psychothérapie, pointe la déception à l'égard de ce père plus occupé par son travail que par sa fille. Certes, il continue de s'intéresser à ce qu'elle fait, et il se soucie de sa santé, mais il le fait – selon

Anne – avec tant de maladresse, de brusquerie qu'elle en est encore plus irritée et qu'elle préférerait qu'il n'en fasse rien.

Mais ce qui fait le plus souffrir Anne, ce qui la désespère littéralement, c'est son corps. Il lui est difficile d'en parler et chaque fois qu'elle l'évoque, c'est brutalement, comme par mégarde et comme si elle me jetait à la figure ce que je dois bien savoir sans qu'elle ait besoin de me le dire : qu'elle ne peut que détester un tel corps, que c'est évident et qu'il n'y a rien de plus à en dire. Il me faudra insister pour qu'elle reconnaisse qu'elle est prise dans ce cercle vicieux qui fait que plus elle le déteste, plus elle est insatisfaite d'elle-même, plus elle est boulimique et moins elle s'aime ; mais qu'il n'en a pas toujours été ainsi et que cela vaut la peine de revenir à ce qui s'est passé quand elle a commencé de grossir.

On traite souvent son corps en fonction de sa relation avec ses parents. Et quand on a un contentieux à régler avec eux, c'est fréquemment sur son corps que l'on se venge. Oui, maintenant, Anne se souvient, elle aurait peut-être eu envie, vers huit, dix ans, d'être un garçon et de devenir comme son père. Elle se demande d'ailleurs si celui-ci n'aurait pas préféré avoir un garçon. Elle se souvient aussi très bien combien elle trouvait sa mère belle, mince, fine, élégante : la beauté même. Elle a des traits du visage de sa mère, mais la morphologie générale est celle de son père : massive et lourde. Jamais elle ne pourra être aussi fine, s'est-elle souvent répété en regardant la photo de sa mère qu'elle a toujours dans sa chambre. Alors… Alors, je lui fais remarquer qu'il peut être tentant, dans ces conditions, à défaut d'être aussi fine, d'être à son opposé pour ne pas rivaliser avec elle. Elle admet être tentée de déformer encore plus son corps.

Tout s'est passé très vite à la puberté. Elle attendait avec impatience d'avoir ses règles. Elle en parlait souvent avec ses amies. Cela ne lui posait apparemment aucun problème. Mais son corps s'est transformé très rapidement et elle a eu le sentiment de devenir femme d'un coup sans avoir eu de corps de jeune fille. Elle n'a qu'un souvenir confus de ce qui s'est passé, mais ses fesses, ses seins ont été tout de suite ceux d'une femme. C'est par le regard des autres qu'elle s'en est aperçu. Il sera très difficile à Anne d'en dire plus sur ce sujet et ce n'est que plus tard, au cours de la deuxième année, qu'Anne pourra revenir sur sa souffrance de n'avoir pu être aimée des camarades de son âge dont elle était amoureuse. Et sur sa gêne d'avoir été l'objet d'attentions amoureuses de la part d'un homme plus âgé, point qui n'a pu qu'être évoqué par Anne sans qu'il lui soit possible d'en dire plus. Cette gêne, elle la doit sans aucun doute à la relation forte qui l'unit à son père et qui, à la puberté, s'est chargée d'une connotation sexuelle. Ce qu'elle en dit, les réactions émotionnelles que cette évocation suscite, donne le sentiment d'un brusque dévoilement incestueux du corps qu'elle s'est efforcée de combattre en attaquant son corps, mais de façon ambiguë, puisque son obésité n'a fait qu'accentuer son hypermaturité physique.

Anne parle de ses règles comme elle l'a fait de son corps, pour en souligner le caractère excessif. Elle a eu, d'emblée, des règles trop abondantes et qui duraient trop longtemps. Pas des règles d'adolescente, dit-elle. Quand elle les a, c'est comme un gouffre qui s'ouvre. Cela lui donne la sensation de se vider comme quand elle réussit à maigrir. Quand elle est bien, elle vit ses règles comme quelque chose d'heureux dont elle est plutôt fière, mais quand elle ne s'aime pas, cela la dégoûte, et elle préférerait ne pas en avoir.

Peu après le début de sa puberté, elle s'est jetée à corps perdu dans la pratique des arts martiaux. Ce fut la découverte d'une véritable passion qui l'a conduite à gravir très rapidement des échelons. Elle a arrêté l'an dernier, l'année de son bac. Elle aimerait reprendre, mais ne s'en sent plus le courage. Ce qui la frappe maintenant, c'est le plaisir qu'elle avait à offrir son corps au « maître ». Dès que celui-ci demandait un volontaire pour servir d'exemple et montrer la technique d'une prise, elle se désignait. Elle aimait alors sentir son corps entièrement livré à la prise du maître et avoue le plaisir qu'elle éprouvait quand son corps s'écrasait douloureusement au sol. Elle recherchait cette douleur et quittait la séance meurtrie et saoulée.

Les premiers mois de thérapie sont très difficiles. Vers la fin de l'année, Anne reste très déprimée, mais d'une façon plus vivable pour elle et son entourage. Avant les grandes vacances, alors qu'elle n'a pratiquement rien fait sur le plan des études, elle avoue au cours d'une séance qu'elle aurait aimé faire la même école de commerce que son père. Je me contente de lui demander ce qui l'en empêche, et elle décide de s'inscrire l'année suivante à la classe préparatoire pour cette école.

Extrait de séance

Anne se dit beaucoup mieux moralement et physiquement. Pour la première fois depuis longtemps, elle a passé de bonnes vacances, et malgré quelques moments de déprime et d'insatisfaction, elle s'est sentie heureuse et même parfois très heureuse. Mais elle n'avait pas envie de rentrer à Paris et, depuis son retour, elle a recommencé à avoir des crises de boulimie alors qu'elles avaient cessé depuis plusieurs mois. Elle ne sait pas pourquoi, mais c'est comme cela et, à nouveau, c'est plus fort qu'elle.

Il faut éclaircir cela. Elle souhaite parler de son corps, mais elle sait aussi qu'elle cherche à l'éviter et elle me demande mon aide. « Mon corps, dit-elle, est comme un bloc informe ; comme cela, il ne bouge pas, peut-être que je refuse d'avoir des formes féminines et séduisantes ? »

Long silence… « Je n'aime pas les changements, du moins quand ils concernent le cadre qui m'entoure. Sur ce point, je suis casanière… J'ai refusé pendant longtemps qu'on touche à ma chambre. Elle est toute petite et divisée en deux. Voilà longtemps que mes parents me conseillent d'abattre la cloison pour agrandir la chambre et n'en faire qu'une seule pièce. Je refusais, je ne voulais pas qu'ils dépensent de l'argent pour moi, mais, surtout, je ne supportais pas l'idée qu'on creuse un trou.

— Un trou ?

— Oui, un trou. Eh bien, ça y est, le trou est fait, les travaux ont commencé, j'ai fini par accepter, je finis toujours par me laisser faire. »

Silence… « Je viens d'aller voir une cousine malade, en chirurgie dans un hôpital. C'est insupportable d'être ainsi exposée, à la merci des médecins. » Je lui fais remarquer qu'il y a peut-être quelque chose d'insupportable pour elle à s'exposer ainsi devant moi. Elle ne voit pas le lien. Elle n'aime pas son corps et ne sait pas pourquoi. Je lui fais remarquer qu'elle a souvent souligné qu'elle ne supportait pas les situations où elle se sentait passive et en quelque sorte « exposée » mais qu'elle avait aussi, à plusieurs reprises, insisté sur son besoin d'offrir son corps, comme au « maître ».

Elle proteste. « Mais là, je n'étais pas passive, j'étais active dans le combat ; ce dont j'ai besoin c'est de me battre. J'ai une grande violence en moi et j'ai besoin de faire souffrir mon corps. Je l'aime si peu, c'est normal de vouloir le faire souffrir. Je ressens tout désir avec violence, même le désir de réussir mes examens.

— Comme si, pour réussir, il fallait arracher cette réussite à quelqu'un ?

— Je n'y avais pas pensé. »

Je lui rappelle alors un cauchemar qu'elle a fait, où un loup vomissait des morceaux de chair. Elle corrige :

« C'était peut-être un chien. Il vomissait de la chair rosée : le foie, les reins, l'estomac. Il vomissait ses intérieurs. Ce qui me gêne, c'est qu'il n'y avait pas de sang.

MOI : — Pas de sang ?

ELLE : — Cela me fait penser à mes règles. Mes premières règles m'ont dégoûtée, j'avais le sentiment de me vider, que cela n'allait pas s'arrêter.

MOI : — Se vider, s'empiffrer…

ELLE : — Être mince, c'est peut-être féminin, je voudrais l'être, mais je ne peux pas. Ce que j'ai souffert à l'adolescence de ne pas être désirée par les garçons de mon âge qui m'attiraient ! Et quel choc de se rendre compte que j'étais désirée et violemment par cet homme âgé. J'ai peur d'être hommasse. C'est ce que disaient mes camarades. Au fond, je n'ai pas choisi entre mes parents.

MOI : — Comme s'il y avait quelque chose d'inconciliable entre eux, un combat. Choisir l'un serait perdre l'autre ?

ELLE : — Pourtant, mes parents se sont toujours bien entendus. Ils forment un tronc.

MOI : — Un tronc comme votre corps ?

ELLE : — Non, pas un trou, un tronc, un bloc, si vous voulez.

MOI : — J'avais dit tronc, et non pas trou.

ELLE : — Ah oui, le trou, c'est dans le mur.

MOI : — La femme aussi a un trou.

ELLE : — Je ne supporte pas l'idée de trou, mais un tronc oui. »

Et elle fait avec les deux mains un geste de haut en bas qui dessine une colonne : « Adolescente, je m'imaginais videur de cabaret. »

La puberté, ou le corps otage

J'ai rapporté cet extrait de séance parce qu'il me semble très révélateur de la nature des difficultés rencontrées à l'adolescence et dont le corps est l'expression. Je l'ai dit, le corps de l'adolescent est volontiers le lieu d'un règlement de comptes parfois assez cruel avec ses propres parents. De fait, la puberté dépossède le préadolescent de son corps prépubère, celui de son enfance. Il va lui falloir apprendre à se le réapproprier. Elle le dépossède parce qu'elle le confronte à des changements subis, et aussi parce qu'elle contribue à en faire un être unique, différent des autres, parce qu'elle le confronte brutalement à la contradiction entre l'inévitable soumission au regard des autres de ce corps de plus en plus sexué et la conscience du besoin nouveau d'intimité. C'est la sexualisation du corps pubère, exhibé aux yeux de tous et menacé dans son intimité par son dévoilement public, qui crée ce *besoin d'intimité*. Apparaissent alors les manifestations si typiques de cet âge que sont la gêne, la pudeur, la honte et, bien sûr, la rougeur.

Écoutons et regardons les adolescents et les préadolescents, ceux qui sont sollicités par les premiers effets de ces changements corporels liés à la puberté. Rappelons-nous notre propre adolescence. Quelle différence radicale entre la croissance physique de l'enfance et les premiers signes avant-coureurs de la puberté ! Les premiers poils pubiens ou sur le visage, les gonflements annonciateurs des futurs seins, les premières dissonances d'une voix qui mue, la verge qui grossit.

On n'est plus dans le même registre. L'adolescent pressent bien qu'il est habité par une force qui le transforme et face à laquelle il est impuissant. Son corps lui échappe et avec lui ce sont ses sensations qui changent, les fluides qui coulent malgré lui, les émotions qui le submergent. Cette perte de contrôle le fait se sentir gauche, maladroit. Là où il voudrait paraître impassible, le malaise le gagne. La rougeur, cette honte du corps, tel un gyrophare, signale à tous son état émotionnel, et plus il le perçoit, plus la situation s'aggrave. Le corps a cessé d'être le bouclier protecteur garant de l'intimité. Tout au contraire, il le trahit comme il trahit des appartenances qu'on n'a pas choisies : il ou elle a les yeux de sa mère, le nez de son père, le profil de l'un, les cheveux de l'autre… Alors, qu'a-t-il à lui-même ? Qu'est-ce qui lui appartient ? Rien ou si peu. Si, il lui reste sa faculté de s'opposer par ses idées, ses croyances, ses choix, et sa capacité à changer son corps ou, à défaut, son « look », son apparence, ses accoutrements.

La puberté contraint le corps à un changement que l'adolescent n'a pas choisi et qu'il subit plus qu'il ne peut l'agir. Or, jusqu'alors, le corps et soi-même ne faisaient qu'un, une seule personne. C'est avec la puberté qu'apparaît l'écart possible entre un soi, personnel, intime, intérieur, et un corps, une apparence physique. La puberté divise le sujet qui ne retrouvera plus jamais l'unité perdue de l'enfance. Cette trahison du corps qui échappe, ce corps étranger qu'il faut se réapproprier amène inévitablement l'adolescent à s'interroger sur son héritage et sa relation à ses géniteurs. Et cela en contraste complet avec le fait qu'il vient d'atteindre l'« âge de raison », qu'il arrive à l'apogée de ses capacités cognitives, réflexives et de raisonnement logique, c'est-à-dire au maximum de conscience de lui-même en tant que sujet, différent des autres, de ses parents notamment. Car à quoi le conduit sa capacité à maîtriser sa pensée et, le croyait-il, son corps agile et musclé ? Au constat angoissant que ce corps, le sien, lui échappe par sa sexualisation nouvelle et par sa facilité à exprimer les émotions qu'il voudrait cacher. Avec la puberté, l'adolescent est contraint de réaliser qu'il n'est pas l'acteur de son développement, mais l'otage d'un corps qui lui échappe.

Non seulement il ne choisit pas ses émotions, ses transformations pubertaires, mais il n'a pas choisi d'être garçon ou fille, blond ou brun, grand ou petit, d'avoir des yeux de cette couleur, un nez ou des oreilles comme ceci ou comme cela. Il n'a pas choisi d'avoir cette famille, de vivre dans ce pays, à cette époque. En fait, il n'a rien choisi. Il n'a même pas choisi de naître. On ne lui a pas demandé son avis sur ce qui fait qu'il est lui-même. Dans ces conditions, qu'est-ce que vivre ? Pourquoi vit-on ? Que représentent le monde et la vie si on ne fait que subir ? N'est-on qu'une marionnette dont on ne tire aucune ficelle ? Qu'est-ce qui nous appartient ? Sur quoi peut-on agir ? C'est la puberté qui fait de tout adolescent un philosophe potentiel.

Quelle distance avec les parents ?

Et non seulement il n'a rien choisi, mais la puberté le confronte à ses propres contradictions. Contradictions entre le désir de proximité avec les parents de l'enfant qu'il demeure et la nécessité de prendre de la distance par rapport à eux à cause de ce corps qui se sexualise et qui sexualise les liens, qui change maman en une femme et papa en un homme, l'un et l'autre potentiellement désirables. Il devient de plus en plus difficile d'ignorer que ces deux-là ont sans doute une vie génitale.

Le sexuel rapproche ; l'adolescent le sait, il le sent. C'est d'ailleurs cela qu'il tente de fuir en prenant ses distances avec ses parents. La sexualisation d'un lien, quel qu'il soit, induit un rapprochement, que celui-ci reste de l'ordre du regard ou qu'il se traduise par des attitudes, des gestes. Cette soudaine prise de conscience de la réduction de la distance entre l'adolescent et ses parents se manifeste très concrètement par toute une série de réactions qui, dans la vie quotidienne, témoignent d'un sentiment d'invasion et de promiscuité permanent, comme si la présence des parents équivalait à un contact quasi physique. On passe vite de l'attirance à un vague sentiment de rejet et parfois de dégoût. Ces attitudes contraires traduisent la même intensité de l'attachement à l'égard de la personne aimée et c'est la force même de ce lien qui devient menaçant en se sexualisant et conduit à son inversion en refus.

Ainsi l'atmosphère s'épaissit. L'adolescent devient hypersensible à toute remarque concernant son corps, comme aux manifestations du corps de ses parents. Ce corps, dont il semble découvrir l'existence chez ses parents, lui est insupportable par sa seule pesanteur, comme par les odeurs qui en émanent. Du jour au lendemain, il cesse les câlins sur les genoux, fuit le lit parental dans lequel il avait tant de plaisir à se glisser avant, les jours de grasse matinée, et refuse les petits baisers, même de convention, dont il était si prodigue auparavant.

Si la sexualisation de ce corps en train de devenir adulte est souvent le moteur d'un mouvement de rapprochement potentiellement incestueux, les conséquences de cette sexualisation concernent rapidement le territoire et plus profondément le territoire personnel. Derrière l'effraction sexuelle, c'est toujours l'identité du sujet et son intégrité qui sont en cause ; le partage de l'espace, les désirs fusionnels menacent les limites et font violence au Moi.

Cette nécessaire prise de distance est bien perceptible dans les tensions autour de la distribution des espaces au sein du logement : partage des chambres bien sûr, mais aussi de la salle de bains, des espaces communs, de la télévision, voire du lit des parents au coucher ou au lever… L'envahissement de l'espace de la chambre par le nénuphar dans *L'Écume des jours* de Boris Vian en est une belle métaphore. Mais c'est la violence qui répond toujours à cette menace sur l'espace de l'individu, violence contre soi dans l'étouffement des désirs de l'épanouissement de la personnalité, le suicide, ou violence contre les autres, parfois jusqu'au meurtre, avec la fugue comme solution intermédiaire.

Tout et son contraire

Il faut dire, à sa décharge, que l'adolescent lui-même ne comprend pas ce qui lui arrive. Là encore, il subit plus qu'il n'a le sentiment d'agir, comme s'il n'était plus le maître ni même l'acteur de ce qui se passe, ce qui ajoute encore à son désarroi. Ce malaise, qui désoriente tout le monde, conduit souvent l'adolescent à l'évitement de ces contacts devenus perturbants ou à l'enfermement dans le retrait, la raideur, la pseudo-indifférence. « Faire la gueule » est une des solutions à cette impossibilité de choisir entre l'envie de se jeter dans les bras du parent, comme avant, et l'envie de s'enfuir dans sa chambre, parfois pour pleurer sur le malheur de ne plus comprendre ce qui arrive ou ce qu'on souhaite et de ne plus percevoir l'intérêt du monde. Il étouffe à l'intérieur de la maison, mais il se sent mal et il a peur à l'extérieur. Comment faire ?

Le changement d'attitudes figure parmi les stéréotypes de l'adolescence. La notion de crise d'originalité juvénile correspond bien à cette émergence brutale de comportements originaux, c'est-à-dire qui apparaissent en rupture avec la norme des conduites antérieures de l'adolescent et avec celles de son environnement. Attitudes et comportements de l'adolescent peuvent varier à l'infini, par contre ils ont des caractéristiques communes qui leur confèrent ce qui peut apparaître comme une « originalité », mais qui est surtout la spécificité du registre adolescent. Les conduites d'opposition sont une des formes privilégiées de ce nouvel aménagement de l'espace familial. Elles occupent toute la gamme des comportements possibles, depuis la bouderie de l'adolescent qui fait sa mauvaise tête ou qu'il faut relancer dix fois avant qu'il n'accomplisse la tâche demandée, jusqu'à l'agression directe d'un ou des deux parents ; depuis le besoin de se créer un espace préservé plus ou moins secret, de s'enfermer dans sa chambre ou de saisir toutes les occasions pour quitter la maison jusqu'à la fugue et l'errance.

À côté de ces attitudes, plus ou moins fragmentaires et provisoires, l'adolescence est riche en attitudes contrastées qui donnent naissance à des comportements relativement stables et durables, au point de conférer rapidement un modèle identitaire à l'adolescent. On connaît les stéréotypes de l'adolescent romantique, rêveur, secret et passionné, de l'adolescent ascète, de l'adolescent révolté, refusant tout compromis et bien décidé à faire triompher ses idéaux et à poursuivre de sa vindicte, sans faille et sans miséricorde, ceux qui tenteraient de s'opposer. On connaît également ces adolescents qui s'enfoncent avec acharnement dans la délinquance, le vandalisme, la drogue et tous ces comportements auto- et hétérodestructeurs. Erickson avait déjà bien décrit ces identifications héroïques avec leur double versant possible, idéaliste ou destructeur, qui piègent l'adolescent dans une « identité négative » qu'il ne peut surmonter. Mais il y a encore les adolescents quêteurs de risques, traumatophiles, qui ne se sentent exister qu'en mettant en jeu leurs avoirs mais aussi leur santé, voire leur vie, et ceux qui fuient la confrontation, la limitation de la réalité, et s'évadent dans la mythomanie, ou qui ne peuvent trouver plaisir et intérêt qu'en cachette et en échappant au regard des autres.

L'objectif n'est pas de recenser l'extrême diversité des comportements « originaux » de l'adolescence, mais de chercher ce qu'ils peuvent avoir de commun qui spécifierait le mieux le type de changements induit par l'adolescence. La diversité traduit le poids des contingences individuelles et sociales, là où les paramètres communs traduiraient ce qui relève le plus du processus à l'œuvre à l'adolescence. Ces caractéristiques sont elles-mêmes variables d'un cas à l'autre. Il s'agit de lignes directrices dont le sens est bien sûr plus clairement donné par les formes extrêmes.

Dans mon expérience, les lignes de fond de ces caractéristiques communes sont les suivantes :

— *La brusquerie*, et parfois même la brutalité, des changements d'attitudes. Même dans les cas où prédomine le retrait, souvent plus progressif, ce qui frappe, c'est l'inexorabilité de son accentuation, son intensité, l'effet de rupture avec l'état antérieur. Cette dimension de rupture est essentielle. Elle ressort d'autant plus que le changement concerne un lien ou une activité particulièrement investi auparavant. Certaines périodes sont propices à ces écarts : l'année qui suit le début manifeste de la puberté, chez les filles, ou la période autour de dix-huit ans qui accompagne souvent la fin des études secondaires ou l'entrée en apprentissage. Elles ont de ce fait une portée symbolique et signifient une étape essentielle dans le processus d'autonomisation.

— *L'intensité*, voire la violence, des attitudes chez l'adolescent qui s'implique massivement, en tout ou rien, comme si son identité et parfois même sa vie étaient en jeu.

— *La paradoxalité* de beaucoup d'attitudes qui mélangent des finalités opposées et qui souvent aboutissent à des résultats paradoxaux – par exemple le renforcement d'une dépendance de fait alors que l'adolescent revendiquait son autonomie.

— *Le réaménagement de l'espace relationnel* qui se manifeste par la recherche d'une nouvelle distance avec les personnes précédemment investies, la famille ou ce qui en tient lieu, mais aussi par la quête d'un territoire personnel et de nouvelles limites.

Cette dernière caractéristique est le point central d'une phénoménologie des attitudes et des comportements de l'adolescent. Les personnes investies, du moins celles directement liées à l'enfance, sont l'objet d'un phénomène d'attraction-répulsion d'autant plus marqué que l'investissement est plus fort. Le phénomène peut concerner directement la personne investie, ou des substituts, mais aussi porter sur des attributs de la personne – métier, valeurs et idéaux... C'est ce phénomène qu'on retrouve *a minima* dans le changement d'expression des affects ou dans les conduites d'opposition ordinaires. Il suffit, en effet, d'un déplacement minime pour que l'adolescent puisse se laisser aller et exprimer au grand jour ce qu'il est obligé de réprimer avec le parent concerné, comme le prouvent la disparition de toute opposition et même la disponibilité et la serviabilité dont il sait faire preuve chez les parents de ses copains ou encore la spontanéité de ses expressions émotionnelles avec un grand-parent : le seul fait d'un changement de génération suffit parfois à rendre tolérable le rapprochement affectif.

Devenir autonome : un défi pour l'adolescent

La puberté contraint l'adolescent à se distancier des objets d'attachement de son enfance, au premier rang desquels figurent ses parents ou ceux qui en ont tenu lieu. Mais prendre ses distances implique inévitablement de prouver sa capacité à se passer d'appui et à utiliser ses ressources personnelles. C'est un besoin, un plaisir, mais aussi un risque et une peur. Ce *mélange de sentiments contradictoires* est peut-être la caractéristique essentielle de l'adolescence et rend compte, à mon avis, de son caractère fondamentalement inconfortable. Il y a trop d'envies contradictoires, trop de sentiments mélangés pour pouvoir se sentir épanoui ou seulement à l'aise. Ce malaise peut perdurer bien sûr au-delà de l'adolescence et peut-être toute la vie, mais l'adolescence est, par excellence, la période où il est exacerbé, parce que tous les sentiments sont plus à vif et que le manque de recul et d'expérience en accentue les enjeux.

S'élancer vers un début d'autonomie, c'est donc devoir faire ses preuves. C'est en cela que l'adolescence est un puissant révélateur de notre héritage, de ce que nous ont légué nos parents, par l'éducation qu'ils nous ont donnée et le capital génétique qu'ils nous ont transmis ; c'est aussi, bien sûr, une mise à l'épreuve de notre capacité individuelle à faire fructifier cet héritage, à nous en nourrir. Et cette capacité individuelle et notre appétence à la développer, tout ce champ mystérieux qui compose nos motivations, dépendent eux aussi pour beaucoup du contexte familial, éducatif, social et culturel dans lequel nous avons évolué, des rencontres avec des personnes significatives qui ont ponctué jusque-là notre parcours personnel.

C'est tout ce legs qu'interroge la puberté, testant les acquis tout en ouvrant largement sur de nouvelles nourritures possibles, de nouvelles rencontres. En cela, l'adolescence est cette période de la « deuxième chance », celle qui offre l'occasion de se libérer des entraves et des séquelles d'une enfance parfois difficile, comme l'ont souligné de nombreux auteurs. Ces ouvertures possibles, génératrices d'élans nouveaux, d'appétit de vivre et de se nourrir, vont dépendre massivement du climat émotionnel qui accompagne l'adolescence. Les motivations des adultes y tiennent une place essentielle. L'intérêt que ces derniers montrent pour ce qu'ils font, et au-delà pour les découvertes qu'apporte la vie, constitue probablement la force motivationnelle principale des adolescents.

Cela dit, dans cette période de transition, tout adolescent est nécessairement confronté aussi aux difficultés de sa solitude nouvelle, inconnue jusqu'alors. Solitude de cette deuxième naissance, non plus à la vie, mais à soi-même en tant qu'être unique auquel est dévolue la tâche de prendre soin de soi, de se construire en tant qu'adulte avec les matériaux d'un héritage imposé par la nature et les parents, et dans un environnement, lui aussi largement imposé, mais sur lequel on commence à pouvoir exercer des choix. C'est cette double prise de conscience simultanée, du poids d'un héritage qu'on n'a pas choisi, et dont ce corps pubère nouveau est le témoignage concret, comme de l'étendue des possibilités nouvelles qui s'offrent à soi – dont la sexualisation du corps est, là encore, également la manifestation – qui fait accéder l'adolescent à son statut de sujet unique, puisqu'il est un monde à lui tout seul, et en même temps tributaire de l'environnement.

Un adolescent est comme un bateau au milieu de courants divergents. Il peut même se sentir comme une girouette soumise au caprice de vents changeants sur lesquels il ne se sent aucune prise. C'est cela, en somme, la crise de l'adolescence. L'adolescent sait qu'il ne peut plus rester ancré à l'abri du port de son enfance, mais il ne sait pas pour autant vers où se diriger. D'ailleurs, c'est souvent dans des directions opposées qu'il désire aller, quand ce n'est pas dans toutes les directions. Comment choisir ? En fonction de quels critères ? Peut-on seulement choisir ? Et surtout a-t-on les moyens de ses choix ? De quelles ressources dispose-t-on pour entamer ce voyage ? Il s'ensuit d'autres questionnements, eux aussi inévitables : qu'est-ce que j'ai dans la tête ? Qu'est-ce que j'ai dans le ventre ? De quoi suis-je capable ? Quelle est ma valeur ? Avec, en corollaire : Est-ce que je compte pour quelqu'un ? Suis-je aimable, c'est-à-dire puis-je être aimé ? Compter pour quelqu'un ? Mes parents ? Et les autres ? Quels autres ? Des questions par milliers et aucune réponse certaine.

Comment ne pas être saisi de vertige ? Et qu'est-ce qui va donner du sens à ce vertige ? Un adolescent est nécessairement pris dans un jeu de forces multiples et souvent contradictoires. Il est aisé de comprendre que ce bouillonnement de questions, souvent éprouvé sans pouvoir être formulé, change totalement de nature selon le contexte dans lequel il vit. On retrouve l'importance de ce socle que constituent la confiance en soi et la confiance dans les autres.

Notion complexe qui résulte de la convergence de facteurs multiples, comme l'estime de soi et le sentiment de sécurité interne, et qui surtout peut varier grandement selon le contexte, les personnes qui nous entourent, les circonstances, les exigences de l'entourage et, bien sûr, les épreuves et les traumatismes éventuels.

C'est la confiance de l'adolescent en ses proches et, en miroir, celle qu'il a en lui-même qui constitue le repère le plus efficace. Mais cette confiance n'est pas statique, elle évolue, change, s'accroît ou décroît en fonction des échanges entre soi et les autres. Elle se construit en permanence, en fonction des rencontres – rencontres heureuses ou décevantes ou même absence de rencontres –, où le dedans – le monde interne fait de désirs, de croyances, d'attentes, d'expériences passées et présentes – et le dehors – les influences, les modèles qui animent, parcourent le monde environnant – se complètent ou s'opposent, mais sont en échange permanent en une continuelle coconstruction. C'est dans ce jeu d'interactions qu'un sujet se construit ou se perd.

Mais si l'adolescent ne se sent pas la force nécessaire pour aller de l'avant, pour mener sa barque, où peut-il chercher la force, la sécurité, la confiance qui lui manquent ? De quoi est faite cette force ? Où peut-il l'acquérir ?

C'est le propre de l'être humain d'être confronté à la perception aiguë de soi-même comme sujet unique et, en même temps, comme être incomplet, conscient de sa finitude, de ses limites, de ses manques et, donc, de sa dépendance. À cette problématique humaine générale, l'adolescent doit faire face très brutalement sans les appuis, les béquilles qu'apporteront progressivement les succès et les satisfactions de la vie, compensant plus ou moins bien les déceptions et les blessures.

Bien sûr, pour la plupart des adolescents, ce ne sera pas un drame. Parce que ces interrogations demeureront discrètes, plus ou moins en arrière-fond, intermittentes et qu'il sera soutenu justement par les acquis de son enfance et sa confiance en sa famille et son environnement. S'il n'a pas trop de comptes à régler avec son héritage, dont il se sera suffisamment nourri, et avec ceux qui le lui ont légué, c'est-à-dire ses parents, le monde lui apparaîtra plutôt à moitié plein qu'à moitié vide. Il n'aura pas alors plus de raison de douter de ses forces et de ses potentialités qu'il en a de douter de la qualité des liens qui l'unissent aux siens. L'ajustement se fera sans trop de difficultés. C'est heureusement le cas de la majorité des adolescents.

Par contre, si cette confiance vient à manquer, si le doute et le sentiment d'insécurité l'emportent, il lui faudra chercher cette force qui lui manque. Cette force qu'il ne se sent pas avoir dans la tête, dans le ventre, il va bien falloir qu'il l'acquière sous peine de s'effondrer. Et plus elle lui fait défaut, plus la quête pour trouver sécurité et assurance sera forte, contraignante, exigeante, angoissante. Inévitablement, cet adolescent-là se tournera vers les adultes car, quelle que soit l'ambivalence de ses sentiments à leur égard, ils restent les représentants de cette force, qu'il leur prête d'autant plus facilement qu'il l'attend intensément.

Le besoin de l'autre : une menace pour l'autonomie

L'adolescent se retrouve alors face à une contradiction qu'il risque de percevoir comme une impasse totale. Attendre des adultes dont on cherche à s'émanciper la force qui nous manque, c'est tomber de Charybde en Scylla. C'est en effet se retrouver dans la position de l'enfant dépendant dont on veut sortir et qu'on a tant de peine à quitter. Désirer recevoir des autres ce qui nous manque pour pouvoir se passer d'eux, c'est donner un pouvoir à l'autre sur soi. Et cela peut être intolérable, car c'est prendre le risque de faire de cet autre son maître, d'en dépendre, de s'y soumettre.

C'est ce que disent si bien ces adolescents avec leur langage imagé, malheureusement bien peu métaphorique, plutôt éprouvé comme une réalité concrète : « il ou elle me prend la tête », « me saoule », « me gave »... Ils ne perçoivent pas que, si leur tête peut être prise, c'est parce qu'elle est ouverte, qu'ils sont en attente face à cette personne-là. Ne nous prennent la tête que ceux qui, d'une façon ou d'une autre, représentent un pouvoir à nos yeux et un pouvoir qui entre en résonance avec cette force qui nous manque et dont ils paraissent pourvus. C'est souvent les parents et plus particulièrement la mère, qui « prend la tête » des adolescents, ou bien un professeur, un éducateur, bref quelqu'un qui est dans une position d'autorité. Remarquons que les adultes aussi peuvent avoir la tête prise. Par leurs adolescents parfois, mais en raison de l'intérêt qu'ils leur portent et des craintes qu'ils suscitent.

Bien sûr, la personne en question peut être exagérément autoritaire et abuser de cette position. Quand c'est le cas, l'adolescent, suffisamment sûr de lui, trouve plus ou moins rapidement le moyen de prendre ses distances et de se constituer un espace à lui de plus grande liberté, sans s'épuiser en vaines discussions. L'autorité peut aussi s'exercer de manière abusive avec des interdits très contraignants : elle suscite alors révolte, opposition franche ou dépression, l'adolescent s'affirmant dans son opposition à cette injustice sans pour autant avoir la tête prise. En fait, un tel vécu révèle des liens d'attachement ambivalents, que l'on peut qualifier d'insécures et qui se caractérisent par le fait que l'adolescent ne peut ni se passer de ce lien ni le tolérer, parce qu'il en a encore besoin et qu'il en attend une forme de reconnaissance à laquelle il tient plus qu'il ne le croit.

La preuve en est fournie par le fait que si le parent ou l'adulte en question se montre conciliant et cède aux demandes, le conflit se reporte rapidement sur un autre sujet et ainsi de suite. Si l'adulte laisse faire, c'est l'adolescent qui va le solliciter en le provoquant ailleurs ou autrement. Notamment en s'arrangeant pour susciter l'inquiétude de l'adulte, en prenant des risques exagérés, voire en adoptant des comportements qui le mettent en danger.

En fait, l'adolescent a besoin de ce lien, et c'est ce besoin même qui lui est intolérable. Si le lien se distend, il se sent abandonné ; si le lien se resserre, il se sent envahi, parfois persécuté. L'adolescence offre une bonne illustration de ces deux angoisses humaines fondamentales que sont l'angoisse d'abandon et de ne pas être vu, de ne pas exister suffisamment pour les autres, et, en miroir, répondant au désir de proximité, voire de fusion, l'angoisse d'intrusion. Un adolescent qui rentre chez lui supporte mal qu'on n'ait pas l'air de s'intéresser à lui, mais il répondra excédé si on a la mauvaise idée de lui demander comment s'est passée sa journée...

Trop loin, trop près : de l'abandon à l'intrusion

Ces deux formes d'angoisse sont l'expression d'un même sentiment d'insécurité interne. L'équilibre de la personne semble menacé aussi bien par le manque d'intérêt que par les marques d'attention qui sont aussitôt ressenties comme intrusives en raison de l'excès d'attente. « Tu ne me regardes pas, je ne suis pas intéressant », « mais si tu me regardes, qu'est-ce qu'elle a ma tête ? » pensent et souvent disent ces jeunes en attente d'une reconnaissance qui ne prend jamais de forme supportable – on est toujours trop près ou trop loin. L'entourage a le plus souvent la tâche ingrate de chercher la bonne distance et d'essayer de rendre acceptable aux adolescents ce dont ils ont besoin pour pouvoir réellement se passer de ces adultes qui leur prennent la tête…

C'est toute la question de la bonne distance relationnelle, ni trop près, ni trop loin, qui se pose ici. Pour moi, c'est là le paradoxe humain par excellence : l'intensité du besoin de l'autre confère à cet autre un pouvoir anxiogène, menaçant, car il y a risque de perte en cas d'éloignement et risque d'envahissement en cas de rapprochement. Au-delà de la peur, c'est l'identité même du sujet qui peut se trouver menacée dans un cas comme dans l'autre. C'est cette distance que l'adolescent a bien des difficultés à trouver avec les autres, mais aussi vis-à-vis de lui-même, et que les adultes ne savent pas non plus gérer dans leur relation avec lui. C'est ce qui rend l'approche de l'adolescent si déconcertante. *Il est aussi difficile de le laisser seul que de s'occuper de lui.* Quoi qu'on fasse, les résultats peuvent être à l'opposé de ceux recherchés.

Tout moment heureux de satisfaction partagée est susceptible de provoquer en retour une prise de distance qui donnera à l'adolescent le sentiment de retrouver la maîtrise de ses émotions. Cette distance pourra être obtenue par la mauvaise humeur, une fugue, un geste violent, en ne faisant pas ce qui est attendu, en décevant son interlocuteur, mettant ostensiblement en avant ces attitudes masochistes si habituelles chez les adolescents et tellement provocantes qu'elles sont vues comme agressives par les adultes auxquels elles s'adressent.

Comment sortir de cette contradiction d'un attachement d'autant plus impossible qu'il est plus nécessaire et donc envahissant et menaçant ? Probablement, en comprenant déjà qu'il s'agit non pas d'une contradiction, *a priori* sans véritable solution, mais d'un paradoxe, c'est-à-dire de deux propositions qui ne s'opposent qu'en apparence, car elles appartiennent en fait à deux niveaux différents de logique. La contradiction telle qu'elle est vécue par l'adolescent peut se formuler ainsi : « Ce dont j'ai besoin pour pouvoir être autonome, cette force qui me manque, que je dois aller chercher chez des adultes supposés l'avoir, c'est ce qui menace mon autonomie. » En résumé : « Ce dont j'ai besoin, c'est ce qui me menace. » C'est d'autant plus angoissant pour un adolescent qu'il ne peut se formuler ce qu'il vit de cette façon. Rien n'est clair. Ce qu'il en perçoit, ce ne sont que les effets, c'est-à-dire la tension et le malaise intérieur qui en résultent : le sentiment d'impasse et de découragement, l'absence de toute perspective. Pas de futur, mais, à la place, une tension qui lui fait violence.

Cette tension constitue en elle-même une menace de débordement pour le Moi, provoquant ce qu'on peut appeler un état de stress qui va déclencher des réactions émotionnelles de rage, de colère, de dépression, d'impulsivité plus ou moins importantes selon le tempérament et l'histoire de la personne. Ces réactions vont induire à leur tour celles de l'entourage, avec le risque d'un engrenage qui enferme l'adolescent dans des comportements d'actions-réactions. En fait c'est en se nourrissant de ce dont il a besoin que l'adolescent pourra devenir plus indépendant et, enfin, se positionner face aux adultes, à la fois réceptif et différent d'eux. Mais, cela, on ne le sait qu'après coup, quand on a bénéficié des apports nécessaires à sa sécurité interne. Lorsqu'on est sous la domination de ses émotions et notamment de la peur, le raisonnement perd de son efficacité et la tentation de fuir et d'éviter de recevoir ce dont on a tant besoin est la plus forte.

Si l'adolescent ne s'enferme pas dans ses comportements de refus, le temps lui permettra progressivement, avec l'expérience, de se rassurer et de recevoir les apports nécessaires à son épanouissement. Une fois de plus, on voit que c'est la confiance retrouvée qui est le meilleur remède à la menace que représentent nos attentes à l'égard des autres. Mais invoquer le temps, c'est faire référence encore une fois à l'attente et à la crainte de la soumission et de la passivité. Les « insécures » sont tentés de passer à l'acte sans attendre. Si ces actes ont des résultats positifs et contribuent à les nourrir et à les valoriser, c'est positif. Sinon, la spirale négative risque de s'enclencher. À ceux qui restent ainsi prisonniers du paradoxe, l'impasse paraît totale. Et il est vrai qu'il y a de quoi devenir fou quand la menace provient de ce qui nous est justement nécessaire.

Or il se trouve que cette contradiction centrale qui consiste à refuser de recevoir des autres ce qui nous manque tant et dont on a pourtant tant besoin entre en résonance avec tous les sentiments et toutes les envies contradictoires dont nous sommes tous plus ou moins porteurs. Envie d'une chose et de son contraire : réussir mais sans travailler, être remarqué et même admiré mais sans les angoisses de la compétition ; faire des conquêtes, mais être aimé exclusivement ; avoir envie de tout et, à défaut d'avoir tout, être tenté par rien... la liste en est quasi inépuisable. Or il est difficile d'être pleinement satisfait quand les changements sont aussi abondants qu'ils peuvent être rapides. L'adolescence est une attente permanente où ce qui est acquis s'efface devant ce qui est à acquérir. Cette attente contribue à faire de l'adolescence une période inconfortable. Trop d'attente empêche de se nourrir du présent et d'en goûter les joies et les saveurs. La prétendue insouciance de cet âge est plus une reconstruction des adultes qu'une réalité vécue par les adolescents. En vérité, le plaisir de l'excitation et de la griserie surtout collective sert souvent de masque à la morosité sous-jacente.

Mais où trouver cette force qui manque ?

Attendre d'être vu, de se sentir exister, d'être comblé, de se sentir fort... Les mots peinent à traduire la tension qui habite l'adolescent et dont personne ne sait, surtout pas lui, comment l'apaiser. Ce que les adultes savent, ou sont censés savoir, c'est que la réponse ne pourra être trouvée qu'avec le temps. Mais cette référence au temps a généralement pour effet d'exaspérer encore plus l'adolescent. Elle le renvoie à cette attente et, au-delà, à ce qui est le plus démoralisant pour le Moi : la passivité, qui est vécue comme le signe imparable de l'impuissance. Au temps qu'on ne peut maîtriser et qu'il nous faut subir, l'adolescent préfère le recours à l'espace, c'est-à-dire à l'action qui, elle, au moins, témoigne d'une maîtrise possible. Plutôt que subir, mieux vaut agir, mettre en acte, fuguer, se révolter, s'opposer… Ou même ne rien faire, ne rien vouloir, ne rien désirer, car le champ immense de la passivité active n'est plus ressenti comme subie puisque c'est l'adolescent qui la met en acte, découvrant au passage qu'elle a le pouvoir quasi magique d'inverser les rôles et de rendre impuissants les adultes, qui plus est, en les exaspérant.

Attendre de se remplir, donc. Mais de se remplir de quoi ? Qu'est-ce qui pourrait faire qu'on se sente plus sûr, plus apaisé, plus fort ou simplement mieux ? La sexualisation du corps apportée par la puberté fournit des modes de figuration de cette quête de puissance, notamment en associant puissance et phallus érigé. Ce symbole de force et de virilité que reprennent volontiers en chœur les jeunes garçons en s'apostrophant : « tu en as ou tu n'en as pas ? » levant le bras en un geste sans équivoque. Mais si on n'en a pas, ou pas suffisamment, comment s'en emparer ? Les modèles corporels d'incorporation à l'intérieur de soi de ce dont on a besoin à l'extérieur servent d'organisateur à la mise en scène de cette aspiration à se compléter. Ils prennent appui sur ce que la psychanalyse nomme les « zones érogènes principales », c'est-à-dire les orifices qui servent de points de passage et d'échange entre le dedans du corps et le monde extérieur, à savoir : la bouche, l'anus et les zones génitales.

Du sexuel partout

La tentative de combler ses manques internes, de s'approprier la puissance sécurisante qui manque prend forme et se concrétise autour des échanges qui passent par les zones érogènes : les zones sexuelles, bien sûr, mais aussi l'ensemble des zones sensorielles telles que les yeux (dévorer quelqu'un des yeux) et la peau (l'avoir dans la peau), que ce soit sur le mode imaginaire des représentations fantasmatiques ou sur le mode plus concret de la sollicitation réelle de ces zones. Mais deux zones en particulier occupent une place privilégiée dans cette quête de complétude : la zone orale et la zone anale, avec une différence sensible selon le sexe.

Si la zone orale concerne volontiers les deux sexes – boire, fumer, sucer –, elle prend néanmoins chez les filles une ampleur particulière que traduit la fréquence des troubles alimentaires à cet âge – grignotage, boulimie et anorexie –, et aussi la fréquence des fantasmes de fécondation par la bouche. En revanche, l'analité concerne principalement les garçons, probablement parce que c'est la forme qui s'impose le plus facilement à eux pour représenter cette incorporation de la puissance phallique qui leur ferait défaut, leur vagin à eux, mais un vagin pourvu d'un sphincter et, donc, contrôlable. Il suffit d'écouter quelques minutes les conversations d'adolescents, surtout de ceux qui présentent des troubles du comportement, pour entendre fuser les plaisanteries ou les apostrophes autour de la pénétration anale et, à un niveau plus distancié, moins cru, sur la crainte de se faire avoir, de se faire « baiser » toujours par-derrière, là où on ne peut pas contrôler par la vue et où on risque d'être pris par surprise, avec ce langage plus ou moins métaphorique, plutôt moins que plus d'ailleurs, à forte connotation machiste, sur le fait qu'ils ne sont pas des « gonzesses » ou des « pédés », qu'ils en ont, eux, et qu'ils n'ont pas besoin de se faire pénétrer.

Mais si cette problématique leur « prend la tête », c'est pourtant parce qu'elle les concerne de très près. À quel titre ? La sexualité mise en avant m'apparaît en fait bien secondaire par rapport à l'attente de sécurisation et de complétude. La sexualisation de cette attente est inévitable, mais elle n'est pas sans conséquence. Elle renforce, en effet, le vécu de passivité, l'identification féminine, le lien à la mère de laquelle ces garçons demeurent souvent profondément dépendants, lien qui les renvoie brutalement à l'enfant qui demeure en eux et à leur sentiment de faiblesse. Contrairement aux apparences, ce n'est pas l'homosexualité dans sa dimension sexuelle qui est nécessairement l'élément moteur, mais plutôt la quête du même (« homo »), c'est-à-dire d'une figure masculine à laquelle s'identifier et qui leur donnerait la force nécessaire pour pouvoir se dégager de l'emprise maternelle dominante et, parfois, exclusive qui a marqué leur enfance.

Toute confrontation à une position de réceptivité provoque chez eux le recours à un agir antieffondrement. De la même façon, ils ne peuvent supporter l'attente d'une réponse, la frustration d'un refus ou le moment de la séparation, quand ils n'en ont pas décidé. Ils ne choisissent pas d'être ainsi ; en revanche, ils se sentent menacés s'ils ne le font pas. Menacés, un point c'est tout, sans représentation précise sur la nature de cette menace. Il est frappant, par exemple, de constater combien ces garçons souvent violents, courageux dans la violence, qui ne craignent ni les coups ni les blessures, refusent les piqûres et sont pris de panique si on leur propose une prise de sang, parce qu'ils auraient alors l'impression d'être passifs et soumis à l'autre.

La différence des sexes vient encore cristalliser ces angoisses de débordement, de passivité et, dans tous les cas, de perte de maîtrise, de risque d'effondrement ou de désorganisation interne. La femme est pour l'homme la personnification de cette menace, parce que non seulement elle n'a pas de pénis, mais elle a un trou à la place ; pire, elle ne peut pas se contenir et ce trou laisse couler périodiquement du sang. Cette absence de retenue, de contrôle que matérialisent les règles va à l'encontre des progrès réalisés tout au long du développement, avec l'acquisition de la maîtrise sphinctérienne parallèlement à l'acquisition d'une plus grande autonomie, des apprentissages et du contrôle de soi. Qui plus est, l'attirance pour la femme va bien au-delà et soulève des vagues de désirs régressifs de protection, de fusion, d'enveloppement et même d'engloutissement.

Quelle menace potentielle pour l'intégrité du mâle et ses capacités de maîtrise ! Qu'il tombe amoureux et on comprend qu'il puisse y « perdre la tête ». Il n'est pas étonnant que, en même temps que les rites d'initiation, les civilisations dites primitives ont entouré les changements qui émaillent la vie génitale de la femme de beaucoup de rituels. Il fallait à tout prix tenir à distance la femme et en assurer le contrôle : à la puberté, bien sûr, comme pour le garçon, mais aussi au temps des règles, de la grossesse, de l'accouchement et même de la ménopause. Mais il n'est pas nécessaire de remonter aux temps anciens pour voir s'exprimer les craintes et les mesures de contrôle qui s'ensuivent. Ces peurs sous-tendent bien des attitudes masculines actuelles qui relèvent du registre machiste et qui mettent en avant la prétendue absence de maîtrise et de contrôle des femmes, qui ne sont pas plus capables de retenir leurs émotions que leurs règles. Ce sont des pleureuses, des « chialeuses » et même des « pisseuses »...

Cette menace que représente la femme pour l'homme est d'autant plus aiguë que la bisexualité est partie prenante du développement de chacun. L'embryon est d'abord féminin avant de se masculiniser progressivement chez les porteurs du chromosome Y. Par la suite les identifications de chacun sont inévitablement croisées, féminines et masculines, et ce sera la tâche de l'adolescence de favoriser l'une aux dépens de l'autre, tout en laissant une part de bisexualité. Cette bisexualité est une richesse potentielle par les ouvertures qu'elle permet et les processus d'empathie qu'elle favorise. Elle devient plus problématique quand la peur oblige le sujet à dépenser beaucoup d'énergie pour réprimer une des moitiés de sa bisexualité.

La peur de ne plus être soi

On est là, à mes yeux, au cœur de ce qui représente la menace fondamentale pour l'adolescent et, au-delà, pour l'être humain et les organisations sociales qu'il a érigées : la peur de se désorganiser et de ne plus être maître de soi et chez soi. La construction de la personnalité est un travail de longue haleine fait d'acquisitions successives, mais aussi de régressions, de succès et d'échecs, ceux-ci poussant spontanément vers un retour en arrière. Ces moments d'échec et de régression font douter de la solidité des acquisitions. Cette menace confuse qui pèse sur la cohésion de son être, sur ce qui fait de soi un sujet, sur son autonomie, voire sur son identité se présente de façon sensiblement différente chez les garçons et chez les filles. On l'a vu, la grande peur des garçons, c'est de se percevoir dans une position passive de soumission au désir de l'autre. Cette menace apparaît d'autant plus importante qu'on attend que l'autre nous donne ce qui nous manque. Comme toujours, ce type de situation peut être activement inversé pour être maîtrisé, du moins en partie. En effet, la recherche active de la passivité est une façon d'en conjurer les risques, mais le fait que ce soit plus un besoin de maîtrise qu'une situation spontanée de plaisir se lit dans le côté souvent exagéré, voire provocant, du comportement.

De son côté, la jeune fille est généralement beaucoup plus tolérante aux situations de réceptivité, qu'elle ne perçoit pas nécessairement comme des situations de passivité. On peut penser que la sélection génétique a favorisé chez la femme cette disponibilité à la réceptivité parce qu'elle était utile à la reproduction de l'espèce et que les cultures l'ont en général plutôt valorisée pour cette même raison. Cette disposition a probablement été un atout très positif pour la femme elle-même, la protégeant de la violence la plus destructrice et lui permettant de recevoir plus aisément les apports dont elle a besoin, protection et fécondation. La plus grande adaptabilité des femmes à l'environnement et leur meilleure sociabilité en sont une autre manifestation et je pense que la meilleure réussite scolaire des filles en est aussi la conséquence. Confrontée à son ignorance, la jeune fille n'en fait pas un drame et ressent plus comme un plaisir que comme une humiliation qu'on lui enseigne les connaissances qu'elle n'a pas. Plutôt que de reconnaître qu'ils ont besoin de se soumettre à un apprentissage, bon nombre de garçons sont portés à dénigrer ce qu'on leur apprend et à en nier l'intérêt.

Les jeunes filles n'en ont pas moins peur du chaos et de la désorganisation. Mais cette peur est moins celle de la reddition passive que du débordement par excès d'émotions ou d'envies. L'anorexie mentale qui concerne essentiellement les adolescentes en est une bonne illustration. Si ces jeunes filles ne mangent pas, ce n'est pas que la nourriture ne les intéresse pas, elles ne pensent même qu'à cela et en ont la

« tête prise », c'est parce que si elles commencent à manger, elles ne pourront pas s'arrêter. C'est la peur de la boulimie qui les contraint à se priver de l'objet de leur envie ou, du moins, de sa concrétisation par la nourriture, la véritable envie étant celle de répondre à leur idéal de perfection. Néanmoins, même si les modes d'emprise changent avec les sexes, ils ont en commun la même nécessité, face à la menace, de retrouver sous une forme ou une autre un comportement de maîtrise pour se rassurer.

Quelle place pour la sexualité ?

La sexualité ne peut se réduire à une pratique. Elle engage l'être tout entier : elle est un point de rencontre des différentes facettes de la personnalité. Ce n'est pas pour rien qu'il est si difficile d'en parler, même quand on veut le faire le plus simplement possible. La sexualité touche au plus intime de notre être. Et c'est justement ce lien avec l'intimité qui fait qu'à l'adolescence tout ce qui y a trait prend une dimension potentiellement explosive. Il y a une analogie très forte entre se découvrir, se déshabiller, se montrer dans l'intimité de son corps et montrer ses sentiments, sa personnalité, ce que l'on a à l'intérieur de soi, son intimité psychique. Les deux vont ensemble. Tout ce qui est lié à la sexualité est sensible, parce que tout ce qui est lié à la sexualité touche au cœur de l'individu.

Au moment de l'adolescence, la passivité est d'autant plus difficile à vivre que le désir sexuel pousse vers l'autre, tout en renvoyant à la différence ou à l'incomplétude (on n'a pas les deux sexes), en avivant le sentiment de ses insuffisances et de ses manques. D'où la force, au début de la puberté, de ce que l'on peut prendre pour une homosexualité et qui est, en fait, le plus souvent, une homophilie, qui exprime davantage le besoin de s'appuyer sur quelqu'un de semblable pour conforter son identité qu'un choix sexuel déterminé.

Avec la puberté, tous les désirs, toutes les aspirations qui procurent à l'adolescent un sentiment de passivité ont une coloration sexuelle importante. Il y a, pour reprendre l'expression de Ferenczi, « confusion des langues ». Ainsi, ce qui est de l'ordre de l'admiration, de la tendresse est immédiatement entaché de sexualité. L'adolescent n'arrive plus à séparer ce qui appartient à l'un ou à l'autre registre. Un adolescent qui hypersexualise les relations est toujours, d'après mon expérience, dans une quête affective importante, *quoi que méconnue*. Quête sentimentale, mais aussi besoin d'un corps à corps où le contact physique est plus important que le désir sexuel proprement dit, même si les deux se confondent et se renforcent mutuellement. De nombreuses jeunes patientes m'ont dit combien ce qu'elles attendaient d'une relation sexuelle, c'était de sentir le corps de l'autre contre le leur. Contact apaisant et sécurisant qui leur rappelait quand, enfants, elles allaient se blottir contre leurs deux parents, notamment la nuit, après un cauchemar qui les avait réveillées ou quand elles s'endormaient serrant contre elles leur peluche. Pour elles, la relation sexuelle était le moyen et parfois le prix à payer pour ce moment de bien-être, sinon de bonheur. Je pense que c'est le cas de toutes ces jeunes filles, parfois à peine pubères, qui se jettent à corps perdu dans des relations sexuelles multiples pour fuir leur envie de se blottir dans les bras de leur père et, en arrière-plan, de leur mère, mais le penser est encore plus intolérable. Cette envie est aussi insupportable qu'elle est attirante. La multiplication des partenaires est l'expression de la fuite, tout autant que de la quête, d'une relation qui, enfin, nous comblerait. Nostalgie de ce qu'on a perdu ou de ce qui a manqué avec les parents.

La sexualité confronte aussi à la dépendance affective, révélant le lien particulier entre l'insécurité affective et les angoisses de séparation précoces. Elle renvoie à la qualité de l'attachement – sécure ou insécure – des premières années de la vie, car la pratique sexuelle, en instaurant un rapport de dépendance à l'autre, fait naître, en même temps que l'envie, la crainte de la dépendance et de la séparation.

L'enfant qu'on a été

Avec la sexualisation, l'adolescent se trouve renvoyé à ce qu'il croyait avoir surmonté pendant l'âge de raison : *la dépendance aux adultes et le manque de contrôle.* Cela explique ses réactions souvent brutales : le rejet des adultes, l'enfermement sur soi, etc. Il a besoin de retrouver l'exercice d'une certaine maîtrise, alors que, dans la pratique sexuelle, il va falloir tout de même un minimum d'abandon. Même si on fait le fier, et qu'on pense tout contrôler en se servant de l'autre comme d'un objet, un minimum d'abandon est nécessaire pour *avoir du plaisir.*

On retrouve à cette occasion, non pas des besoins infantiles, mais des besoins liés à l'enfance. Je crois qu'il y a toujours, dans la pratique sexuelle, quelque chose qui renvoie à l'enfant. La capacité d'accueillir l'enfant qu'on a été, de l'intégrer au Moi sans être entraîné à une régression et sans se sentir débordé, me semble fondamentale. Ce qu'il y a de potentiellement dangereux dans la sexualité, c'est qu'elle nous confronte à toutes les facettes de notre personnalité et reprend toute notre histoire.

Va-t-on pouvoir accueillir la sexualité de façon ouverte ou bien va-t-on avoir peur que l'enfant ne resurgisse ? C'est une question qui risque de poursuivre les adultes, essentiellement les hommes d'ailleurs, toute leur vie si elle n'a pas été résolue à l'adolescence. On s'étonne encore, et la presse s'en fait volontiers l'écho, que, dans la pratique sexuelle, revienne de l'infantile. On peut d'ailleurs penser que si la psychanalyse suscite souvent une réaction violente à l'heure actuelle, ce n'est plus parce qu'elle parle de la sexualité de l'enfant, largement admise aujourd'hui, mais parce qu'elle dit qu'il y a, chez l'adulte, quelque chose de lié irrémédiablement à l'enfant que l'on a été. C'est la confrontation au désir sexuel qui réactive chez l'adolescent et l'adulte ce qui demeure en lui de liens à l'enfance. La sexualité contribue, par l'attirance qu'elle implique pour l'objet de son désir, à rendre traumatique cette résurgence infantile en raison du risque de débordement qu'elle fait naître. Être débordé par le sexuel, c'est être débordé par la réapparition de besoins de l'enfance ressentis comme régressifs. Ce qui est lié à l'enfance, l'infantile, est alors vécu par le Moi comme de l'enfantin, plus ou moins humiliant.

CHAPITRE 2

ON EST ENFANT AVANT D'ÊTRE ADOLESCENT

« Ce que tes aïeux t'ont laissé en héritage,
si tu le veux posséder, gagne-le. »
GOETHE, *Faust.*

La puberté occupe une place spécifique dans le développement de la personnalité. Temps de fragilisation et de mise à l'épreuve, l'adolescence est toujours un puissant révélateur de ce qui constitue les ressources de chacun d'entre nous, mais aussi de ce qui peut nous fragiliser, menacer notre équilibre, nous mettre en danger dans la rencontre avec un environnement qui soudain s'élargit considérablement. Je l'ai dit, la menace essentielle que l'adolescence exacerbe, mais qui me paraît être celle qui nous guette toute notre vie, c'est de perdre le sentiment de sa valeur personnelle, la capacité de se contrôler et de rester maître de soi, acteur de sa vie, assuré de sa continuité et de son identité. En bref, la confrontation a un vécu d'impuissance. Avec, pour effet, la crainte d'être envahi et submergé par ces deux angoisses humaines fondamentales que sont la peur d'être abandonné et l'angoisse d'être « absorbé » par ceux dont on a besoin. Si on veut pouvoir aider l'adolescent à faire face à cette menace, il nous faut comprendre de quoi est fait cet héritage de l'enfance, comment se sont constitués les points forts comme les vulnérabilités pour savoir utiliser les premiers et corriger les secondes le plus efficacement possible.

Les ressources dont dispose un adolescent sont de deux ordres. Il y a celles dont il a hérité dans son bagage génétique, jointes à celles qu'il a acquises pendant l'enfance, au fur et à mesure de ses interactions avec l'environnement. Il y a ensuite, chronologiquement, celles que vont lui fournir, à l'adolescence, ses liens avec son entourage familial, social, culturel au sens large. Évidemment, plus les premières sont fragiles et plus les secondes seront déterminantes. Plus un enfant arrive à l'adolescence avec un héritage qui le fragilise, plus sa rencontre avec l'environnement sera décisive. Elle peut se faire dans un sens positif, en l'obligeant à développer ses potentialités créatrices, ou bien dans un sens négatif.

La façon dont une société accompagne ses adolescents en quête de repères n'est jamais neutre. Et ce sont ceux qui auront été le moins nourris pendant leur enfance qui vont dépendre le plus de la qualité de l'accompagnement qui leur est proposé socialement. Pour le dire autrement, un enfant qui aborde l'adolescence avec des bases stables a plus de chances de traverser cet âge sans trop d'encombre. S'il peut s'appuyer sur des acquis fondamentaux, ceux qu'il s'est appropriés et ceux qu'il a su développer pendant l'enfance, alors il est certain qu'il dépendra moins fortement, par la suite, de l'extérieur, avec les risques que cette dépendance suscite – le repli sur soi, la mauvaise rencontre, l'effondrement ou encore la violence.

Des interactions permanentes

L'accroissement quantitatif des possibilités du cerveau humain a suscité un changement qualitatif. L'homme est en effet le seul être vivant doté d'une capacité réflexive avec un langage symbolique, c'est-à-dire capable de représenter un objet en son absence. La capacité réflexive, celle de se voir, de se juger, de se dédoubler en un Je et un Moi, de percevoir sa finitude, ses manques, sa dépendance, de se comparer aux autres fonde cette dimension de ce qu'on appelle le narcissisme, propre à l'homme, que la culture a contribué à développer pour la porter à son paroxysme avec l'avènement du sujet, individu unique capable de se différencier du collectif, tel que nous le connaissons dans notre civilisation.

Rupture qualitative, car si le comportement de l'homme obéit à son code génétique, il présente cette spécificité de pouvoir dépendre aussi de la représentation qu'il s'est construite de lui-même et de celle qu'il pense que les autres ont de lui. Le comportement humain obéit donc à des contraintes biologiques, mais aussi à celle de nos représentations mentales, c'est-à-dire de nos croyances et de nos valeurs, qui certes demeurent sous la dépendance du biologique, mais s'en différencient parce qu'elles autorisent une possibilité de contrôle relatif et, donc, de choix et de liberté. Pour la première fois dans l'histoire du vivant, l'homme devient partiellement acteur de sa vie et peut en modifier le cours ainsi que celui du monde environnant.

Cette possibilité de jeu entre les représentations qui introduit la capacité réflexive ne fait pas pour autant de celles-ci une énigmatique « psyché » qui ne serait pas le produit du fonctionnement du cerveau. Par contre, elle introduit une capacité de choix des représentations motivantes qui ne sont plus seulement liées aux circuits cérébraux de recherche du plaisir immédiat ou de fuite du danger. Décrochage en quelque sorte de ces contraintes comportementales nécessaires à la vie, léguées par notre patrimoine génétique, qui a ouvert à l'homme cette possibilité nouvelle du choix volontaire dont l'expression la plus radicale se condense dans ce constat : si l'homme ne choisit pas de naître, il peut choisir de mourir.

Insistons cependant sur le fait que ce choix potentiel : « Je peux choisir de mourir » est loin d'être toujours un choix véritable. Il est bien sûr le résultat de l'adhésion à nos croyances et à nos valeurs, elles-mêmes en grande partie dépendantes, sinon même conditionnées parfois, par notre besoin de croire, variable pour chacun en fonction notamment de notre sentiment d'insécurité, et par la pression sociale et culturelle. Mais ce « choix » possible dépend également de nos contraintes émotionnelles, parfois de façon totalement déterminante comme l'illustre cette maladie psychiatrique qu'on appelle la mélancolie ou trouble dépressif majeur. Le mélancolique croit choisir quand il décide de se donner la mort et parfois en tuant avec lui les membres de sa famille, le plus souvent ses enfants. Il justifie à ses yeux sa « décision » par ce qui lui apparaît être de bonnes raisons quant à ses fautes ou à l'état du monde. Quand il sort de cet état sous l'effet du traitement par les psychotropes ou l'électroconvulsivothérapie (les électrochocs) en quelques jours ou semaines, il ne comprend plus les raisons de son « choix » de se tuer. Parfois même, il bascule dans l'état inverse d'euphorie, tout auss dépendant que sa mélancolie du fonctionnement de ses neurotransmetteurs cérébraux. À l'opposé, le suicide de celui qui refuse de renier ses convictions ou de trahir est plus dépendant du choix de ses valeurs et de son adhésion à celles-ci que de l'équilibre de ses neuromédiateurs. Pour l'ensemble des suicides, notamment à l'adolescence, on conçoit que ces deux facteurs se combinent en des propositions variables avec un risque maximal quand ils se renforcent l'un l'autre, auquel il faut ajouter la présence ou l'absence d'un environnement soutenant et la nature plus ou moins confiante du lien qui les unit.

Nos comportements : une coconstruction entre gènes et environnement

Notre cerveau est non seulement riche de son potentiel de neurones, mais le pouvoir de traitement de l'information de ceux-ci est démultiplié par les milliards de connexions qu'offrent les terminaisons neuronales. Or cette capacité de combinaison et les circuits de l'information qui s'organisent sont sous la dépendance de contraintes génétiques qui elles-mêmes ne développent leurs potentialités d'efficience et d'extension qu'en fonction de stimulations venues de l'environnement. Celle-ci va ainsi développer des voies associatives, empêcher la formation d'autres, en faire disparaître certaines qui ont été fonctionnelles à un moment du développement, en réactiver et peut-être même en créer de nouvelles compte tenu de l'extraordinaire plasticité du cerveau. On conçoit que des modalités de réponse au stress et de traitement des situations anxiogènes puissent rapidement s'organiser sur des bases neuronales avec des expressions comportementales qui deviennent plus difficiles à modifier, car elles reposent sur des circuits neuronaux qui s'auto-organisent rapidement et limitent les possibilités d'enrichissement et de diversification par l'interaction avec l'environnement.

La génétique des maladies mentales nous montre également combien des comportements et des états émotionnels peuvent se trouver sous la dépendance de facteurs génétiques qui ne développent leurs potentialités qu'en fonction de l'environnement, mais si celui-ci est favorable à leur expression ils en accroissent considérablement les effets négatifs. Il n'y aura pas d'hérédité à proprement parler mais ce qu'on appelle une héritabilité, c'est-à-dire la possibilité d'une transmission de facteurs favorisant l'expression de tel ou tel caractère ou comportement dont la force dépendra à chaque génération du nombre de facteurs transmis pour chacun des gènes impliqués mais aussi, et c'est fondamental, de la réponse de l'environnement qui favorise ou non l'expression de ces facteurs.

Au fond, notre capital génétique nous léguerait des serrures ouvrant sur un certain nombre de potentialités d'action mais dont la clé nous serait fournie par notre environnement. L'un ne peut pas fonctionner sans l'autre. L'un n'est ni plus ni moins important que l'autre. Élevé dans un milieu favorable inhibiteur des potentialités de ces gènes, l'enfant vulnérable ne développera pas nécessairement la maladie. Au contraire, dans un milieu défavorable, il échappera difficilement aux effets pathogènes de cette vulnérabilité génétique dont l'absence chez un autre enfant évitera sinon toute difficulté, du moins une évolution vers une pathologie avérée, malgré l'influence néfaste du milieu.

On peut considérer que l'équilibre psychique de l'être humain, son humeur, sa confiance en lui, son degré de sécurité interne, sont régulés par le fonctionnement de son cerveau et l'équilibre de ses neuromédiateurs, mais aussi par la façon dont il a construit son image de lui-même et dont il en assure la régulation en interaction avec l'image que lui renvoie son environnement. Cette interaction n'est pas spécifique à l'homme, mais elle a pris chez lui une ampleur telle qu'elle introduit une rupture qualitative avec l'animal. On retrouve une fois de plus cette donnée fondamentale du vivant : une coconstruction permanente dans l'échange. Cette potentialité mais aussi cette nécessité de l'échange nous rappellent l'importance de nos ressources propres et donc de notre héritage, de notre histoire mais aussi celle permanente de notre environnement. Plus notre vulnérabilité sera importante, celle de nos gènes comme celle de nos assises narcissiques, de notre capital confiance *versus* la peur et l'insécurité, plus nous serons dépendants des apports de l'entourage, mais plus nous risquons de nous enfermer là où il faudrait au contraire nous ouvrir pour pouvoir nous nourrir de ce qui manque.

Le lien : une nourriture indispensable

Si vous prenez un enfant qui a quelques mois dans vos bras, que vous le regardez avec un regard brillant (vous savez combien le regard est important pour stimuler un enfant), que vous hochez la tête et que vous souriez, vous allez aussitôt déclencher un comportement exploratoire chez lui. Il va devenir hypertonique, essayer d'enfoncer ses doigts dans vos yeux, de vous prendre le nez ou d'arracher vos lunettes, vos bijoux, avec une sorte de jubilation et un désir, justement, de se nourrir, de se remplir de vous. On voit bien, à ce moment-là, combien la qualité de l'échange s'inscrit dans la qualité du fonctionnement de son corps. Si vous faites l'expérience contraire, que vous regardez cet enfant comme s'il était transparent, avec un regard vide, vous allez voir devant vous une dépression expérimentale s'opérer avec, dans un premier temps, une défense contre la dépression : le bébé va s'exciter, il va chercher à en faire trop pour attirer votre attention, pour vous animer. Puis il va devenir comme une poupée de chiffon et s'effondrer. Il perd son appétit à la rencontre et à l'exploration du monde (ce qui deviendra sa motivation en grandissant) comme son tonus corporel. Perte temporaire et sans conséquence car le potentiel d'appétit à la rencontre demeure. Il s'étiolera si une rencontre tarde à se produire, une rencontre suffisamment stimulante pour donner envie au bébé d'échanger. Le regard, la voix, les gestes, l'intérêt et la motivation de l'adulte sont indispensables pour susciter et soutenir l'élan de l'enfant. Celui-ci est virtuellement présent avec la vie, mais il s'altère et disparaît, s'il n'est pas soutenu par la rencontre avec l'environnement. C'est ce qui se passe avec les bébés qui souffrent de carence relationnelle et qui peuvent même en mourir par désorganisation des fonctions vitales. La vie durant, *le regard motivé d'un autre sur soi*, demeure un levier puissant de remobilisation de sa propre motivation.

La personnalité d'un enfant se construit à partir de la confrontation entre le poids de l'hérédité, ses compétences de nourrisson, et les échanges avec l'environnement. Elle opère suivant deux grands axes. Le premier peut être qualifié d'axe relationnel. Il est fait des échanges entre le bébé et son environnement, plus particulièrement les personnes les plus investies et les plus importantes de cet entourage, au premier rang desquelles figurent la mère, puis le père, au fur et à mesure que les deux se différencient de plus en plus nettement. Ces échanges vont nourrir la personnalité et servir de base aux identifications. Les qualités propres à ces échanges vont être intériorisées et incorporées. L'esprit se nourrit d'autrui de la même manière que le corps se sert de la nourriture qu'il absorbe, transforme et fait sienne. Le second axe est celui de l'autonomie du sujet naissant, celui du narcissisme et de l'identité. Il est fait de tout ce qui contribue à renforcer cette autonomie et assure la différence entre l'individu et les autres. Ces deux axes sont idéalement complémentaires, mais ils portent en germe un possible antagonisme, puisque, pour être soi et devenir autonome, il faut accepter de se nourrir de ses échanges avec les autres. Faire en sorte que ces deux axes, l'axe relationnel et l'axe identitaire, se complètent plus qu'ils ne s'opposent constitue l'un des enjeux majeurs du développement de la personnalité. L'issue est en grande partie dictée par *la qualité des échanges relationnels* qui auront dominé les deux premières années de vie. En effet, si le processus d'échange se poursuit toute la vie, il est particulièrement intense et structurant pendant les deux premières années de la vie. Les échanges identificatoires ultérieurs porteront la marque des premières intériorisations, de leur tonalité émotionnelle et affective.

Prenez un enfant qui commence à avoir faim. Il entend maman qui lui dit : « Voilà, voilà… J'arrive, je prépare le biberon. » Le son de la voix suffit pour réactiver le souvenir des expériences antérieures de satisfaction. L'enfant va pouvoir attendre, différer la tétée parce qu'il sait que sa mère va le nourrir. C'est la confiance qui lui permet d'attendre. Mais il a confiance parce que la réponse de la mère s'est inscrite dans la continuité, ce qui l'a rendue fiable. L'enfant acquiert une confiance dans l'adéquation entre ses besoins et les réponses de son environnement. Il verra plus facilement le verre à moitié plein qu'à moitié vide. Une telle adéquation évite de se poser trop tôt et de manière trop massive la question de la différence entre soi et les autres et, au-delà, d'éprouver son impuissance ou sa dépendance face à l'environnement. C'est ainsi que se développe la qualité sécure d'un attachement. Le « narcissisme normal », ce que j'ai appelé les « assises narcissiques », c'est-à-dire ce sentiment de sécurité et de confiance tranquille en nous et dans les autres, se construit dans ces moments heureux de la relation à l'autre, quand celle-ci est suffisamment adaptée aux besoins de l'enfant.

Parce qu'il a confiance, un enfant peut attendre et, pendant qu'il attend, il met en œuvre ses ressources propres : il babille, suce son pouce, joue. En les exerçant, il les éprouve comme étant les siennes, ce qui lui évite de se sentir totalement dépendant et impuissant. Il peut attendre, car il sait qu'il peut compter dessus. Ce faisant, il apprend aussi à différer la satisfaction immédiate des besoins – un début de choix devient possible entre appeler sa mère ou continuer ses activités. C'est la base d'une possible liberté ultérieure, celle de pouvoir choisir de se contenir plutôt que d'être sous l'emprise de ses émotions. On sait combien les adolescents en difficulté, mais aussi beaucoup d'adultes, sont dans l'incapacité d'attendre et, donc, de pouvoir choisir leurs réponses.

À l'opposé de cette évolution harmonieuse, tout ce qui fait sentir, trop tôt et trop vite, le poids de l'autre et sa propre impuissance face à lui, que ce soit par défaut ou excès de présence, est susceptible de jeter les bases d'un antagonisme entre soi et l'entourage. Les assises narcissiques se constituent, non plus avec et par l'autre, mais contre lui. Une mère qui fait systématiquement attendre son bébé avant de le nourrir ne lui permet pas d'acquérir cette capacité d'attendre. À la place, l'enfant va pleurer, s'agiter et sentir qu'il dépend d'un monde incompréhensible sur lequel il n'a pas de prise. La répétition de cette situation va créer chez lui un sentiment d'insécurité. On aboutit au même résultat avec le comportement opposé : face à une mère qui devance répétitivement ses besoins et le nourrit avant qu'il ait eu le temps de réclamer, un enfant ne comprend pas davantage ce qui lui arrive et a tout autant le sentiment d'être démuni et impuissant face à un monde qui lui échappe.

Un peu, beaucoup ou pas du tout confiance

Certaines expériences, comme les expériences de séparation, sont révélatrices de ce qu'un enfant a intériorisé de plus ou moins solide, de plus ou moins sécurisant. Prenons un enfant qui, dans la deuxième année de sa vie, voit partir sa mère. Il peut trouver en lui les ressources intérieures suffisantes pour suppléer cette absence. Il pleurera peut-être un peu, mais il développera vite toutes sortes d'activités témoignant d'un plaisir retrouvé : il sucera son pouce, jouera avec ses peluches, babillera… Cet état de bien-être est en fait nourri par la présence implicite de sa mère, qui n'est certes pas présente dans la réalité, mais qui l'est autrement, dans le plaisir que prend son enfant. Il est même probable qu'un tel enfant n'a pas besoin de penser spécifiquement à sa mère. C'est cette intériorisation progressive de ce lien sécurisant car construit sur une prévalence du plaisir et de la fiabilité qui lui confère la liberté d'explorer le monde extérieur sans trop de crainte. C'est cette appropriation des caractéristiques rassurantes du lien maternel qui le rend de plus en plus indépendant des personnes qui en sont à l'origine. C'est comme s'il les emportait avec lui. Cet enfant-là a acquis une relation de sécurité interne.

À l'opposé, un enfant insécure va pleurer lorsque sa mère s'éloigne. Il est en situation de dépendance, c'est-à-dire que, pour assurer son équilibre intérieur et sa sécurité, il a besoin de la présence physique de sa mère. C'est même elle et elle seule qui peut lui permettre de retrouver un fonctionnement normal. Ce n'est pas pathologique, mais cet enfant est plus vulnérable. Quand sa mère n'est pas là, il se désorganise et il n'a plus la possibilité d'utiliser ses ressources propres, lesquelles existent pourtant. Il est une dernière situation, encore plus difficile, celle de l'enfant carencé qui n'a aucun lien avec une « personne-ressource » qui pourrait faire sens pour lui. Sa détresse est considérablement accrue par l'absence de figure d'attachement. L'intériorisation d'un lien sécurisant et la constitution de *ressources internes suffisantes* sont simplement impossibles. Comme il ne peut trouver ni en lui ni dans un contact avec l'extérieur cet échange qui est nécessaire à la vie, il le remplace par ce qui reste toujours possible avant l'effondrement et peut-être la mort : l'autostimulation de son propre corps. On voit ainsi nombre d'enfants carencés se balancer de façon stéréotypée, se taper la tête contre les bords du lit, s'arracher les cheveux, se frapper la figure avec leurs poings. Pour suppléer l'absence de référence humaine personnalisée, ces enfants sont en quête de sensations. À la place de l'impossible relation à un personnage constant et chaleureux ils substituent des sensations physiques, toujours douloureuses et toujours autodestructrices. La douleur physique prend la place de la relation manquante et elle est proportionnelle au degré de carence.

Et si je m'agrippe, est-ce que j'aurai moins peur ?

Les trois situations que je viens d'exposer prennent, à mes yeux, une valeur exemplaire. Ce sont, en effet, trois façons caractéristiques de gérer la séparation, d'affronter la solitude et, donc, d'interagir avec l'autre. Dans le premier cas, c'est le plaisir du fonctionnement de l'enfant lui-même, c'est-à-dire le plaisir qu'il tire de l'utilisation de ses ressources propres qui prend le relais de la personne absente. Il faut voir dans une telle réaction le signe d'un lien suffisamment sécure, qui favorise l'établissement de relations ouvertes et le partage du plaisir, facilitant tout autant l'échange que la séparation. La qualité des interactions et de l'attention dont un enfant fait l'objet se reflète dans sa façon de s'investir et d'investir son corps. Le plaisir pris à fonctionner, à utiliser ses compétences, ses ressources physiologiques ou psychiques est toujours la traduction de liens intériorisés. L'indispensable lien de continuité avec autrui est assuré par ce plaisir à être et à faire que l'enfant éprouve. Ce plaisir se manifeste par la capacité à jouer avec des objets familiers, peluches ou autres, à tirer plaisir de son corps en suçant son pouce, à babiller, chantonner, à s'abandonner à rêveries ou à se raconter des histoires. À ce stade, il n'y a pas, chez lui, de conflit entre sa dépendance aux autres et sa soif d'autonomie. L'une se nourrit de l'autre.

C'est cette situation qu'il faudra essayer de transposer avec les adolescents, en sachant que l'âge en rend l'issue plus aléatoire.

Dans le deuxième cas, la présence réelle, contrôlable par la perception, de la personne investie est nécessaire à l'enfant. Ici, le lien est insécure ; la relation de contrôle, d'emprise ou d'agrippement domine, qui rend difficile aussi bien la séparation avec l'autre que le plaisir de sa présence. Dans le troisième cas, la recherche de sensations violentes par l'attaque de son corps ou par l'affrontement et la provocation des autres s'est substituée à la relation : le plaisir est absent, c'est la contrainte qui triomphe.

Revenons à la situation carrefour, celle de l'enfant qui, pour se rassurer, s'agrippe à un élément de son champ perceptif, la présence physique de la mère le plus souvent. Sa dépendance émotionnelle à sa mère l'oblige à s'agripper à elle. Ce n'est pas un choix, c'est une contrainte, un réflexe basique de survie. Cette contrainte qui s'impose à lui, il va devoir en miroir l'imposer à sa mère en la contraignant à rester avec lui. À partir de la deuxième ou troisième année l'enfant peut ressentir ce besoin comme un désir. Mais ce n'est pas la force de son désir qui l'oblige à essayer de garder sa mère près de lui, c'est la peur de la perdre. Or comment va-t-il la retenir près de lui ? Sûrement pas par le plaisir partagé. S'il lui dit : « Maman, comme je suis content que tu sois restée près de moi, que tu m'aies raconté une histoire. » Que va-t-elle répondre : « Moi aussi mon (ou ma) chéri(e). Maintenant tu dors, bonsoir. » C'est le drame des anxieux : toute expérience de plaisir prend fin et confronte à la peur de la séparation, de la solitude. Le déplaisir, surtout quand on se l'inflige soi-même, peut toujours durer. Ce n'est pas un choix, ce n'est pas un plaisir, mais ce peut être sécurisant, une façon de maintenir un lien avec ceux qui pourraient nous rassurer, une façon de tenir la main du passé, à défaut de tenir celle de la mère. Comment alors retenir cette mère qui menace à tout moment de disparaître ? Par l'expression de l'insatisfaction, que ce soit par la plainte : « J'ai mal à la tête, au ventre..., j'ai envie de vomir, etc. » ou par les caprices : « J'ai soif, je ne veux pas de l'eau, mais du jus d'orange, je n'aime pas les grumeaux. Je veux une paille, pas ce verre mais celui que tu me donnes d'habitude. » L'avantage de l'insatisfaction, là encore, c'est qu'elle peut être sans fin. Comment sortir de cet engrenage ? Par la fermeté si la mère est suffisamment convaincue et convaincante et par le recours au tiers, le père étant *a priori* le mieux placé, essentiellement parce qu'il n'est pas dans la même relation de dépendance affective.

Cette réponse à la perte par l'agrippement est saisissante dans un film comme *Citizen Kane*, qui est inspiré d'un personnage réel. On connaît l'histoire. Le héros, un self-made-man américain, meurt en prononçant le mot « Rosebud ». Survient un journaliste, désireux de découvrir le sens à attribuer à ce terme et qui se lance, pour y parvenir, dans la reconstitution de l'histoire du magnat de la presse décédé. Il n'y parvient pas, mais le spectateur, lui, apprend qu'il s'agit du nom de la luge avec laquelle le héros était en train de jouer quand sa mère, qu'il n'a jamais revue, a disparu. S'il n'a apparemment plus de souvenir d'elle, Kane, devenu adulte, passera, en revanche, une grande partie de sa vie à collectionner, sans fin et sans plaisir, les objets les plus divers, tout en rompant régulièrement avec les femmes qu'il séduit. Chez cet homme, le besoin de se rassurer par l'accumulation de biens matériels a pris le dessus sur le plaisir de l'échange. Il est vrai qu'une relation affective suppose un certain abandon à l'autre et l'expression d'émotions qui confèrent à cet autre un pouvoir sur soi. Et Kane a tenté de se prémunir contre la répétition de la perte traumatique en provoquant la rupture de façon préventive. Dans ce dispositif, l'accumulation d'objets est une manière de prolonger l'accrochage perceptif défensif à la luge d'autrefois, élément matériel plus supportable que le souvenir de la mère perdue, douloureux et susceptible de provoquer un débordement émotionnel. Dans une moindre mesure, cet agrippement aux objets se retrouve chez les enfants devenus anxieux après la naissance d'un petit frère ou d'une petite sœur et qui, en réaction, se mettent à collectionner les « doudous » et les peluches dans leur lit pour pouvoir s'abandonner au sommeil. Il faut y voir une réponse à une situation d'inquiétude, le plus souvent passagère, du moins si l'entourage sait s'adapter aux besoins de l'enfant et rétablir une relation de sécurité et de confiance.

C'est pour moi le prototype de ce que j'entends par relation de dépendance. Une relation caractérisée par le besoin de s'accrocher à des éléments de la réalité perceptive externe pour maintenir l'équilibre et un sentiment de sécurité suffisant. Ce peut être une personne, le contrôle par la vision en laissant la lumière allumée, le recours à des sensations et des stimuli plus ou moins violents : bruit, boisson, drogues… Ce n'est pas pathologique mais ce peut être pathogène dans la mesure où cela rend le sujet plus dépendant des réponses de son environnement et peut le conduire à s'enfermer dans des conduites d'agrippement qui restreignent ses capacités d'échange.

C'est évidemment ce qui risque se passer à l'adolescence. Les sujets plus insécures vont remplacer les caprices de l'enfant par une insatisfaction chronique, une opposition systématique et un harcèlement des adultes par l'inquiétude qu'ils suscitent. L'hostilité, la grogne, les provocations deviennent alors la manifestation privilégiée de leur attachement insécure à leur entourage.

La capacité d'attendre, condition de la liberté de choisir

Avec la capacité d'attendre naît la possibilité d'une relative liberté par rapport à l'environnement : liberté de ne pas réagir immédiatement aux événements, de se donner le temps de la réflexion, de choisir la solution la meilleure, de se replier sur soi sans être immédiatement débordé et désorganisé. C'est cette capacité d'attendre qui permet le développement de la capacité de penser aux personnes absentes, sans être paniqué ou déprimé, d'accéder aux symboles, à la pensée d'une chose en dehors de sa présence concrète. Un être humain acquiert avec la capacité à penser un espace intérieur qui lui permet de s'évader du contexte immédiat, de se projeter dans l'avenir, d'avoir à sa disposition un réservoir de rêves et un imaginaire qui lui permettent d'être ailleurs alors qu'il est physiquement là. C'est d'ailleurs ce fonctionnement psychique, appuyé sur une sécurité interne suffisante, qui va progressivement prendre le relais des parents et permettre à chacun de prendre soin de lui.

La sécurité interne, construite sur la qualité des premiers échanges, fonde la confiance entre l'enfant et le monde. Elle est à l'origine du sentiment d'appartenance à un même monde et de l'empathie sur la base d'une communauté implicite de sentiments, de croyances et d'attentes qu'on juge partagés par d'autres sans avoir besoin de le vérifier. Évidemment, cette confiance n'est pas acquise une fois pour toutes et les traumatismes qui révèlent brutalement à l'enfant une face inconnue et inimaginable des adultes peuvent la briser, parfois sans retour. Elle a besoin, plus ou moins régulièrement, d'être confirmée ou renforcée par le groupe et les valeurs qu'il véhicule. La réactualisation du partage de valeurs et de croyances est un des moyens de soutenir ou de restaurer ce fonds commun de confiance. Elle permet d'atténuer les différences et les oppositions, de réduire les conflits et l'envie, de voir ce qui relie plutôt que ce qui divise. Dans les faits, pourtant, ce qui relie tire souvent sa force de son opposition à ce qui est différent et à l'étranger. Quand la sécurité faiblit, que le sentiment de menace s'accroît, le renforcement des liens avec les proches s'appuie davantage sur la désignation d'un bouc émissaire ou d'un ennemi que sur le plaisir d'être ensemble. C'est dire si cette base commune de sécurité et de confiance a besoin, pour ne pas se scléroser, de s'ouvrir à l'autre. C'est dire aussi combien la confrontation à la différence est une exigence majeure du développement.

L'ouverture au tiers et à la différence : une contrepartie indispensable à la continuité du lien

Les processus de différenciation opèrent tout au long du développement de l'enfant. Ils ne peuvent se dérouler harmonieusement que sur une base suffisamment consistante, c'est-à-dire à partir d'un minimum d'assises narcissiques, dont nous avons vu les conditions d'émergence. Il n'y a pas de différenciation possible à partir de rien. Un territoire ne peut se délimiter et une identité émerger que sur de l'existant.

La continuité relationnelle et l'intériorisation progressive par l'enfant des interactions avec son environnement, et notamment de la qualité et des tonalités affectives de celles-ci, sont une condition nécessaire à ce processus d'autonomisation et de différenciation. Condition nécessaire mais certainement pas suffisante. L'enfant doit pouvoir prendre la mesure de l'écart entre lui et les autres, mais d'une façon progressive et non traumatisante qui ne lui fasse pas sentir excessivement son impuissance et sa dépendance.

On s'accorde pour considérer que le développement de l'enfant et de l'adolescent se fait selon un double mouvement dialectique : entre ses compétences innées et les apports de l'environnement et entre la nécessaire dépendance de l'enfant à l'égard de cet environnement et sa progressive autonomisation. L'enfant devra à la fois se nourrir de ces échanges avec l'environnement et se différencier de celui-ci. Les prémices de cette différenciation apparaissent très tôt, probablement dès les derniers mois de la vie fœtale, par le repérage des sons de voix différents, puis après la naissance, par la progressive reconnaissance de personnes distinctes. Par la suite l'ouverture à la différence se fait progressivement par la différenciation entre le familier et le non-familier. La première différence est binaire, en bon/mauvais, et correspond à la peur de l'étranger caractéristique du développement de l'enfant entre six et dix-douze mois. Simultanément, et surtout par la suite, une différenciation s'opère au sein même du familier entre les différentes figures d'attachement et notamment entre la mère, plus liée à la continuité et la proximité corporelle, et le père. Le père représente le tiers par excellence. Il fait partie des bons objets, familiers. Il est lié à la mère et, en même temps, différent. Il n'est pas seulement plus ou moins comme la mère, plus ou moins fort, plus ou moins ceci ou cela. Il est autre – autre par son sexe, c'est-à-dire son apparence physique, ses attitudes, sa façon d'être. Il ouvre l'enfant à un jeu d'identifications différenciées et à la possibilité de se concevoir lui-même comme semblable à chacun de ses parents et, en même temps, comme différent des deux et néanmoins « aimable » avec sa propre différence.

C'est pour cela qu'il est absurde et malsain de demander à un enfant comme à un adolescent qui il préfère et s'il aime plus sa mère ou son père. Il les aime différemment. Ce sont ces différences qui contribueront à enrichir la qualité de ses sentiments et à mieux se connaître et se différencier. Ce sont ces différences qui feront qu'à certaines étapes de sa vie, en particulier à l'adolescence, il pourra se sentir plus proche de l'un ou de l'autre selon les moments et les événements. C'est une liberté qui lui est ainsi offerte et une chance supplémentaire de pouvoir trouver appui sur l'un quand il est en difficulté avec l'autre. Cette marge de choix, qu'il ne faut en aucun cas absolutiser et penser définitive, lui évitera le drame de devoir rejeter en bloc indifférencié des parents ou de penser que l'attrait pour l'un signifie nécessairement le rejet de l'autre. On comprend aisément qu'il est souvent bien imprudent de tenter de forcer et de précipiter le choix de l'adolescent quand les parents sont en conflit. L'indécision ou le choix imposé par des tiers peut être salvatrice et protéger l'avenir.

La référence au tiers conduit à l'émergence de la configuration œdipienne. On connaît la fonction classique du père, mise en avant par Freud et la théorie psychanalytique. Le père protège l'enfant de l'inceste en s'interposant entre lui et sa mère et en interdisant la mère. Il intervient également en tant qu'objet du désir maternel, indiquant par là une autre voie identificatoire possible, qui permet à l'enfant de sortir de la seule confrontation avec la mère. Au-delà de cette fonction d'interdit, la référence paternelle comporte une fonction de protection par le fait que, moyennant ce renoncement à la mère, l'enfant bénéficie de la bienveillance paternelle qui lui permet de faire alliance avec lui et de se sentir protégé. Le fait que les différences fondamentales, la différence des sexes et la différence des générations, soient organisées par le couple parental permet à un enfant non seulement de se situer dans une généalogie, mais aussi d'insérer ces différences dans une relation de complémentarité. Le lien du couple, s'il est fait de respect mutuel, est là pour attester que la différence, témoin incontestable de l'incomplétude individuelle, est porteuse d'une complémentarité possible, ce qui lui confère une valeur positive. Ainsi reconnue, la différence introduit l'enfant à la liberté, c'est-à-dire à la possibilité de se rêver lui aussi différent des parents et, en même temps, possible objet d'amour et d'intérêt. Un couple parental, quand il fonctionne dans le respect des différences, ouvre un enfant à des relations affectives fortes et à des modèles d'identifications qui reposent sur deux socles réels : la différence des sexes et la différence des générations. L'enfant a ainsi la possibilité de constater que le parent avec lequel il entretient une relation initiale privilégiée est lui-même en relation avec d'autres personnes auprès desquelles il l'introduit pour nouer des relations différentes, mais fortes. L'absence du père ne condamne pas pour autant un enfant à l'indifférenciation, mais elle lui complique la tâche – dans ses possibilités d'identification pour le garçon et dans ses relations affectives pour la fille. Heureusement, d'autres supports peuvent servir de relais, pour peu que la mère accepte, et pratique, l'ouverture à l'autre et le respect des limites.

On dit souvent qu'un enfant doit se sentir aimé par ceux qui l'élèvent pour pouvoir s'aimer lui-même et être capable d'aimer les autres. Il est tant de façons différentes d'aimer, y compris chez une même personne. L'objectif que peut se fixer un parent, me semble-t-il, est plutôt de chercher à donner *autant de sécurité affective que possible* avec les ressources et la façon d'aimer qui sont les siennes, en sachant que cette sécurité repose sur deux piliers : d'un côté, l'existence d'une relation affective, à la fois calme et stimulante, respectueuse des rythmes de l'enfant, qui satisfait ses besoins physiques et affectifs dans un climat dominé par le plaisir de l'échange ; et, de l'autre, l'affirmation ferme, mais sans brutalité, de limites et l'ouverture à la progressive reconnaissance de la présence d'autres qui sont différents de la mère.

Des limites pour être soi

Le travail sur les limites est celui qui résulte des gestes éducatifs les plus habituels. Il passe, bien sûr, par l'usage de l'interdit, mais il ne se résume pas à cette dimension. Le jeu, par ce qu'il suppose d'interactions maîtrisées, d'activation des processus d'imitation, de renversement de la passivité en une maîtrise active, est un autre moyen essentiel d'établir des limites entre soi et autrui. L'établissement d'intérêts et de relations différenciées qui sort l'enfant d'une relation univoque totalitaire, en tout ou rien, y contribue aussi. Ce processus est très progressif et s'appuie sur la vie quotidienne. Une des réalités essentielles du développement de l'enfant est cette « fonction différenciante » qui s'organise de façon tout à fait privilégiée autour de la place du père tant dans ses manifestations concrètes que dans les représentations de l'enfant, et les supports offerts par les médiations culturelles. À l'opposé, la négation ou le refus de la différence au sein du couple risque de signifier pour un enfant qu'on ne peut être que semblable et, à la limite, indifférencié, si on ne veut pas être rejeté. Une telle intolérance à la différence est porteuse de menaces pour le développement, car grandir ne peut plus signifier que se confondre avec cet objet d'amour et risquer de le détruire ou d'être détruit par lui dans un fantasme de vases communicants.

De la même façon, laisser tout faire à un enfant, c'est non seulement lui faire prendre des risques exagérés, mais c'est le confronter rapidement à son immaturité et créer prématurément, chez lui, un sentiment de détresse qui, paradoxalement, va renforcer sa dépendance vis-à-vis de son entourage. C'est parce qu'on sait lui dire non qu'un enfant pourra le dire à son tour et prendre conscience de sa capacité à exister par lui-même. De même que le non précède le oui dans les capacités verbales, la possibilité de refuser est la condition d'une véritable acceptation. Limiter un enfant, c'est toujours lui donner la possibilité de prendre la mesure de ce qui est à lui et d'exister par lui-même. C'est lui faire expérimenter également qu'il n'est pas confondu avec les adultes qui l'entourent dans une *indifférenciation généralisée.* Pour un enfant, l'investissement de figures parentales complémentaires est un puissant facteur d'équilibre. Cet équilibre se traduit par la possibilité de vivre l'individuation et, donc, la séparation d'avec l'entourage sans angoisse excessive. L'accès à la symbolisation, c'est-à-dire à la capacité à utiliser des mots à la place des choses, en est facilité. À son tour, le maniement du langage offre une possibilité de maîtrise sur les choses et les émotions, qui renforce encore l'autonomisation. En ce domaine comme en bien d'autres, un enfant se construit largement en miroir des attitudes de son entourage à son égard. La façon de poser une limite et la motivation de celui qui le fait sont déterminantes dans la manière dont il reçoit cette limitation à sa toute-puissance et dont il l'utilise. D'une façon générale, *plus les « assises narcissiques » sont solides*, plus il est facile d'entrer en relation avec un autre, car cette relation ne menace pas l'autonomie : on s'en nourrit d'autant plus facilement qu'on ne se perçoit pas comme affamé et qu'on peut choisir ce qui nous convient, aux doses souhaitées. Tout autre est la situation de quelqu'un en insécurité, qui se sent vide ou insuffisant, pour qui autrui est d'autant plus « risqué » qu'il est plus attendu et envié. Le plaisir de l'échange devient alors trop dangereux pour l'intégrité du Moi, et la relation d'emprise, comme moyen de contrôle, prend le pas sur le plaisir de l'échange. Qu'elle s'exerce sur autrui ou sur un substitut (la nourriture ou la recherche de sensations en général), qu'elle passe par la répression du désir pour l'autre, trop dangereux, ou l'édification de remparts narcissiques, cette emprise est une violence, car sa finalité est de nier l'autre par le repli sur soi, la froideur affective, l'indifférence, de le réduire à un rôle purement fonctionnel au service du Moi, quand ce n'est pas de le faire disparaître. Cette sécurité que le Moi n'a pas à l'intérieur de lui, il tente donc de la trouver en figeant tout ce qui pourrait le déstabiliser, en particulier ses émotions. Or vouloir échapper à l'influence du monde extérieur conduit, en réalité, à inverser la valence de sa dépendance qui, de positive (se nourrir de ce dont on a besoin), devient négative (éviter tout ce qui pourrait faire envie). Et on ne fait qu'accroître sa dépendance en procédant ainsi : *le refus rend toujours plus dépendant que l'échange.* Les conséquences d'une telle attitude sont particulièrement spectaculaires, parfois même dramatiques, à l'adolescence.

Être soi, et le rester

Le vivant suppose l'échange, et l'échange n'est possible que s'il existe des différences. L'identité suppose une constance et, donc, une certaine continuité, mais elle n'a de sens que par rapport à ce qui n'est pas identique, par rapport à ce qui est différent. En rompant l'échange différenciateur, l'enfermement désorganise et peut rendre fou. Les expériences d'isolement sensoriel complet ont montré comme conséquences majeures l'apparition d'une désorientation dans le temps, mais aussi des hallucinations auditives. On ne peut être soi qu'en disposant de frontières bien distinctes entre un dedans et un dehors, et les perceptions sont là pour conforter ces frontières. Quand ces perceptions viennent à manquer, comme dans l'isolement sensoriel, on se recrée des différences par le biais des hallucinations, avant de sombrer dans la désorganisation.

Pour la même raison, la nécessité d'être vu est une condition de base pour se sentir exister. L'apparition du sourire, c'est-à-dire de la réaction de plaisir déclenchée par l'échange de regards entre un bébé et sa mère, témoigne de ce que le regard est un puissant vecteur de la relation. Il nous fait exister aux yeux de quelqu'un et, par là même, à nos propres yeux. Le stade du miroir, où l'enfant jubile quand il se reconnaît dans la glace, est au fondement de l'image de soi. À l'adolescence, l'insistance à se regarder dans le miroir et, plus encore, à ne plus s'y reconnaître vraiment ou à s'y voir comme un étranger constitue parfois un indice psychopathologique évocateur de schizophrénie.

Ce qui est soi ne peut se constituer que par rapport à ce qui n'est pas soi, à un autre qui est différent. C'est une évidence, mais cette évidence a besoin d'être régulièrement confirmée par la confrontation à une réalité matérielle extérieure : réalité de la perception d'objets, réalité de la sensation par le toucher, le regard, l'ouïe… La nécessité de ce contact est d'autant plus forte que le sentiment d'insécurité, de doute, de flottement à l'intérieur de soi est plus important. Il faut parfois un choc physique, telle une gifle, pour reprendre contact avec la réalité, pour « retrouver ses esprits ». Dans les faits, la violence de la rencontre avec la réalité extérieure est proportionnelle au besoin de trouver quelqu'un qui résiste et qui contienne. Ce besoin de contact pour se rassurer s'observe chez l'animal qui cherche un endroit clos et dur où se réfugier s'il a peur, comme les chiens pendant l'orage. Il se retrouve également chez l'enfant qui panique et qui demande qu'on le prenne dans ses bras. Il est particulièrement sensible chez l'enfant autiste qui cale son dos contre un support résistant, comme si cette résistance l'aidait à se tenir physiquement, mais aussi psychiquement.

Il existe des enfants qui se blessent pour se sentir exister, des adolescents qui frappent le premier venu qui les « traite » ou qui ne peuvent s'abandonner au plaisir sexuel que s'ils forcent leur partenaire, des jeunes filles qui se scarifient dès qu'elles se sentent seules. Mais il existe aussi toutes sortes de circonstances de la vie quotidienne où chacun de nous subit des mouvements de dépersonnalisation *a minima*, des flottements à l'intérieur de soi qui nous font éprouver le besoin de recourir au mouvement, à la sensation pour rétablir un contact avec soi, en marchant, en chantonnant, en parlant tout seuls, en fumant, en grignotant… La liste est longue de ces soutiens intermittents qui s'imposent plus qu'ils ne sont choisis pour pallier les à-coups et combler les pointillés de notre sentiment de continuité. Qui peut se vanter d'y échapper totalement ? Ce n'est d'ailleurs pas utile de chercher à tout prix à y échapper, car ce serait une nouvelle contrainte ; mieux vaut simplement éviter de basculer dans un début d'aliénation par la répétition croissante d'une telle contrainte.

Les valeurs, ou la permanence d'un regard sur soi

La conscience réflexive permet à l'homme d'accéder à la capacité de choisir, avec le pouvoir de créer ou de détruire en fonction de critères personnels. Il prend également conscience de sa dépendance à l'égard de son entourage, à commencer par ses objets d'attachement. Il comprend aussi que sa sécurité affective dépend de leur présence, mais aussi du jugement qu'ils portent sur lui, en négatif ou en positif, si ce qu'il fait est bien ou mal. Pour un enfant, l'intériorisation de ces jugements de valeur est une façon de rester en contact avec ses proches, d'assurer la pérennité du regard parental sur lui. Au-delà des apprentissages par le système récompense/punition naît chez lui l'envie d'anticiper les réponses parentales et de se conformer, ou s'opposer, à ce qui est attendu. Cette volonté de répondre aux attentes parentales est un moteur puissant et une source de créativité tout au long du développement. À l'inverse, un enfant qui ne parvient pas à discerner les choix et les exigences de ses parents est un enfant qui se retrouve livré à ses envies et à leurs contradictions. Reprendre à son compte les exigences parentales, c'est se sentir « aimable » et « valable » ; s'y opposer est un moyen, parmi d'autres, de s'affirmer et de se valoriser. En revanche, n'avoir aucun repère par rapport auquel se situer, c'est devoir compter sur ses seules ressources pour se motiver et acquérir de la valeur auprès des autres ; c'est s'exposer aux déceptions et à la solitude sans pouvoir compter sur d'autres choix que les siens propres.

Aider un enfant à se structurer implique de le guider à partir d'exigences explicites, cohérentes et stables. L'intériorisation de ces exigences se fait progressivement et aboutit à l'émergence de ce que la psychanalyse nomme le Surmoi (les interdits et les limites) et l'Idéal du moi (les aspirations). S'il est vrai qu'à l'adolescence, Surmoi et Idéal du moi se dégagent en partie du modèle parental pour intégrer des références plus larges, celles de la société, mais aussi, de plus en plus, celles du groupe de pairs, ces nouveaux repères restent néanmoins marqués par les valeurs de l'enfance dont ils conservent, à tout le moins, la tonalité plus ou moins bienveillante et protectrice ou bien la coloration critique, voire franchement destructrice. Ce qui est transmis par les parents tout au long de l'éducation sert toujours, plus ou moins, de support conscient ou inconscient au projet de vie qui nous porte et dont les véritables lignes de force ne se dessinent souvent qu'après coup, quand la vie est déjà bien avancée. C'est pour chacun d'entre nous ce qui éclaire rétrospectivement, d'une cohérence nouvelle, un cheminement qui pouvait jusque-là paraître incertain ou chaotique.

Parce qu'elles prennent le relais des expériences de notre enfance qui nous ont construits, les croyances et les valeurs qui les animent et les constituent ne sont pas anodines. Elles sont aussi essentielles que les premières expériences fondatrices de nos assises narcissiques. Elles sont une priorité au même titre que la qualité des relations précoces : l'absence de valeurs portées par les adultes présente de nombreuses analogies avec la carence de soins. L'une menace l'avenir de l'enfant ; l'autre celle de l'adolescent. Les valeurs sont le point sensible du narcissisme et, probablement, le plus puissant levier pour faire basculer le narcissisme d'un adolescent vers *un narcissisme créateur ou un narcissisme destructeur.* Ces deux formes de narcissisme visent à protéger l'adolescent des menaces qui le guettent, mais par des voies divergentes et avec des conséquences diamétralement opposées. Le narcissisme positif se nourrit de l'échange, il favorise l'alliance de la continuité et de l'ouverture ; le narcissisme négatif, lui, se renforce du refus de l'échange, mais il ne nourrit pas.

L'adolescence, ou la solidité des assises narcissiques en question

L'identité est une construction complexe qui repose sur des bases biologiques cérébrales sans lesquelles rien ne serait possible, notamment l'acquisition de cette capacité réflexive qui nous permet de nous voir et de concevoir l'autre comme étant différent de nous, avec des pensées, des croyances, des sentiments différents des nôtres. Cela étant dit, nous conservons longtemps, parfois toujours, cette tendance à prêter aux autres notre fonctionnement personnel, comme s'ils éprouvaient les mêmes émotions et raisonnaient comme nous. On a beau les savoir différents, on les englobe en faisant d'eux un prolongement narcissique de soi, un appendice de son territoire. Que les différences éclatent au grand jour, et cette révélation risque bien d'être vécue comme une rupture, plus ou moins traumatique, selon l'importance que ces personnes ont pour nous. On se met à déprimer, ou bien on se brouille et on pérennise le lien sur un mode persécutif en faisant de ces autres qu'on aimait tant des traîtres ou des ennemis. La constitution d'assises narcissiques stables est au fondement du sentiment de continuité chez l'enfant : sans ce sentiment de continuité, il n'y a pas d'identité stable possible. Néanmoins, l'émergence d'un tiers investi par l'enfant est tout aussi nécessaire pour pouvoir sortir de la bulle narcissique à deux. C'est même parce que existe un tiers que la relation à deux est en fait possible et que peut s'établir un lien entre deux personnes conçues comme différentes, qui se sentent et se pensent différentes l'une de l'autre, qui ne se voient pas comme des doubles ou des clones. Cette dialectique entre la continuité du lien affectif et l'ouverture au tiers se poursuit pendant tout le développement de l'enfant. Le renforcement des assises narcissiques se fait, d'un côté, par l'apprentissage et les apports nécessaires au développement des potentialités et, de l'autre, par l'ouverture à la diversité du champ social et la valorisation de l'image de soi par l'adéquation aux valeurs et croyances du groupe. Évidemment, comme tous les équilibres, cet équilibre dialectique est précaire et peut être remis en question, par exemple à la suite d'un événement grave, comme un traumatisme ou une perte. Avec deux tentations opposées comme conséquences possibles : la fuite en avant vers le nouveau, l'inconnu ou bien le repli sur soi, sur le connu, sur le passé, qui est une forme d'agrippement à la continuité.

La puberté a pour effet d'actualiser les conflits identificatoires à l'œuvre depuis l'enfance et, à travers eux, de remettre en question, avec une intensité particulière, les assises narcissiques d'une personnalité en construction. Un adolescent est, par définition, quelqu'un qui perd le soutien qu'il trouvait, enfant, auprès de ses parents et qui ne peut pas encore compter sur l'appui que fournissent, plus tard, le travail, l'amour ou la sexualité. Notre identité, notre territoire sont constitués de plusieurs cercles concentriques. Quand tout va bien, les frontières demeurent implicites. En revanche, quand surgit un conflit, un traumatisme ou simplement une crise identitaire, ce qu'est fondamentalement l'adolescence, alors la différence entre soi-même et les autres se fait brutale et souvent douloureuse.

Pour faire face et retrouver un apparent contrôle de la situation, l'adolescent est le premier à recourir à l'espace, pour marquer son territoire et affirmer sa différence : *sa* chambre, *ses* affaires, le local où il se réunit avec *son* groupe, *sa* bande, sans parler d'Internet et des réseaux qu'il permet de constituer. Son corps est son territoire et ses accoutrements, ses piercings, ses tatouages en sont les balises ; ils en signalent la présence et les limites aux autres, surtout à ces autres par excellence que sont les adultes. Et si cela ne va toujours pas ainsi, alors il reste encore la fugue, qui est une autre manière de chercher un espace à soi. Quel que soit l'âge, chacun sait qu'il n'est pas toujours facile d'être très au clair sur ce qu'on est vraiment, sur ce qui est le plus soi-même. Est-on toujours certain d'être le même ? Qu'est-ce qui est essentiel ou secondaire ? D'une certaine manière, l'adolescence offre un miroir grossissant des angoisses et des interrogations qui nous accompagnent toute notre vie. De façon plus discrète, des pans entiers de notre personnalité peuvent changer du tout au tout après une crise morale, un deuil, des déceptions. Notre identité même n'est pas remise en cause, mais « nous ne sommes plus pareils » en ce qui concerne nos choix, nos croyances, nos valeurs. Sommes-nous encore nous-mêmes ? Et jusqu'où peut-on changer tout en restant soi ?

Les adultes, passeurs de l'adolescence

La puberté fait partie du développement de l'être humain. Nul ne peut le contester. Elle représente la pierre de touche de ce fantastique travail d'acquisitions et de développement qui est celui de l'évolution de l'enfant depuis sa conception. Le statut d'adolescent constitue la réponse de la société à ce temps de passage de l'état d'enfant à celui d'adulte. À ce titre, comme la puberté qui en est la raison d'être, l'adolescence a toujours existé.

Tout individu se trouve confronté à l'impact sur son fonctionnement psychique de ce qui correspond à la situation d'adolescent dans sa double dimension : corporelle liée aux transformations biologiques de la puberté avec accès à une maturité physique qui autorise les relations sexuelles complètes et la possibilité de reproduction ; et culturelle de changement de statut social, d'accès à une identité sexuée adulte et à des fonctions de production de travail, et de reproduction dans une filiation. Il s'agit donc d'un phénomène naturel, fruit inéluctable de la maturation biologique de l'être humain, mais dont l'incidence sera tout aussi fortement et nécessairement culturelle, puisque ces transformations physiques ont immédiatement un effet sur la distribution des rôles au sein du groupe social et confrontent celui-ci à ce qu'il a pour mission essentielle de régler : la menace de désorganisation du territoire familial par la mise en acte de l'inceste, de la rivalité et de l'agressivité intergénérationnelle mais aussi intragénérationnelle entre les membres de la fratrie. Violence désorganisante du groupe à laquelle répond en miroir la menace de la désorganisation de l'adolescent contraint de tenter de contenir sur la scène intérieure de son psychisme la violence potentielle de ses attentes.

Autrement dit, je ne pense pas que l'adolescence soit une création d'une époque donnée de l'histoire d'une société donnée. Elle correspond à une exigence, inhérente au développement de tout être humain, de réorganisation par l'adolescent de son image de lui-même et de sa place dans le groupe familial et social. Tout individu y est confronté et toute société s'efforce d'y apporter une solution. Phénomène naturel donc, phénomène individuel également mais dont la forme et l'issue sont toujours très largement conditionnées par la culture à laquelle appartient chacun.

Jusqu'à la puberté, la faiblesse physique de l'enfant par rapport à ses parents, si elle était une source de blessure narcissique et une preuve de son impuissance et de sa dépendance, n'en assurait pas moins une protection efficace de ce même narcissisme par le double mouvement de la délégation de pouvoir aux parents (au prix de leur idéalisation) et la projection dans l'avenir (les projets) de l'accomplissement de ce narcissisme. L'enfant pouvait fonctionner à l'abri des parents qui lui offraient un double appui : de satisfaction de ses besoins essentiels et de soutien de son image et de son estime de lui-même. La permanence de la présence des parents et de leur regard sur l'enfant suffisait dans la grande majorité des cas pour le rassurer et le soulager d'une bonne part du poids des conflits qui l'affectent.

Or cette fonction de protection et de contenance est remise en question par la puberté du fait du mouvement conjugué de resexualisation des liens et de désidéalisation dont les parents sont l'objet. Alors que, fait essentiel, l'écart physique n'est plus là pour jouer un rôle tampon et imposer *de visu* la perception de cet élément essentiel de la réalité qu'est la différence des générations, ainsi que celle au moins de l'impossibilité physique de l'inceste sinon de son interdit. L'adolescence représente une incitation à la transgression qui va justement mettre à l'épreuve la solidité de l'intériorisation des interdits et de l'organisation du monde interne et faire de cet âge une menace pour l'identité.

CHAPITRE 3

L'IDENTITÉ : UN TERRITOIRE À CONSTRUIRE ET À DÉFENDRE

« Corrigez-vous, dira quelque sage cervelle.
Et la peur se corrige-t-elle ? »
LA FONTAINE, *Fables.*

L'adolescent doit désormais reprendre à son compte les fonctions de régulation de l'estime de soi, d'appui et de soutien qui sont largement le fait des parents jusqu'à l'adolescence. Il va devoir renégocier totalement les conditions de ce qui assure le sentiment de sa valeur, sa confiance en lui, en trouvant de nouveaux moyens de décharge des tensions et d'obtention des plaisirs. Ce mouvement passe nécessairement par un recentrement de ses intérêts sur lui-même, sur son corps et sur ses ressources propres qui doivent désormais assurer l'essentiel de ce qui était auparavant dévolu aux parents. Sur un autre plan, ce processus correspond à un travail d'intériorisation et d'appropriation des capacités à prendre soin de lui, à respecter les interdits, à trouver de nouveaux idéaux portés jusqu'alors par les parents.

Faire ses preuves pour se trouver

En d'autres termes, l'adolescent est confronté à ce qu'on pourrait appeler une obligation de faire ses preuves, c'est-à-dire qu'il va devoir montrer de quoi il est capable et ce qu'« il a dans le ventre » en agissant et en actualisant ce qui n'était que des potentialités dont la réalisation pouvait jusqu'alors être aisément différée. C'est là que vont se révéler la nature, la solidité et la valeur organisatrice des acquis antérieurs. Bien sûr, cette « obligation » peut n'être que virtuelle. Il lui est possible de trouver des moyens d'en différer encore la réalisation. La société peut l'y aider, par exemple en favorisant un fractionnement et un étalement dans le temps de ces tâches. L'autonomisation sociale d'avec les parents, l'assomption d'une identité sexuée définie, celle d'un statut professionnel peuvent être plus ou moins indépendantes les unes des autres dans le temps. On peut penser que la société actuelle favorise au maximum ce décalage et qu'elle est responsable de la difficulté croissante à poser un terme à l'adolescence. Pour ma part, je considère qu'il appartient spécifiquement à ce temps de l'adolescence de confronter l'adolescent à cette contrainte à laquelle nul ne peut échapper, car elle est constitutive du processus de la vie et du développement, qui est de se réapproprier son héritage, de le faire sien et d'apprendre à s'en servir pour devenir de plus en plus l'acteur de son développement dans un échange inévitable avec son environnement. Échange qui confronte le jeune à ses ressources, mais qui ne peut se faire sans un appui sur l'entourage. Échange en lui-même déstabilisateur, car le résultat n'est pas connu d'avance, puisqu'il résulte de la confrontation à la réalité, c'est-à-dire aux autres, et qu'il a lieu alors même que l'appui sur l'entourage ne peut plus rester ce qu'il était auparavant, compte tenu du besoin de prendre ses distances par rapport à sa famille et de trouver de nouveaux appuis hors du champ familial.

C'est l'enjeu essentiel de l'adolescence. Il ne faut pas que son attente à l'égard des adultes et son besoin de recevoir d'eux ce qui lui manque soient perçus comme une menace pour son identité et son autonomie et qu'il soit alors tenté par un *repli défensif sur son territoire* qui va l'enfermer et l'appauvrir. L'inévitable écart entre les besoins et l'autosuffisance, la dépendance et l'autonomie ne doit pas se transformer en un écartèlement et une déchirure. C'est cette déchirure qui donne aux adolescents le sentiment d'être mis à nu par le regard des autres, qui les rend gauches et timides ou, par ce renversement de position si fréquent chez eux, qui les pousse à s'accoutrer de façon provocante pour ne plus subir cette gêne, mais la provoquer chez les adultes. « Au moins, je sais pourquoi on me regarde ! » me disait un adolescent qui venait de se raser le crâne. Du fait de cet effet de dédoublement apporté par la conscience réflexive, l'effraction traumatique de soi peut provenir de l'intérieur du sujet : surgissement des traumatismes du passé ; mais aussi effraction par tout ce qui est susceptible de déborder ses capacités de contention et de maîtrise : tout désir, toute émotion, ressentis comme excessifs, qu'ils appartiennent au registre de l'envie, de la rage, de l'humiliation ou à ceux du sexuel ou de l'agressivité. Il est important de comprendre que le caractère violent et traumatique que peut prendre le désir, et notamment le désir sexuel, est davantage dû à la vulnérabilité et à l'insécurité du sujet qu'à la force propre du désir qui naît de la faiblesse des capacités contenantes du sujet.

Désir et envie : la menace de se perdre

Envier chez un autre ce qu'on pense ne pas avoir contribue fortement à ébranler l'identité. Cela renforce le sentiment de son insuffisance et, de ce fait, l'attente d'acquérir ce qu'il y a de plus enviable chez cet autre. En nous mettant en appétit, l'autre fait en quelque sorte intrusion en nous. C'est comme si nous étions dans l'obligation de devoir récupérer sur son territoire un bien qui nous appartient. Pour ma part, il me semble que ce mécanisme repose sur des bases finalement très primaires, celles de nos « circuits appétitifs ».

Les circuits appétitifs sont ces circuits qui nous poussent, quel que soit notre âge, à rechercher le plaisir et la satisfaction, comme n'importe quel être vivant. Une spécificité, pourtant, revient à l'être humain : la conscience qu'il a de cet appétit, de ce qu'il représente pour lui, du fait en particulier de ses expériences passées, du poids de ses souvenirs. Ce sont ces circuits appétitifs sollicités par l'attrait de l'autre, quelles qu'en soient la nature et les motivations, qui donnent à cet autre un pouvoir sur nous, celui de nous mobiliser et de nous enrichir, mais aussi de nous désorganiser. Extrêmement sollicités à l'adolescence, ce sont eux qui expliquent la force de la puberté, sa richesse à venir, mais également son potentiel désorganisateur. On retrouve ici la *question de la dépendance* qui est au cœur de la problématique adolescente. La nécessité d'achever ses identifications confronte, en effet, un adolescent à ce qui demeure en lui de dépendance enfantine et le précipite dans une quête identificatoire susceptible de conflictualiser cette dépendance, jusqu'alors bien tolérée et souvent même largement méconnue dans la mesure où l'enfance autorise le maintien de zones d'indifférenciation assez larges avec les adultes et, plus particulièrement, avec les parents. Le besoin de mieux assurer ses identifications commencées dans l'enfance vient menacer l'identité encore précaire de l'adolescent.

Le message paradoxal de l'identification, qui doit assurer son autonomisation, mais aussi sa distanciation par rapport aux parents, peut se formuler ainsi : « Sois toi-même, indépendant de ta famille, mais, pour le devenir, sois un homme comme ton père ou une femme comme ta mère, c'est-à-dire rapproche-toi d'eux au point de prendre en toi les qualités qui font qu'ils sont des adultes comme tu veux le devenir. »

Tel est le paradoxe de toute identification : devenir indépendant par rapport à celui auquel on s'identifie nécessite d'intérioriser une partie au moins de ses qualités et d'intégrer, de s'approprier une partie au moins de la relation qu'on a établie avec lui. L'héritage est à la fois là et toujours à se réapproprier. Comme une mère doit déjà être là pour pouvoir être « créée » par son bébé, un adolescent doit d'abord faire siennes ses identifications, il doit les intérioriser et les prendre au plus près de son Moi, s'il veut pouvoir, ensuite, s'éloigner de ses parents sans difficulté majeure.

Seul le temps permet à ce processus de s'effectuer et à l'adulte, des années plus tard, de comprendre que cette proximité avec ses parents, ce travail d'assimilation et de métabolisation, était la condition même de son indépendance. Ce n'est qu'après coup, avec le temps, qu'il est possible de mieux comprendre la nature et l'importance des relations qui unissent aux parents, de comprendre que l'on a pu se nourrir d'eux et en même temps être soi, différent d'eux, semblable par certains aspects, mais, dans tous les cas, non identique. Or l'adolescent, je l'ai dit, est très intolérant au temps, qui le renvoie à l'attente interminable qui est la sienne, à son incapacité à être comme il aimerait être et, donc, à sa dépendance aux autres. Au temps qui lui échappe, il préfère le plus souvent l'espace qui autorise une maîtrise relative. C'est par l'*utilisation de l'espace* qu'il va essayer de se donner les moyens de s'assurer de son existence et de ses différences avec l'enfant qu'il était et avec les autres, en particulier ses parents. Le corps, parce qu'il se déploie dans l'espace, parce qu'il rassure sur la permanence de soi, est un acteur fondamental de ce recours à l'espace pour sauvegarder son identité. Il n'en est pas de même pour la pensée qui échappe à toute tentative de maîtrise dans l'espace.

Vouloir tout et son contraire : un effet de sidération sur la pensée

Les contradictions et les paradoxes exercent toujours un effet de sidération sur la pensée, et l'adolescence en est remplie. Besoin de complétude, mais besoin de préserver une autonomie et un territoire identitaire menacé : voilà, par exemple, qui crée une situation impensable, une situation paradoxale, qui ne peut s'exprimer que par une tension interne, une violence faite à la pensée et au Moi. Évidemment, l'impact de ces désirs et de ces aspirations contradictoires dépend de la charge émotionnelle dont ils sont porteurs. Les émotions mobilisées seront d'autant plus intenses que leur enjeu sera plus important et que la sécurité interne, l'identité seront plus fortement remises en cause.

Les processus concernant la croissance et le développement sont les plus sensibles à ce genre de crise. Non seulement ils sont sous-jacents à tous les autres, mais ils génèrent chez l'être humain une tension et une menace permanentes. La contradiction qui les travaille implique, en effet, un risque fondamental pour le sujet : celui de voir, de sentir son unité se briser entre un désir progressif qui pousse à grandir, à aller de l'avant, à conquérir, et un désir régressif qui amène à rester cramponné au passé, à se blottir dans un giron protecteur. Le psychanalyste Francis Pasche a donné une description saisissante de ce désir, de cette peur d'un englobement mutuel dont il situe l'expérience prototypique dans les échanges entre la mère et son bébé lors de la tétée. Pendant qu'elle le nourrit, le bébé cherche constamment le regard de la mère et celle-ci, en général, lui répond. Mais, par le regard, on introduit l'autre en soi, ne dit-on pas qu'on boit quelqu'un des yeux ? Dans cet échange entre la mère et son bébé, difficile de dire qui absorbe qui, mais, en même temps qu'il fixe le regard de sa mère, l'enfant ne cesse de chercher avec sa main à agripper le sein, un bouton du corsage, un collier, quelque chose de matériel dont il pourrait s'emparer et qui résisterait à sa pression. Comme s'il fallait trouver ailleurs, à la périphérie du corps maternel, des choses qu'on peut percevoir sans en être perçu, qu'on peut convoiter sans en être convoité, qui ne s'adressent pas à soi, qui n'investissent pas. Comme si le désir de retourner dans le corps de sa mère, contre lequel on lutte, devait échapper au désir concordant de celle-ci qui le renforce et le rend irrésistible.

On retrouve chez l'adolescent ce besoin profond d'interposer du sensoriel entre soi et l'autre, mais aussi entre soi et soi-même. Comme l'enfant qui remplace un objet absent, inaccessible psychiquement, en s'accrochant à ce qu'il perçoit, l'adolescent tente de cette manière de s'assurer de la permanence de son sentiment de continuité. Bien des passages à l'acte semblent répondre à cette nécessité. Les échanges de coups, si prisés des adolescents, par exemple, permettent de trouver un appui dans la différence, de bénéficier d'un rapprochement tout en rencontrant la limite. Tout comme les scarifications qui calment instantanément l'angoisse et permettent de se retrouver.

La relation amoureuse offre beaucoup d'analogies avec cette *situation d'englobement mutuel*, par le regard, par l'enlacement des corps et par la relation sexuelle qui réalise partiellement cette mutualisation des corps, qui permet de rétablir l'unité perdue entre la mère et soi, entre l'enfance et le présent, qui assure la fusion avec l'autre au moment de l'orgasme, qui rétablit aussi l'unité du sujet en réconciliant continuité et ouverture à l'autre. Néanmoins, cette expérience réconfortante et parfois restauratrice de l'unité est aussi menaçante. C'est parce qu'elles permettent de vivre des expériences fusionnelles temporaires que les relations amoureuses et sexuelles sont des expériences fortes et constructives. Mais leurs effets peuvent être opposés. La dimension fusionnelle de ce genre de rencontre est potentiellement anxiogène et peut être ressentie comme une menace de se perdre en l'autre. Cette menace se concrétise par exemple par la survenue, à la suite d'une rencontre, d'un état d'exaltation qui peut s'apaiser progressivement ou, à l'inverse, devenir franchement pathologique, entraînant l'apparition d'un véritable syndrome maniaque. D'autres aménagent la distance en prenant la fuite, en essayant de faire vivre au partenaire les inquiétudes qui sont les siennes. Plus fréquemment, ils cherchent à interposer des éléments matériels, auxquels s'agripper pour se rassurer sur leurs limites ; c'est tout le champ des perversions que nous envisagerons plus loin. Qu'ils soient réels ou purement fantasmatiques, les violences physiques ou le simple recours intermittent à des actes presque douloureux protègent, eux aussi, du fusionnel et autorisent la libération des désirs et l'abandon au plaisir à un autre niveau.

Comment faire face à tant de contradictions ?

Il est très difficile pour un adolescent de mettre en mots, ne serait-ce que pour lui-même, ses aspirations, ses envies, ses désirs, même s'ils sont très banals. Ils sont par trop contradictoires, même s'il ne peut penser clairement cette contradiction. La seule évocation d'un de ses désirs contradictoires lui enlèverait d'ailleurs son côté désirable. Avoir envie de se faire câliner, comme avant, sur les genoux de maman n'est plus désirable une fois que ce désir a été formulé, parce qu'il est trop lié à cette position d'enfant qu'on veut quitter. Et pourtant ce désir, une fois exprimé, continue d'avoir une force d'attraction considérable. Mais le désir opposé est tout aussi présent, et il est plus d'actualité, donc plus présentable. L'adolescent peut se le formuler plus facilement – par exemple, « je voudrais être autonome et avoir une petite amie ». Seulement, cette pensée éveille plus d'inquiétude que de plaisir, et il ne comprend pas pourquoi. S'il a suffisamment confiance en lui, la contradiction sera limitée et il s'arrangera pour faire l'un et l'autre. Dans le cas contraire, la peur de régresser et la peur de se confronter à l'inconnu vont dramatiser les enjeux et produire une tension, parfois une violence interne, qui, non seulement conduiront l'adolescent à se disputer avec sa mère, mais aussi à s'enfermer dans sa chambre sans sortir. Et à l'arrivée, il n'aura ni le câlin de maman ni le rendez-vous avec la jeune fille.

L'enfermement dans la chambre concrétise l'enfermement dans la tête. Pourquoi fait-il tout cela, il ne le sait pas au juste. D'ailleurs, il ne voulait pas que cela se passe ainsi, il ne l'avait pas décidé. Mais, une fois qu'on est enfermé dans sa chambre, il est bien difficile d'en sortir, sans capituler, se montrer nu, reconnaître qu'on a « fait son cinéma » et qu'on n'en est pas fier, même si on ne sait pas trop pourquoi ou ce qu'on en attendait. Un adulte qui ose forcer sa porte lui offre une voie de sortie honorable, qu'il prend parfois, car il n'a pas capitulé et n'a rien demandé : ce sont les autres qui sont venus vers lui, preuve de son importance à leurs yeux. En retour, il peut alors accepter de quitter son mutisme et sa chambre, juste pour faire plaisir, et on reste là : tout le monde est quitte, il n'y a pas d'explications à donner, l'adolescent n'en a d'ailleurs même pas pour lui-même. Mais il faut le dire, cette issue heureuse n'est pas gagnée d'avance, car l'intrus peut aussi se faire éjecter sans ménagement et l'adolescent s'enfermer davantage dans son refus de communiquer. À l'arrivée, personne ne sera content, à commencer par l'adolescent qui aura tout raté à être ainsi tiraillé entre deux types de rapprochement, dont il a pareillement besoin, mais qui obéissent à deux modalités distinctes, la tendresse et la sexualité, que la puberté a disjointes et qui ne redeviendront complémentaires que plus tard, dans la relation de couple.

Précisons ici que *le plaisir*, parce qu'il peut faire fondre les limites ou, à tout le moins, les brouiller, est quelque chose qui, chez l'adolescent, ne passe pas toujours bien. Peut-être est-ce aussi la raison pour laquelle le rien est parfois préféré au quelque chose, quel qu'il soit. Éprouver du plaisir, c'est accepter d'être transporté « hors de soi » et, pour ceux qui ont des assises narcissiques fragiles, ce qui est le cas de nombre d'adolescents à la puberté, c'est prendre un risque réel en matière d'identité. Ne dit-on pas de certains qu'ils « pètent les plombs » ? Il est vrai que l'amour peut littéralement « faire perdre la tête », et pas seulement de façon métaphorique. Sans aller jusqu'à ces situations extrêmes, il faut bien reconnaître qu'il n'est pas toujours aussi facile qu'on le croit de supporter le plaisir tranquille, le bien-être. Non seulement parce que c'est monotone et que l'ennui peut s'installer, mais parce que cela peut finir par engendrer un malaise, un flou identitaire dans lequel la frontière entre soi et l'autre tend à disparaître. À l'inverse, les situations de tension, de dispute ou de bagarre sous n'importe quel prétexte redessinent très vite les frontières. Les adolescents le sentent, sans forcément se l'expliquer, et ils tendent, sans doute pour cette raison, à les provoquer, parfois sans relâche, tant leur malaise identitaire est grand. Il en est de même de la recherche de tous ces facteurs d'excitations individuelles ou groupales comme l'alcool, la drogue, etc.

Est-il encore possible d'idéaliser les adultes ?

Je l'ai dit, le narcissisme à l'adolescence est fragilisé par la perte des appuis narcissiques antérieurs, ceux de l'enfance, qui reposaient largement sur le lien aux parents. L'adolescent n'a pas encore pu faire ses preuves et éprouver la force de ses ressources personnelles. Doté d'un corps nouveau qu'il doit se réapproprier et investir positivement, confronté à un monde extérieur en grande partie à découvrir, il a encore besoin de maintenir certains appuis pour étayer sa confiance en lui-même. Malgré l'ambivalence qui peut l'animer à leur endroit, c'est tout de même auprès de ses parents qu'il va naturellement vouloir aller chercher ce soutien, le temps d'être suffisamment nourri par leurs apports. Mais s'il le veut, le peut-il pour autant ? Continuer de rechercher l'appui parental nécessite, en effet, de pouvoir continuer à idéaliser un minimum ses parents, de croire en eux, en leurs capacités d'adultes. Ce qui n'est pas possible si la « réalité » de ce qu'ils sont vraiment, sur le plan sexuel notamment, se révèle brutalement, ou bien en cas de découverte soudaine des conflits qui les opposent ou de la séparation qui se prépare. La soudaineté du phénomène prend alors l'adolescent au dépourvu et l'oblige à un repli massif de ses investissements sur lui-même, avec le risque d'un débordement, d'une désorganisation et d'une rupture de la continuité de sa personnalité. La perte brutale d'un lien avec une personne avec qui on entretenait une relation de complémentarité et qui constituait un support narcissique essentiel de sa propre personnalité peut, de la même manière, menacer l'équilibre fragile d'adolescents restés trop dépendants des liens tissés avec l'entourage dans l'enfance. Il s'agit souvent d'un membre de la fratrie dont l'éloignement à l'occasion d'une rencontre amoureuse sera ressenti comme une trahison aux effets catastrophiques.

La brutalité et la massivité du mouvement de désidéalisation et de désinvestissement des parents constituent une source importante de blessure narcissique à l'adolescence. Il en va de même de certaines rencontres et expériences qui, en « révélant » brutalement à l'adolescent des plaisirs et des formes trop crus d'une réalité que ne protège plus le voile du refoulement, de l'ignorance ou de l'idéalisation, le confrontent, telle la terreur nocturne de l'enfant, à la crudité de ses fantasmes et à un affolement émotionnel qui menacent de le désorganiser. Les effets sur la personnalité d'une telle « mise à nu » peuvent être ravageurs. Il devient, en effet, impossible ensuite d'investir tendrement une relation, notamment la relation avec les parents dont on va, par conséquent, chercher à se faire rejeter. C'est le résultat que produisent habituellement certaines expériences malheureuses impliquant la sexualité, la vie de groupe ou la drogue.

La sensibilité des adolescents à l'attitude des adultes envers eux est largement sous-estimée et même déniée par la société. Prenant prétexte de la libération des mœurs et de la sexualité, beaucoup d'adultes, grâce à leur profession ou à l'ascendant qu'ils exercent, séduisent sans difficulté des jeunes filles qui pourraient être leurs filles. Ils s'absolvent d'avance de tout remords : ces jeunes filles ne sont-elles pas consentantes ? Ne sont-elles pas mieux initiées par eux que par des jeunes gens de leur âge ? La réalité est souvent autre. Les bénéfices, très incertains, que récoltent certaines d'entre elles, ne compensent pas les risques encourus par le plus grand nombre. L'inévitable confusion avec la figure paternelle et l'abandon qui survient après une liaison plus ou moins longue placent les plus vulnérables de ces adolescentes dans un état d'impuissance et de dévalorisation de soi extrêmes ; ces jeunes proies se sentent alors « utilisées », sans considération pour leur personnalité véritable qui les conduit à rejeter leur corps, seul objet d'intérêt pour l'homme à leurs yeux. La dépression est l'issue la plus fréquente, qu'elle prenne la forme d'un syndrome dépressif véritable, de tentatives de suicide, d'une anorexie mentale ou de crises boulimiques. À moins que le désir de revanche et de défi ne l'emporte et ne s'exprime par des comportements de provocation et de séduction, pour se venger de tous les hommes, mais aussi se dégrader davantage à ses propres yeux, malgré le sentiment de maîtrise retrouvée qui vient en place de l'humiliation subie.

Au cours de ma carrière, j'ai pu constater que les filles de ces « grands séducteurs » éprouvaient souvent les mêmes sentiments que les jeunes victimes qui en avaient fait directement les frais. Elles adoptaient même leurs comportements quand elles apprenaient la conduite de leur père. Elles s'identifiaient d'autant plus parfaitement à la jeune fille qui avait été utilisée que la jeune fille en question était souvent une de leurs amies. Quand ce n'était pas le cas il n'était pas rare que leur père les tienne au courant de ses aventures, à l'insu ou avec la complicité de la mère. Parmi ces jeunes filles en grandes difficultés dont j'ai eu à m'occuper, la majorité provenait de milieux dits « libérés » où la séduction est d'autant mieux acceptée, parfois même par les parents, qu'elle laisse espérer une carrière plus facile. « Mais où est le problème puisqu'elles sont libres ? » rétorquaient un certain nombre de ces hommes qui étaient parfois sincèrement préoccupés par l'état de ces adolescentes, mais occultaient totalement l'écart générationnel et la position d'autorité morale qui incombe à l'adulte. Que répondre, sinon que la perte de la capacité à se faire confiance et à faire confiance aux autres ne permet plus de se trouver ? Qu'on ne peut être en confiance avec soi-même, quand on ne peut faire confiance aux adultes ? Et qu'il est impossible de vivre dans la confiance quand la rencontre avec un autre, quel qu'il soit, constitue *a priori* une menace ? Et parce que ce sont des adultes, c'est-à-dire des figures parentales potentielles, c'est le lien aux parents et aux adultes en général qui s'en trouve dévalorisé, cette dévalorisation compromettant la transmission des valeurs d'une génération à l'autre, la confiance et la possibilité de s'appuyer sur plus ancien que soi. La puberté précoce d'une jeune fille est susceptible d'avoir des effets semblables, sans qu'il y ait nécessairement passage à l'acte, parce que la sexualisation trop précoce de son corps la transforme en jeune femme alors qu'elle a encore des besoins affectifs proches de ceux de l'enfant qu'elle était encore peu de temps auparavant. La cassure entre le développement affectif et la maturité physique est une autre de ces menaces qui empêchent de trouver l'appui nécessaire auprès des parents et qui laissent seul et désemparé.

La confiance est toujours à la merci d'un traumatisme

Qu'est-ce qu'un traumatisme ? C'est l'ensemble des troubles causés par les effets d'une violence extérieure. Les répercussions physiques de cette violence sur le corps sont relativement faciles à repérer ; les effets psychiques, en revanche, sont souvent plus cachés et peuvent se révéler à distance. Dans tous les cas, un traumatisme est *une force qui fait effraction*, qui attaque les limites d'un sujet, qui porte atteinte au territoire psychique d'un être humain, c'est-à-dire à la représentation qu'il se faisait de lui-même et des autres. Dans une blessure psychique, ce qui est touché, c'est toujours à la fois l'image qu'on s'est construite de soi-même, l'estime qu'on se porte, mais aussi la confiance en soi, dans les autres et, plus largement, dans le monde.

Il est très difficile d'apprécier la portée traumatique d'un événement et, d'une manière plus générale, ce qui fait traumatisme. La difficulté provient de l'extrême variabilité de la sensibilité individuelle à l'effraction traumatique. Bien souvent, l'événement apparemment traumatique n'est que la goutte d'eau qui submerge la capacité à continuer à faire confiance et à permettre au positif de l'emporter sur le négatif. Le débordement confronte à la solitude, on s'en défend par le repli sur soi et le rejet du monde extérieur, jugé trop dangereux ; ce faisant, on s'isole encore davantage, tant le repli et le rejet ont ce pouvoir de se renforcer mutuellement. Si un traumatisme est évidemment plus facile à repérer dans les cas de violences subies, quand il y a coups, abus sexuel ou viol, il faut savoir que, même dans ces cas de violence manifeste, la portée traumatique de l'acte reste très variable et que quelqu'un en équilibre précaire est susceptible, à l'inverse, de basculer dans une situation véritablement traumatique sous l'effet d'événements apparemment ordinaires. Chez un adolescent, ce peut être aussi bien la mort d'un animal familier, le divorce des parents, la mise au ban par d'autres enfants, qu'ils soient membres de la famille ou camarades de classe, ou la naissance d'un petit frère ou d'une petite sœur.

Qu'est-ce qui confère un caractère traumatique à des situations aussi différentes ? La réponse est à chercher dans la vulnérabilité personnelle et dans l'attitude des adultes censés protéger. J'ai parlé au chapitre précédent des facteurs de vulnérabilité qui pèsent sur le développement, du tempérament et des émotions dont il privilégie l'expression, mais aussi de la fragilité des assises narcissiques, de l'insécurité interne et de la dépendance importante qui en résulte face au monde environnant. Cela dit, même quand les ressources internes sont importantes, elles demeurent relatives et elles ont besoin d'être soutenues par un accord minimal avec l'entourage. C'est cet accord que vient briser le traumatisme en cassant la confiance dans les adultes qui sont une référence pour l'enfant et qui le restent pour l'adolescent. Quand les ressources internes sont fragilisées et qu'il y a défaillance objective ou subjective des personnages de référence, alors la voie est ouverte pour le traumatisme.

Un sentiment permanent d'effraction

À ces risques de « mauvaise rencontre » avec la réalité extérieure s'ajoute, à l'adolescence, la menace que constitue la résurgence d'expériences anciennes. Cette fois, le danger ne vient plus du dehors, mais de soi-même, et il est constant. Chez chacun de nous, les expériences vécues s'inscrivent dans la mémoire et contribuent à favoriser les motivations quand elles sont positives, mais elles peuvent aussi avoir des effets traumatiques secondairement, c'est-à-dire quand elles sont réactivées par une actualité qui entre en résonance avec le passé. L'effet traumatique secondaire peut même être plus important que le premier et, en tout cas, plus visible. La puberté est particulièrement propice à l'actualisation des traumatismes du passé. L'ébranlement des assises de l'identité et le cheminement vers une identité achevée, à travers, notamment, un choix sexuel, offrent l'occasion d'une répétition des conflits précoces d'identification. Comme le disait Winnicott, « les problèmes qui se dessinent à la puberté sont identiques à ceux des premiers stades de la vie, quand ces mêmes enfants étaient des tout-petits ». Cette renégociation, à l'occasion de l'adolescence, des premiers conflits infantiles peut s'envisager d'une manière plus dynamique à partir de la notion freudienne d'après-coup, qui exclut toute perspective génétique linéaire et confère à la temporalité une singulière originalité. L'après-coup est ce qui produit, à la faveur de nouvelles expériences, le remaniement de ce qui demeurait, jusque-là, à l'état de traces mnésiques. Les expériences, les impressions anciennes acquièrent alors un nouveau sens et une efficacité psychique.

D'une certaine façon, la puberté est par excellence le temps de l'après-coup, car tout ce qui s'est passé avant est bouleversé par l'accès à une possible sexualité génitale. De ce fait, aucun événement antérieur ne peut expliquer à lui seul la survenue d'un trouble à l'adolescence, pas plus qu'une régression au cours d'un épisode pathologique de l'adolescence n'est jamais le simple retour à un état antérieur. Quelque chose de radicalement nouveau naît avec la mutation de l'adolescence qui permet de comprendre l'originalité des ruptures de la personnalité à cet âge de la vie et la possibilité de remaniements favorables apportés à des difficultés antérieures. C'est en ce sens que l'adolescence constitue toujours *une « deuxième chance »*, même si l'adolescent, lui, n'en a le plus souvent pas conscience.

Avec l'après-coup, et Freud insiste sur ce point, le danger vient de l'intérieur, de la nouvelle signification et du poids nouveau que prennent les traces mnésiques, et non plus de l'extérieur, des perceptions : le cheval de Troie est déjà dans la citadelle. En raison du dédoublement de la personnalité qu'autorise la conscience réflexive, l'effraction de soi vient de l'intérieur même du sujet. Et tout fait effraction à l'adolescence : une ancienne blessure narcissique qui se réveille, une émotion excessive, un désir dont la force semble déborder les capacités de contention et de maîtrise et qui tire, en réalité, sa force même de la faiblesse des capacités contenantes de l'adolescent. Nous avons vu ci-dessus combien les attentes de l'adolescence, les envies qu'elles suscitent comme les contradictions dont elles sont porteuses, pouvaient représenter cette menace venue de l'intérieur.

Comment réagir quand on est menacé du dedans et du dehors ?

Le caractère potentiellement violent et traumatique de la puberté provient de ce qu'elle est inéluctable, nul ne peut y échapper. L'adolescent ne peut pas ne pas avoir conscience de cette inéluctabilité qui agit sur lui comme une contrainte. Le temps joue contre lui, et il le sait. Il peut chercher à la masquer, s'étourdir par l'excitation, se réfugier dans le repli ou la rêverie, mais le temps est compté, et il lui faudra bien un jour ou l'autre accepter cette réalité et se confronter aux menaces qu'elle fait peser.

Nul ne peut s'installer durablement dans une situation de menace sans réagir. La gamme des réactions possibles est relativement étroite : c'est le débordement et, éventuellement, la désorganisation, ou bien la recherche d'une forme de contrôle sur la situation. Vouloir exercer une certaine maîtrise est une réaction d'adaptation qui permet de se rassurer. C'est une réaction primaire de sauvegarde face à un danger. Si elle n'est pas choisie, si elle s'impose, elle témoigne, dans ses modalités d'expression, des expériences vécues auparavant, du niveau de développement et de maturité atteint. C'est aussi une réaction émotionnelle dont l'intensité dépend des potentialités tempéramentales d'expression émotionnelle et des possibilités de contrôle acquises par l'éducation. Certes, on ne choisit ni la nature ni la force de ses émotions. Ce sont des mécanismes cérébraux qui les commandent, lesquels dépendent de notre cerveau le plus archaïque, le plus proche de l'animal, mais ces mécanismes sont aussi sensibles aux influences éducatives et aux mécanismes de contrôle sous la dépendance des connexions avec le lobe préfrontal.

Chez un adolescent, deux types de réaction émotionnelle prédominent pour tenter de s'assurer un minimum de maîtrise, au moins apparente : l'agrippement et le repli sur soi. Dans le premier cas, l'adolescent suit un modèle que nous avons déjà évoqué pour la petite enfance. C'est le petit de deux ans qui, plutôt que d'aller jouer avec les autres à la crèche ou de s'endormir quand on le met au lit, refuse de quitter sa mère, se débat, pleure, s'agrippe à sa main, mais se calme quand il est sur ses genoux et dans ses bras. Ce n'est pas que cet enfant aime plus sa mère qu'un autre ; c'est qu'il a peur quand il est seul. Le deuxième type de réaction, le repli sur soi, est plus proprement adolescent, car il témoigne, en contrepoint, de l'importance de ce qui était attendu et qu'on rejette, de peur d'en être privé ou d'en devenir dépendant. Ces deux modalités de réponse à toute menace sur notre territoire support de notre identité, si elles sont particulièrement sollicitées par l'adolescence, demeurent la vie entière les prototypes de nos réactions défensives émotionnelles. Elles ne sont pas choisies mais s'imposent à nous. On peut s'y soumettre ou chercher à se donner les moyens de les contrôler.

L'agrippement : une réponse à la menace

Un enfant qui se cramponne à la main de sa mère ne sent pas tant la peur qui a provoqué son geste que le soulagement de la sécurité retrouvée. Tenir la main, s'agripper, exprime l'inquiétude. Cela n'empêche pas l'amour mais ce n'est pas l'amour qui fait la force de l'agrippement, c'est la menace. Tout éloignement de l'objet d'attachement fait renaître le vécu de menace et déclenche la réaction d'agrippement. L'enfant devient nécessairement prisonnier de la mère, mais cherche en retour à la rendre dépendante de lui, sans même qu'il le veuille vraiment et en tout cas sans qu'il puisse le contrôler. C'est une nécessité dictée par la peur de la perdre. Cependant l'enfant apprend vite à trouver les moyens efficaces pour retenir celle-ci : les plaintes et les caprices, mais surtout pas le plaisir comme nous l'avons vu précédemment. Sa mère est inévitablement confrontée au dilemme d'une absence d'empathie et c'est l'abandon ; trop d'empathie pour lui, et elle s'enferme avec lui dans la croyance que se séparer c'est se perdre. Mais pour quelles raisons cède-t-on ? Par amour pour l'enfant ou parce que, narcissiquement, le parent s'identifie à lui ? Dès qu'il y a excès d'empathie, c'est que l'autre est devenu un représentant de soi-même. On ne se demande plus alors quels sont les besoins de l'enfant – devenir autonome, avoir confiance en lui, intérioriser tout ce qu'on peut lui donner. Ce sont les propres craintes de la mère qui vont souvent alimenter celles de l'enfant Il est d'autant plus difficile de répondre à cette situation que cela provoque le parent à se dire : « Ce pauvre petit, comme je me reconnais à travers lui, moi qui ai tant souffert pendant mon enfance, avec cette mère qui ne s'occupait pas de moi… », ou bien encore : « Tout le temps que je passe avec lui, c'est du temps que je ne passerai pas au lit avec mon mari », mais aussi : « S'il savait à quel point le monde est mauvais, il aurait encore plus peur. »

Toute cette compassion pour l'autre amène à rester un peu trop longtemps, sans oser dire à l'enfant que maintenant ça suffit et qu'il a en lui les moyens de se débrouiller. Pourtant, si les parents ne le font pas, l'enfant aura beaucoup plus de mal à acquérir son autonomie. C'est l'un des problèmes majeurs avec l'éducation actuelle des jeunes : ils n'ont pas l'occasion d'expérimenter leurs ressources propres parce qu'on les accompagne anxieusement partout, comme s'ils n'allaient pas y arriver tout seuls. On agit ainsi parce qu'« on les aime », sans se rendre compte qu'on ne fait que les rendre plus dépendants de soi.

La perte de motivation : une réponse à la déception

C'est, avec l'agrippement, l'autre réaction émotionnelle privilégiée des adolescents. Elle n'est pas sans rappeler l'état amoureux par ce qu'elle révèle de dépendance affective et de délégation à l'autre de ses attentes d'être rassuré sur soi, sur sa valeur avec, comme prix à payer, le risque d'être dépossédé de soi-même en cas de confit ou de séparation. Prenons un exemple. Une sortie à deux est prévue et organisée depuis longtemps pour fêter un anniversaire de rencontre. Mais l'un des deux n'arrive pas, il est en retard. La violence de la déception qui va envahir l'autre est proportionnelle à l'intensité de son attente et plus le retard sera important, plus le plaisir attendu de la soirée va s'émousser. Au point qu'au bout d'un certain temps, celui qui attend ne saura même plus s'il a encore envie de sortir. Et quand le retardataire arrivera enfin, en présentant ses excuses, il lui déclarera : « De toute façon, je n'ai plus envie de sortir, je suis fatigué(e), je préfère rester à la maison. » Si, soucieux de la liberté de l'autre, celui qui s'est fait attendre répond : « Si c'est ce que tu veux, d'accord ! », je pense que c'est la pire vacherie qu'il lui fait. Si, en revanche, il renverse la situation et se met à son tour dans une situation semblable à celle vécue par celui qui attendait, s'il le supplie de ne rien en faire, s'il jure qu'il ne se pardonne pas son retard, qu'il est trop malheureux, et ce pendant un temps suffisamment long, souvent proche d'ailleurs de celui du retard, alors il est fort possible que la personne blessée finisse par céder et accepte de sortir. Avec un peu de chance, une heure après, ils passeront tous deux une excellente soirée.

Ce scénario est typique de ce qui se passe à l'adolescence et de l'extraordinaire capacité des adolescents à renverser une situation en son contraire, en fonction de l'intensité de leurs attentes, surtout quand elles concernent un adulte très investi, comme peut l'être un parent. Pour répondre à ces renversements, il faut savoir faire violence à l'adolescent, provoquer l'échange et la rencontre qu'il entend refuser, mais qu'il attend, au fond, sans bien le savoir. Et il faut le faire suffisamment tôt, avant que le mouvement de repli ne conduise à se construire dans le rejet des parents et, parfois, de l'ensemble des adultes. Car si la peur inverse la valeur du désir qui, de positif, devient négatif, elle maintient néanmoins le contact avec l'autre, avec l'environnement, alors que le repli, lui, quand il perdure, brise le lien. De la même façon, la colère et l'agressivité maintiennent l'échange, tout comme les conduites d'opposition, les critiques incessantes ou la mauvaise humeur dont certains adolescents se font une spécialité. La déception, en revanche, fait se rétracter le désir, parfois jusqu'à sa disparition. Elle emporte la motivation jusqu'à l'indifférence, comme la marée qui se retire en abandonnant sur le sable des objets sans vie et sans intérêt. C'est la trame même du narcissisme, ses assises, les croyances sur lesquelles il repose que la déception menace : l'adolescent se perd lui-même avec le retrait de son objet d'amour.

Comme l'illustrent les deux exemples d'agrippement et de retrait pris en modèles, une intervention extérieure est souvent nécessaire pour sortir de l'enfermement. Une fois de plus le recours au tiers peut être la condition de la libération de nos contraintes et d'une reprise des échanges. Recours qui à son tour peut appeler une forme d'insistance comme dans le cas de l'amoureux décevant, et parfois même de contrainte si la finalité en est libératrice. Nous verrons que c'est le paradoxe de l'éducation comme du soin. Il répond assez logiquement aux besoins paradoxaux du développement humain tels que nous les avons envisagés.

CHAPITRE 4

RENCONTRER LES ADULTES POUR SE TROUVER

« Il est des rencontres fertiles. [...]
Elles [...] simplifient et allègent
l'entente avec soi-même. »
Correspondance entre René Char
et Albert Camus.

Si l'adolescence est un voyage pour lequel les dangers encourus sont à la mesure des enjeux, on ne peut qu'être frappé par la constance avec laquelle les sociétés ont longtemps pris soin d'encadrer soigneusement ce parcours, comme si elles pressentaient ce que ces périodes de mutation, de flottement, de « mouvance » selon l'expression d'Évelyne Kestemberg, comportent d'ouverture possible et de danger potentiel pour la transmission de la culture. Longtemps, les sociétés ont cherché à organiser ce passage et à offrir aux adolescents un modèle « initiatique » qui balise le chemin à parcourir et qui offre une mise en scène des transformations qui s'opèrent à la puberté. De ce point de vue, les sociétés dites « primitives » ou à tradition orale, sociétés fortement structurées où le hasard n'a pas de place, sont particulièrement intéressantes, car les rituels y ont gardé, encore aujourd'hui, une forme spectaculaire. Le corps y joue un rôle essentiel, avec peu de déplacement vers une figuration verbale et métaphorique, même si le symbolisme n'est pas absent. Quelles que soient les différences de pratique d'une société à l'autre, l'initiation est perçue et présentée probablement par l'importance que le rite ne soit pas que parlé mais agi et se présentifie par une marque corporelle.

Des rites pour répondre à la violence de la puberté

Le « passage » de l'état d'enfant à celui d'adulte se traduit par un changement de territoire ; la rupture des liens et des investissements du passé, ceux de l'enfance, s'objective dans le mouvement de bascule des visages les plus familiers, ceux du monde de la mère, en figures étrangères, celles des adultes. Toutefois, le changement de territoire et la transformation du familier en étranger ne suffisent pas : le corps de l'adolescent est directement sollicité. Il doit sortir victorieux d'un certain nombre d'épreuves et en porter les stigmates pour mériter son nouveau statut. Les rites d'initiation destinés aux adolescents sont, parmi tous les rites, ceux qui comportent les épreuves physiques les plus dangereuses et qui marquent les corps avec le plus de violence. On peut en inférer que cette période correspond à des tensions et à des menaces d'une intensité particulière. Difficile, en effet, de ne pas considérer que la violence du rite est une réponse à la violence du risque que l'adolescence représente pour la société, mais aussi pour l'adolescent lui-même.

Dans l'épreuve rituelle, il est vraisemblable que les bénéfices narcissiques concernant l'image de soi sont importants. Ils le sont notamment par le fait que l'adolescent voit son image soutenue par son appartenance à un groupe de pairs, mais aussi par les pouvoirs nouveaux que lui confère, d'une certaine manière, sa participation aux secrets des adultes. En outre, sa souffrance et sa capacité à surmonter les épreuves physiques auxquelles il est soumis lui permettent de prendre la mesure de lui-même et le confortent dans ses compétences propres. Signe de soumission aux adultes qui imposent le rite, cette souffrance peut être perçue, sur un plan conscient, comme un signe de la force de l'adolescent, une preuve de sa capacité de résistance, une marque de son existence propre. Aussi difficile soit-elle, l'épreuve est le prix que l'adolescent doit payer pour conforter son narcissisme et assimiler sans culpabilité le pouvoir des adultes, d'autant qu'elle lui permet, par la souffrance qu'elle impose dans les faits, d'ignorer l'intensité de ses aspirations passives à l'égard des adultes, tout comme la massivité et le caractère plus ou moins régressif de ses désirs de soumission. Vus ainsi, ces rites sont une parfaite réponse sociale aux contradictions propres à l'adolescence.

Les rites d'initiation révèlent par leur crudité, leur force d'expression, leur ancienneté et leur constance à travers les âges, les peurs et les menaces qui appartiennent en propre à cet âge. Ils répondent à la nécessité de donner une forme représentable et pensable aux changements imposés par la puberté, que ce soit les changements du corps qui induisent un changement radical de hiérarchie entre l'enfant et ses parents, les changements qui affectent la nature des liens à l'intérieur de la famille ou du groupe, et les changements de territoire personnel. À la contrainte de ces changements, imposés par la puberté et à l'obligation violente de s'y soumettre, répond en miroir la violence du rite, et cette violence est reprise à son compte par le jeune, qui peut ainsi passer de la passivité à un rôle plus actif.

L'adolescence : une épreuve rituelle pour les parents d'aujourd'hui

Quoi de commun avec l'adolescence telle qu'elle se vit aujourd'hui dans nos pays ? Apparemment rien, tant paraissent aux antipodes ces enfants qu'une cérémonie précipite brutalement dans le monde adulte, et nos adolescents qui n'en finissent pas d'accéder à un statut d'adulte dans une société où la durée de l'apprentissage ne cesse de s'allonger, suivant en cela l'espérance de vie et la cohabitation des générations. Pourtant, ces différences, incontestables, opèrent sur des constantes qui touchent au développement de la personnalité et au statut social. L'adolescence correspond, je l'ai dit, à une exigence, inhérente au développement humain, de réorganisation de l'image de soi et de la place occupée dans le groupe familial et social : tout individu y est confronté, et toute société s'efforce d'y apporter une solution. C'est un phénomène naturel, mais aussi un phénomène individuel et culturel, puisque sa forme et son issue sont très largement conditionnées par la culture à laquelle chacun appartient.

Comment en est-on arrivé à faire de l'adolescence un cauchemar pour les parents et l'âge de tous les dangers pour leurs enfants, alors même que les jeunes n'ont jamais eu autant de liberté de pensée et d'action, autant d'ouvertures sur le monde, autant de possibilités de communiquer entre eux, autant d'options concernant leur vie de famille ou leur avenir professionnel ? *L'adolescence n'est pas une maladie.* On pourrait cependant le penser, à écouter et à lire ce qui se dit et s'écrit la concernant dans les médias et dans les propos de la majorité des parents. Si tous les adolescents n'en meurent pas, tous en seraient atteints. La crise serait inéluctable. Il faut s'y préparer. On cherche des recettes, mais on doute d'une prévention possible. Aucun parent n'échappera aux conflits incessants, à l'insolence, aux incivilités, aux conduites à risques, aux difficultés scolaires ou, comme à un moindre mal, aux tenues extravagantes, aux piercings, à la consommation de haschich, aux scarifications, aux crises de boulimie. Et qu'il s'estime heureux s'il parvient à éviter les drogues dures, les tentatives de suicide, les fugues, l'anorexie mentale, la schizophrénie ou la délinquance et la violence. Jamais on a autant parlé de la « souffrance des adolescents » que depuis une quinzaine d'années. Il est devenu courant que des parents interpellent les « psys » devant l'absence de difficultés avec leurs adolescents. Une adolescence sans conflits bruyants et durables est tenue pour suspecte.

Il est vrai que plusieurs rapports officiels ont attiré l'attention des pouvoirs publics sur l'accroissement en France, plus que dans d'autres pays européens, du « mal-être des jeunes ». Pourtant, et on ne le dira jamais assez, ces troubles ne concernent qu'une minorité des adolescents, et la majorité des jeunes se porte bien. Les problèmes psychiatriques les plus sévères, schizophrénie ou troubles de l'humeur, ne semblent pas plus fréquents qu'avant. L'inquiétude porte essentiellement sur l'augmentation des troubles du comportement et de la personnalité, c'est-à-dire des difficultés pour lesquelles la frontière entre le normal et le pathologique est floue et l'évolution très variable, c'est-à-dire des difficultés où le rôle de l'environnement est important et souvent essentiel.

La liberté comme épreuve

Pourquoi, alors, une telle association entre souffrance et adolescence ? Est-ce parce que, dans nos sociétés, la liberté est désormais, non plus conquise, mais offerte par les adultes eux-mêmes ? Est-ce cela qui est anxiogène ? Sans aucun doute. La liberté confronte chacun à la difficulté de choisir à partir de ses envies contradictoires, de l'ambivalence de ses sentiments, de sa crainte de ne pas être à la hauteur de ses ambitions. La liberté, c'est l'ouverture à tout le champ des possibles, que les moyens actuels d'information ne permettent plus d'ignorer, mais c'est également la frustration, car chacun sait qu'il ne pourra jamais tout choisir et tout essayer. Les interdits ont au moins cet avantage de laisser croire que nos insatisfactions leur sont imputables. Pouvoir faire ce que l'on veut tout de suite sans se sentir mieux dans sa peau, plus confiant et plus épanoui, peut faire douter qu'il soit possible de l'être et que la vie vaille la peine. La liberté, c'est aussi savoir, plus ou moins clairement, qu'on devra, un jour ou l'autre, tirer le bilan de ce qu'on a entrepris et réussi. Et cela est d'autant plus inquiétant que, si les possibilités sont plus vastes pour les jeunes, les exigences du monde du travail sont, elles, considérablement plus nombreuses et plus fortes, tout comme la compétition qui sévit. La liberté ne facilite décidément pas la vie des anxieux, des adolescents qui s'agrippent ou se replient sur eux-mêmes, des jeunes qui ne se sentent pas en sécurité et qui ont besoin, pour se sentir exister, d'une confrontation permanente avec la réalité autour d'eux.

Des adultes qui se cherchent

Toutefois, cet effet potentiel de la liberté sur le comportement des adolescents n'aurait pas une telle importance s'il n'entrait en résonance avec une forme de désarroi adulte. La société est confrontée à des changements d'une ampleur et d'une rapidité inégalées. Comme l'adolescent, l'adulte perd les références du passé sans en avoir trouvé de nouvelles. En l'absence de réponse collective, cette liberté nouvelle sollicite et met à l'épreuve ses ressources personnelles. Au lieu de servir de modèle à l'adolescent et d'encadrer son parcours, l'adulte inquiet cherche désormais dans l'adolescence *une réponse à ses questions sur le sens de la vie.* D'ailleurs, il s'agit moins d'un questionnement individuel que de l'interrogation de toute une société, qui ne sait plus ce qu'être adulte veut dire, ce qu'on est en droit d'en attendre, ce qui légitime sa position d'autorité. Si, individuellement, des réponses restent heureusement possibles, la réponse collective, elle, est floue, controversée et source de divergences importantes. Un tel phénomène culturel affecte nécessairement, et en profondeur, la capacité contenante et organisatrice de toute société vis-à-vis de ses jeunes. Les interrogations sur les fondements et l'exercice de l'autorité touchent nécessairement chaque parent, chaque enseignant et la fonction éducative dans son ensemble, soulevant des doutes sur les capacités de chacun. L'absence de consensus social ôte tout appui moral et laisse seul dès lors qu'il s'agit de prendre une décision, qui paraîtra, quoi qu'on fasse, nécessairement dictée par l'arbitraire et l'affectif. Ce flottement ambiant qui touche les références éducatives et les valeurs qui leur donnent sens se lit dans la massivité et la versatilité des mouvements d'opinion concernant ce qu'on appelle les « sujets de société », qui se dissolvent aussi vite qu'ils ont pris corps, comme des vols d'étourneaux ou des bancs de poissons, qui vont dans un sens, puis brutalement dans un autre, toujours agglutinés les uns aux autres, comme s'ils ne faisaient qu'un seul corps.

Ces comportements grégaires témoignent d'une forte attente de réponse de la part des adultes, de beaucoup de disponibilité et de bonne volonté, mais aussi de l'absence d'interlocuteur à qui s'adresser. Ils se combinent à une forte tendance individuelle à la critique de tout ce qui est issu de l'« ordre établi » et qui évoquerait sans doute par trop l'ordre ancien, c'est-à-dire l'ordre qui a marqué l'enfance de ces adultes. L'intolérance est grande aujourd'hui face à tout ce qui apparaît comme la traduction d'un désir de puissance, d'un goût pour le pouvoir ou la manifestation d'un certain pouvoir, toujours ressenti comme abusif. La phobie du pouvoir est à la mesure de l'envie qu'il suscite. Dans le climat actuel se conjuguent ainsi une attente collective de réponses qui fassent autorité et une intolérance individuelle à toute forme d'autorité, immédiatement suspecte. Tout aussi paradoxalement, ce flottement s'accompagne d'une recrudescence, chez les adultes comme chez les adolescents, d'une forme de fondamentalisme dont le contenu est moins essentiel que le point d'ancrage qu'il offre et auquel on s'agrippe avec d'autant plus de besoin d'emprise que la peur de se perdre est forte.

Un jeu de miroir

Finalement, ce sont ses propres incertitudes, son propre flottement, que notre société guette chez ses adolescents. On comprend mieux alors qu'elle prête une attention aussi complaisante, parfois complice, à leur « souffrance », à laquelle elle sert involontairement de caisse de résonance. Et les souffrances potentielles infligées par la vie sont indéfinies, et plus encore les raisons de malaise ou d'insatisfaction. D'ailleurs, même quand elles existent réellement, leur caractère pénible et douloureux reste relatif et dépend en partie du contexte dans lequel elles surviennent et de la signification qu'elles prennent à nos yeux et à ceux de notre entourage. De façon significative, quand on parle de la souffrance des jeunes aujourd'hui, ce qu'on fait abondamment, on invoque leur « mal-être psychique », notion subjective et difficile à évaluer, s'il en est. On n'évoque jamais la souffrance liée à la maladie ou au handicap physique, lesquels existent pourtant. On reste ainsi dans une sorte de *flou douloureux*, où chacun, quel que soit son âge, peut se retrouver et retrouver ses propres motifs d'insatisfaction, son propre mal de vivre.

Pour ne rien arranger, l'adolescence correspond, chez les parents, à ce qu'on nomme la « crise du milieu de la vie », laquelle survient autour de la cinquantaine, âge où s'opère quelque chose comme le deuil de la jeunesse et l'entrée dans la phase déclinante de la vie, où on évalue ses ambitions plutôt à la baisse, où on n'est pas totalement satisfait de ses réussites et où on mesure ses échecs. À la cinquantaine, la morosité et l'insatisfaction trouvent assez facilement matière à s'exprimer. Or, si l'adolescence est bien le deuil de l'enfance, de ses illusions et de sa (relative) toute-puissance, il reste qu'on a encore devant soi la vie et ses réalisations. Même si l'incertitude est grande, tous les espoirs restent possibles pour l'adolescent, ce qui n'est plus le cas à cinquante ans. Il existe donc des raisons objectives pour que les adolescents soient fondamentalement plus optimistes que leurs parents. Ce que confirment, d'ailleurs, les enquêtes d'opinion portant sur leur vision respective de l'avenir et ses menaces. Malgré tout, en apparence, parents et adolescents se trouvent pris dans un jeu de miroir réciproque, chacun doutant de soi et renforçant l'autre dans ses doutes. Ces doutes, pourtant, ne sont pas les mêmes et ils ne sont pas interchangeables.

Des adultes aux abonnés absents

Là où les adolescents s'interrogeaient ou parfois interrogeaient explicitement leurs parents sur ce qui était attendu d'eux, ce sont désormais les parents qui ne cessent de leur demander : « Qu'est-ce que tu veux, mon chéri ? », espérant que les réponses de leurs enfants les délivreront de leurs propres incertitudes. Or un tel renversement fait fi d'une donnée essentielle de la puberté : la situation d'attente, exacerbée par l'inconnu des transformations pubertaires, qui est spécifique de l'adolescence. *L'attente adolescente appelle des réponses et des occasions de rencontre avec les adultes.* Et ce besoin de réponse, quand il n'est pas comblé, vient nourrir une forme de pression, de tension interne qui menace le Moi de l'adolescent, le fait se sentir passif et en danger de débordement. À son tour, cette violence interne suscite la violence de la rencontre avec les adultes ou avec ces substituts que sont le corps, les sensations, les objets matériels de l'environnement.

J'ai dit plus haut combien les rites de passage constituaient une tentative de domestication et d'intégration potentielle de cette violence au monde des adultes, parce qu'ils permettent la transformation d'un vécu de passivité et d'attente sans fin en une réceptivité active qui nourrit l'adolescent des attributs lui permettant de posséder la force enviée des adultes. Mais que faire de ces attentes et de tous ces appétits s'il n'y a plus de force à envier et si les protagonistes se dérobent à la rencontre ? N'est-ce d'ailleurs pas l'écho de cette dérobade qui s'entend dans la réponse de tant de jeunes à la question des adultes : « Qu'est-ce que tu veux ? — Rien » ? N'est-ce pas aussi ce manque de réponse qui conduit certaines jeunes filles à recourir à la grossesse et certains garçons à l'affrontement antisocial, comme s'ils cherchaient là la preuve, qu'ils ne trouvent pas ailleurs, qu'ils sont devenus adultes ?

Cette attente d'une rencontre pouvant apporter plaisir et nourriture, matérielle ou spirituelle, si elle est exacerbée par la puberté, est inhérente à la vie. Elle est accrue par la solitude, les carences affectives et, en général, par toute situation vécue comme une menace pour la stabilité et l'équilibre du sujet. Le *besoin d'un lien sécurisant* fait de l'absence de ce lien ou de sa mise en cause un facteur de violence qui renforce l'insécurité et, en retour, rend le rétablissement du lien inévitablement violent. Cette situation où la violence agie prend la place d'un lien défaillant se rencontre, de façon exemplaire, dans deux types de circonstances que j'ai déjà évoquées : d'une part, l'extrême carence affective qui, en l'absence de réponse adaptée, conduit les enfants à déployer une activité autodestructrice sur leur propre corps et, d'autre part, les rites d'initiation où la récupération par le groupe de la violence potentielle de l'individu donne sens à cette violence, l'humanise et rend possible l'intégration sociale. À ces deux modalités opposées de réaction, j'ajouterai ici une troisième possibilité : celle de la psychopathologie, et notamment des troubles du comportement, qui se situe à l'intersection des deux précédentes et peut, selon les cas, évoluer vers la prédominance de la destructivité ou l'intégration dans la société adulte.

Des adolescents en quête de rites

Ce sont les sociétés où les rites sont les plus importants qui ont le moins évolué. Ailleurs, l'évolution sociale s'est accompagnée de l'affaiblissement des rites. Elle est allée dans le sens d'une libéralisation des esprits et des mœurs et d'un progrès dans l'accession de chacun au statut de sujet et à la possibilité de faire des choix personnels. Malgré les à-coups et l'existence de dramatiques périodes de régression, notamment sur le plan des libertés individuelles, on n'a jamais vu de retour en arrière durable et de reritualisation d'une société qui aurait abandonné ses rites.

Certes, on peut considérer que, dans nos sociétés occidentales, des rites subsistent plus qu'on ne le pense à première vue. Le service militaire, là où il existe encore, la fin des études secondaires et notamment le baccalauréat, ont une fonction de rite, comme la communion ou la profession de foi sur un plan religieux. Ils rythment la marche vers l'autonomie et sont organisés par les adultes avec, comme objectif spécifique, de marquer l'accession des adolescents à une nouvelle étape de leur progression vers un statut adulte. Ils témoignent d'une forme de reconnaissance officielle des changements survenus et offrent des scansions significatives dans cette attente indéfinie qui caractérise l'adolescence aujourd'hui. L'accès à la majorité, le droit de vote, le permis de conduire peuvent être vus comme autant de marques de reconnaissance de la part des adultes. Cela dit, ces rites, sous leur forme actuelle, ne suffisent pas ou ne suffisent pas toujours à canaliser la violence des attentes des adolescents, de tous les adolescents.

Évidemment, il n'est ni concevable ni souhaitable de chercher à restaurer un passé qui, par définition, est passé et ne reviendra jamais. Ce passé n'avait d'ailleurs pas que des avantages et il n'aurait que des inconvénients à être réactualisé. La vraie question n'est pas là. Elle est de savoir si un certain nombre d'adolescents, les plus vulnérables, parce que laissés seuls face à eux-mêmes, peuvent se passer de rites compte tenu de la libéralisation croissante de notre société. Quand on observe ces jeunes en détresse, on les voit, en effet, chercher spontanément des équivalents de rites, des rites qui seraient à usage privé ou qui ne vaudraient que pour les pairs, sans cette fonction essentielle qui est d'organiser l'accueil de l'adolescent par la société adulte. Force est de constater que beaucoup d'adolescents d'aujourd'hui, privés de cet appui adulte, s'emploient par eux-mêmes et entre eux à se prouver qu'ils sont devenus adultes. Pourquoi pas si cela peut faciliter leur intégration ? Mais c'est loin d'être le cas le plus fréquent. En effet, ce type de rite n'assure pas le cheminement vers l'âge adulte ; il trace une voie parallèle en marge de la société adulte, voire carrément contre cette société adulte ; il enferme dans une opposition stérilisante qui maintient la dépendance aux adultes ; il supprime, par le repli sur soi qu'il entraîne, tous les échanges nourrissants qui permettraient de se développer. Alors, comme dans tout système clos, la destructivité l'emporte sur la créativité.

L'extravagance pour être vu

Nombre de comportements adolescents, apparemment disparates et sans liens entre eux, s'éclairent si on les regarde comme des *substituts de rite.* Les uns semblent n'obéir à aucune règle de groupe, mais suivre les modes : beuveries paroxystiques jusqu'à tomber dans le coma et mettre sa vie en danger ; conduites en état d'ivresse ; escalades dangereuses de façades, de monuments pour montrer qu'on est « cap »... D'autres s'apparentent à des formes de bizutage, la dimension d'intégration du rituel y est plus apparente, mais on s'accorde à souligner leur caractère de plus en plus absurde et dangereux avec un souci d'humiliation marqué. Parfois, ils concernent des bandes structurées ; le plus souvent, ce sont des groupes peu organisés qui imposent aux nouveaux des épreuves qui peuvent devenir délictueuses, avec vols, agressions, bagarres ou « tournantes ». Si leur finalité peut paraître différente, la démarche à laquelle ces comportements obéissent est semblable à ce qu'on observe dans les sectes ou les groupuscules imprégnés d'idéologie. Comme pour tous les comportements adolescents aujourd'hui, ils concernent des sujets de plus en plus jeunes, des préadolescents ou carrément des enfants de sept à huit ans. Le jeu du foulard en est un exemple, mais il y a aussi tous les actes d'insolence, de provocation agressive ou sexuelle commis à l'école à l'égard d'autres jeunes ou d'enseignants, qui prennent d'autant plus d'intérêt et d'extension qu'ils peuvent désormais être filmés sur portable et diffusés instantanément, permettant à leurs auteurs d'être à la pointe de l'actualité. Apparemment, ces nouveaux « grands reporters » préfèrent risquer la sanction que de ne pas diffuser leurs prouesses de « grands ».

L'intérêt n'est pas de répertorier tous les comportements susceptibles de relever de cette démarche, mais de chercher les points communs qui motivent leurs auteurs. Quels sont-ils ? On peut citer le besoin de se prouver et de prouver aux autres sa valeur et peut-être, au-delà, son existence, l'envie d'être vu et reconnu par ceux auxquels on s'adresse, c'est-à-dire essentiellement les copains, les pairs, ceux qui ont le même âge que soi, la surenchère pour se distinguer des autres, non pas tant en faisant mieux qu'en étant plus imprévisible, plus extravagant et, enfin, la recherche de sensations fortes dans la prise de risque. La provocation y semble plus importante que la transgression proprement dite, laquelle serait d'ailleurs bien difficile à se figurer tant prédominent le défaut de règles claires et le laisser-faire ambiant. Pourtant, ces provocations qui poussent à aller de plus en plus loin, si elles ont pour but premier d'épater les copains et de s'imposer à eux, s'adressent *in fine* aux adultes. C'est bien d'eux qu'il s'agit de se faire remarquer en allant au-delà de ce qu'on imagine qu'ils peuvent admettre et en cherchant, au passage, à les ridiculiser, les humilier ou les rendre impuissants.

Là se trouve sans doute la différence radicale avec le vrai rite initiatique, dont l'objectif est de permettre l'intégration de l'adolescent parmi les adultes. Et aussi l'explication de la faillite habituelle de tous ces comportements, qui ne permettent pas de s'approprier la force des adultes, mais en nient l'existence même. « C'est nul » est l'expression le plus souvent accolée aux propositions des adultes. Ces adolescents ne cherchent pas à s'accaparer la force des grands, puisqu'ils l'ont déjà ; ils n'ont pas à apprendre, ils savent déjà. La meilleure preuve n'en est-elle pas leur capacité à mettre en échec les adultes ? Dans les faits, bien sûr, ils s'appuient encore sur ces adultes, mais dans la destructivité plus que dans la mise en valeur de leurs potentialités créatrices. Pour ces jeunes, la seule issue est alors la fuite en avant dans la destructivité d'une manière qui rappelle, en psychopathologie, la phase maniaque d'excitation de la maladie maniaco-dépressive.

Il y a peu ou pas de plaisir dans ces conduites, ou alors un plaisir tiré du désarroi, de l'inquiétude et de l'impuissance suscitée chez les adultes, avec le sentiment de triomphe provisoire qu'il provoque. Mais le réveil est brutal, parce que rien de consistant, susceptible de valoriser de façon durable l'adolescent, n'a été acquis, et il ne reste qu'à recommencer encore et encore, revenir sans cesse au point de départ et étonner une nouvelle fois les autres. La prise de risque est une constante dans ces comportements, mais c'est une prise de risque à fonds perdus, sans bénéfice durable, qui appelle la répétition du même comportement. Comme les enfants carencés, ces adolescents se tapent la tête, non plus sur le bord de leur berceau, mais sur les murs de la société, sans pouvoir les franchir. C'est en se cognant et *en se faisant mal* qu'ils se sentent exister pour eux et pour les autres. En creux apparaissent ici les mêmes lignes de force que celles qui structurent la dynamique des rites initiatiques, à savoir la nécessité de donner forme et contenu à ce paradoxe, propre au développement humain, qui oblige à recevoir de ceux qui nous précèdent et dont nous dépendons ce dont, justement, nous avons besoin pour nous détacher d'eux et devenir autonomes, mais aussi l'obligation de surmonter les tensions provoquées par ce sentiment d'impasse et canaliser la violence interne qui en résulte et qui menace de transformer la rencontre avec l'adulte en une violence agie. Pour les adolescents qui se tapent la tête contre les murs de la société adulte, la tentation est grande de faire de la violence du refus de recevoir le témoin de cette force manquante.

Éviter l'enfermement, rendre les échanges tolérables

Comment, sur de telles bases, créer les conditions d'une rencontre initiant un échange nourrissant et constructif avec les adultes ? Les réactions émotionnelles qui sous-tendent ces comportements répétitifs et destructeurs sont celles des circuits aversifs que partage l'ensemble du vivant, à savoir le retrait ou l'attaque. Ces réactions aversives sont dictées avant tout par le rejet de l'extérieur. Le choix de la modalité et de sa forme d'expression dépend, lui, du tempérament de l'adolescent, de la nature de la menace et du sens qu'elle prend pour chacun en fonction de son histoire, de son éducation, de son milieu culturel. Tous ces facteurs se conjuguent et ne laissent aucune marge de choix dans le surgissement de l'émotion comme dans son intensité. Le choix, s'il existait, résiderait plutôt dans la capacité à contrôler ses émotions et à les orienter dans le sens souhaité par l'intéressé lui-même.

Comment, alors, éviter l'enfermement que la répétition de tels comportements laisse craindre ? Comment permettre à ces adolescents de reprendre les échanges si nécessaires à leur épanouissement ? Restaurer la confiance est la première condition. Heureusement, la perte de confiance est le plus souvent relative ; elle ne concerne pas tout le monde, en tout cas pas au même degré. Quels que soient le degré et l'étendue de cette perte, les principes qui régissent sa restauration sont identiques. Ce sont ceux qui ont servi à l'établissement des liens du bébé avec son entourage et au développement de ses interactions, à savoir la continuité et la diversité. Évidemment, leur reconstitution à l'adolescence est plus délicate que leur création dans la toute petite enfance, car, si un adolescent est peut-être encore plus en attente de liens qu'un bébé, il est aussi porteur d'un passé et d'un passif. Il a déjà établi des liens, avec les conflits, les déceptions et les contradictions qui leur sont attachés. Et, forcément, il sera plus réticent à établir la confiance qu'il aura été plus déçu et qu'il se sera senti plus démuni.

Le regard : un support du narcissisme

Avec le développement de la photographie et des moyens télévisuels, notre société a considérablement renforcé la place accordée au regard et à la vision de soi par la diffusion qu'elle permet. La combinaison du portable et de la photographie numérique offre des possibilités de jeu quasi illimitées avec son image et l'image d'autrui, et ces possibilités sont d'autant plus excitantes que chacun peut y occuper tour à tour la position active de celui qui prend et la position passive de celui qui est pris. D'une disposition traditionnellement pyramidale avec, à son sommet, le regard de Dieu, et, plus bas, le regard attendri de la mère devant son bébé faisant face au regard sévère du père qui sermonne son enfant, on est passé à une configuration horizontale où chacun est susceptible d'occuper la place de l'autre.

Cette attente et même, le plus souvent, cette quête d'un regard qui fasse exister se retrouvent dans le besoin d'attirer l'attention par la provocation de son habillement, de ses attitudes ou de ses propos : l'effet est à la portée de n'importe qui, et le résultat plus assuré que s'il fallait avoir de l'allure, de l'élégance, du style. On assiste à tous les niveaux sociaux, et notamment au niveau culturel, à une surenchère dans l'extravagance, qui est devenue un mode d'être tenant lieu d'identité. Il n'est pas certain que cette extrême tolérance de la société face aux extravagances en tout genre des adolescents – mais ce ne sont vraiment pas les plus surprenants – ne contribue pas à favoriser la fuite en avant, en nourrissant l'espoir de trouver, dans l'écho et les réactions suscités, un miroir qui assure de son existence et de son importance. La timidité, la fuite du regard de l'autre, la « phobie sociale » des grands, la « phobie scolaire » des moins grands ou encore l'inversion du rythme de vie qui amène à vivre la nuit et à sortir le jour, relèvent de cette même problématique. Les tempéraments diffèrent, mais les attentes sous-jacentes sont identiques. On y retrouve le même doute profond sur ses ressources internes et la même attente d'une confirmation de sa valeur par les autres. Bien des phobiques passent par des phases exhibitionnistes, quand ils « se lâchent » en proie à une euphorie spontanée ou provoquée par l'alcool ou d'autres psychotropes : il n'est pas rare que de grands provocateurs finissent par se terrer dans la solitude et la misanthropie. Et si la première évolution est plus fréquente que la seconde, c'est qu'il est plus facile de lever une inhibition que d'en créer une. Cette importance actuelle du regard va bien au-delà, bien sûr, de la simple perception, car il ne s'agit pas simplement d'être vu, mais d'être reconnu pour ses qualités propres, sa valeur, et d'être ainsi mieux apprécié et encore « plus préféré ». Être vu, salué, connu par son prénom facilite immédiatement la mise en confiance et mobilise davantage les circuits appétitifs que les circuits aversifs.

Compte tenu de la diffusion des moyens de communication dans les sociétés actuelles, la reconnaissance de chacun en tant qu'individu est devenue un support majeur du narcissisme individuel. Paradoxalement, la montée en puissance de cet individualisme a favorisé la généralisation de l'anonymat. Sans doute l'affaiblissement de la religion et des valeurs collectives est-il venu renforcer ce besoin de reconnaissance personnalisé.

Je me souviens, au cours d'une intervention dans un collège, de l'importance qui était accordée par les parents, les élèves et les professeurs au fait que « Madame la proviseure » était présente tous les matins à l'entrée de l'établissement, comme si elle accueillait chacun dans « sa maison ». Tous les élèves faisaient un effort pour se tenir correctement en entrant, et il suffisait d'un doigt levé pour que celui qui oubliait d'enlever sa casquette le fasse immédiatement, accompagnant son geste d'un « Excusez-moi, Madame… », qui témoignait d'une reconnaissance réciproque. Soumission de l'élève ? Non, valorisation de sa personne ! Ce qu'il faisait ou ne faisait pas prenait sens. L'importance accordée au geste du proviseur contribuait à construire sa propre valeur. Cette *attention valorisante et narcissisante* est celle qui devrait accompagner toute rencontre, surtout si la rencontre a un caractère exceptionnel et que l'adulte occupe une position d'autorité ou qui fait autorité en raison de la « force » qu'il incarne ou semble incarner. C'est en ce sens que tout adulte a potentiellement une position éducative vis-à-vis d'un plus jeune.

Faire des limites une occasion de rencontre

Toutes les sociétés se sont progressivement organisées autour d'interdits. Parmi eux, ceux de l'inceste et du parricide semblent les plus fondamentaux, qui exercent une fonction de partage du territoire et d'organisation des échanges. L'effet organisateur le plus important est sans doute à chercher dans le consensus du groupe sur les croyances qui fondent ces interdits. Quelle que soit la forme précise prise par cette interdiction, l'essentiel réside dans son efficacité pour la pérennisation du groupe. Le reste de la vie, la vie quotidienne notamment, obéit, quelle que soit l'époque, à des règles et des rites multiples et variés.

Le moins que l'on puisse dire est que les règles et les rites qui nous régissent actuellement ont considérablement évolué au cours des cinquante dernières années. La rapidité de ce changement a pu donner l'impression qu'ils étaient en voie de disparition, mais ils restent beaucoup plus importants qu'on ne le pense souvent, sans doute parce qu'il est impossible de s'en passer quand on vit en communauté. En revanche, ce qui a changé, c'est le consensus autour de leur intérêt. Aujourd'hui, on suit des règles, souvent plus implicites qu'explicites, mais on ne sait plus très bien lesquelles, et on ne croit plus guère en leur intérêt. Il est devenu dès lors plus difficile de les transmettre, même si leur transmission implicite perdure. Surtout, il est devenu plus difficile de les justifier à ses propres yeux et à ceux de ses enfants. Globalement, hormis celles dont la transgression met directement en jeu la santé ou la vie, nos règles sont devenues élastiques. Elles semblent à géométrie variable et paraissent dépendre des humeurs des adultes ou des réactions des enfants.

Évidemment, leur transmission se fait plutôt bien quand la qualité des liens et la confiance suffisent aux besoins, quand l'enfant n'a pas de difficulté particulière et qu'aucun événement n'a d'effet perturbateur sur lui. En revanche, qu'un conflit surgisse ou que l'équilibre de l'enfant ou de l'adolescent semble menacé d'une façon ou d'une autre, et ces règles perdent leur fonction régulatrice et ne maintiennent plus la distance nécessaire entre générations. Beaucoup de parents n'ont plus alors de repères pour savoir comment, quand et où poser les limites. L'élastique revient en boomerang sous forme de violence faite à l'enfant ou à l'adolescent, le plus souvent par lui-même par le biais de conduites à risque, de mises en échec ou de troubles du comportement. Alors, l'adolescent se cogne, s'abîme. C'est pourtant le heurt sur l'obstacle qui fait rencontre, et qui peut freiner le comportement de l'adolescent ou obliger les parents à intervenir.

Quelque part, nous savons tous qu'on ne peut se passer de limites et que celles-ci ne peuvent relever du seul choix de l'adolescent. Un enfant, et un adolescent reste un enfant, a besoin d'agir, de faire ses preuves, de tester ses limites et celles des autres pour se construire. Si ces limites demeurent trop floues, s'il n'y a pas d'adulte pour les lui rappeler, alors c'est la porte ouverte à la provocation. Comme toujours, ce genre de réaction ne concerne que les adolescents les plus vulnérables, ceux qui ont le plus de difficultés, même si ces difficultés sont passagères, les jeunes qui sont en demande et qui attendent de recevoir ce qu'ils ne se sentent pas la force, la sécurité, la considération, l'attention ou la valorisation qu'il faut pour l'obtenir seuls.

Cela étant, il ne suffit pas d'énoncer des limites ; il faut aussi les poser et savoir, si besoin, les imposer. Or on ne peut le faire avec la tranquillité et la ferme assurance requises que si on se sent légitime à le faire. La limite prend sens parce qu'elle a un sens pour l'adulte qui la pose. Poser un interdit ou une limite, c'est toujours aller à la rencontre d'un adolescent en quête de sens ; c'est lui exprimer l'intérêt qu'on porte à son avenir ; c'est reconnaître sa valeur et ses ressources. C'est prendre du temps pour s'occuper de lui et juger bon ou salutaire de témoigner des objectifs et des valeurs dont on est porteur en tant qu'adulte. C'est croire que l'avenir vaut la peine qu'on fasse des efforts pour le préparer et qu'il s'agit de choisir l'option qui donne le plus de plaisir et de liberté dans l'avenir. Évidemment, c'est fatigant, car il faut pouvoir maintenir la ligne tout le temps que dure l'adolescence, en sachant ce choix fondé et juste, et que poser des limites à son enfant, quel que soit son âge, c'est aussi inévitablement s'en poser à soi-même.

L'amour, le remède miracle ?

Il n'existe que deux voies pour se sentir exister, c'est-à-dire pour se trouver et avoir le sentiment d'une continuité et d'un contact possible avec un soi différent d'un non-soi. Ce sont la voie des sensations et la voie des émotions. Dans un second temps, l'accès au cognitif permettra le travail de représentation en rendant possible la nomination et l'accès à la conscience réflexive. La psychopathologie, notamment celle des dysharmonies d'évolution et des psychoses, montre toutefois à quel point ce travail reste tributaire des deux voies primaires.

La voie des émotions est celle de l'intériorisation des affects, voire des sensations, mais nuancées et modulées par la qualité de l'échange relationnel, pour conduire à l'auto-érotisme. L'autre voie est celle des sensations, en sachant que la sensation fait contact, mais qu'elle ne fait pas lien : elle demeure extérieure, à la périphérie d'un Moi qui doit continuer de la chercher, faute de l'avoir intériorisée. Ainsi, plus la relation est absente et plus elle se fait violente. La violence et la répétition du geste remplacent le plaisir pris à la satisfaction de l'échange. La clinique illustre très bien cette relation étroite entre l'insuffisance des liens précoces et la recherche, comme substitut, d'une autostimulation du corps propre. Je l'ai dit, la violence destructrice est un des seuls moyens pour les enfants carencés d'arriver à se sentir exister, c'est-à-dire d'arriver à avoir un contact avec eux-mêmes qui pallie le contact établi avec quelqu'un. Et ce contact, à partir du moment où il n'est pas lié à la tendresse donnée par la présence de quelqu'un d'autre, est toujours destructeur.

Cela dit, à partir du moment où la différenciation entre soi et l'autre est suffisante pour que naisse la conscience d'un soi différent de cet autre pris comme objet, surgissent d'autres questions, notamment sur la nature de l'investissement de cet objet et sa dimension narcissique. Si l'engagement narcissique, c'est-à-dire le fait que l'autre soit perçu comme un prolongement indispensable au Moi, témoigne du caractère contraignant de ce lien, l'autre et le Moi lui-même sont toutefois susceptibles, par les réponses qu'ils apportent, d'influencer l'évolution de cette relation. Ils peuvent, en effet, favoriser le renforcement de la dimension narcissique et la relation d'emprise ou bien l'établissement d'une relation plus différenciée et, par là même, laisser une plus large place à l'échange et à la satisfaction partagée. La tendresse, l'empathie, le souci pour l'objet, au sens donné par Winnicott à ce terme, sont largement dépendants de la mutualisation des réponses.

Terme réservé à l'être humain, l'amour semble toujours impliquer la sexualité et l'attachement. Il me semble qu'il implique surtout une dimension narcissique, qui interfère avec les deux autres pour leur conférer leur portée et leur fonction très particulières dans l'équilibre psychique humain. Le résultat de ces interférences fait de l'amour une spécificité humaine et lui ouvre une très large palette d'expressions. Rien de surprenant, dès lors, qu'on retrouve dans l'amour les paradoxes qui sont au cœur du développement du sujet, mais en les inversant. Ainsi on a tendance à confondre le besoin qu'on a de l'autre avec l'amour qu'on lui porte. Or ce qui fait le caractère exigeant du besoin, ce n'est pas tant le désir, l'attrait, l'affection, qui détermineraient tout au plus le choix singulier de cet objet parmi tant d'autres, c'est la peur ou la menace qui lui sont sous-jacentes. Cela commence avec le petit enfant qui ne peut se résoudre à quitter sa mère pour s'endormir ou être gardé par quelqu'un d'autre. Cet agrippement peut être vu comme la manifestation d'un amour particulièrement intense ; en réalité, il s'agit avant tout de l'expression d'une insécurité génératrice de peur. C'est la peur, et non l'amour, qui contraint l'enfant à cette relation où l'emprise remplace le plaisir de la satisfaction partagée. Il en sera de même, par la suite, avec les autres relations qui obéiront plus à une contrainte interne de sécurisation narcissique qu'au plaisir de l'amour et qui seront, elles aussi, marquées par l'excès, l'urgence et le besoin de maîtrise. L'histoire d'amour passionnel en est un exemple typique, qui peut conduire à préférer la destruction de soi, de l'autre, ou des deux, au risque de la séparation et de la perte.

Le besoin, la maîtrise et la passion empêchent-ils pour autant l'amour ? Probablement pas, car, sinon, il n'y aurait guère d'amour dans ce monde. Un amour qui serait pur de toute trace de ce genre est-il même concevable ? Sans doute pas, car le narcissisme est nécessairement impliqué et mobilisé par la dynamique induite par l'appétence pour l'autre. Qui dit amour dit menace narcissique en raison de ce même désir pour l'autre. Être amoureux implique, en effet, qu'on délègue une partie de soi à l'autre. C'est le coup de foudre, la rencontre, la découverte du double qui nous manque, les retrouvailles avec les objets de l'enfance auxquels on est attaché mais qu'on a plus ou moins perdus. Quelle force formidable, en apparence : « Il est là, elle est là… Il m'apporte ce que je n'avais pas… » Sauf que ce qui nous enthousiasme ainsi n'est pas si nouveau et vient forcément combler quelque chose qui nous manquait. Difficile, dans une histoire d'amour, d'isoler précisément la part narcissique qui nous conduit à aimer cet autre : est-ce en raison d'un lien antérieur qu'on aime l'autre et comment savoir ce qui, dans cet amour, est directement lié à l'autre dans toute sa différence ? Cela, on le découvrira au fil de la vie et cette découverte provoquera inévitablement quelques désillusions…

Mais si ce moment de fusion, cette rencontre en l'autre de ce qui nous manque comporte un risque de désillusion, il reste, envers et contre tout, l'aspect fondateur du lien amoureux pour peu qu'il soit susceptible de remettre en mouvements certains moments vécus dans les premières années de la vie. Dans l'état amoureux, se joue le retour de cette confiance où peu importe ce qui revient à l'un et ce qui revient à l'autre, puisqu'on met quelque chose en commun et qu'on vit une expérience commune. Cette donnée, quand elle est au fondement du lien amoureux, rend le plaisir de vivre et restitue une forme de confiance initiale où la question n'est pas de savoir ce qui est à l'un et ce qui est à l'autre, ce qui est vrai et ce qui est faux, puisque le partage existe. Probablement l'état amoureux permet-il de restaurer l'intériorisation d'un lien fort avec un objet primaire, la réparation des blessures et des manques intérieurs, sans pour autant empêcher la construction, par la suite, d'une différence possible. L'amour a toujours un côté fondateur, en même temps qu'il cache une certaine fragilité.

L'engagement narcissique dans l'amour est inévitable ; il est même probablement nécessaire et utile jusqu'à un certain point. Sans lui, l'amour perdrait de son éclat et de son intensité, affaiblissant les capacités que mobilisent l'élan vital, l'envie de vivre et d'entreprendre. C'est ce même engagement narcissique qui permet de surmonter la menace que représente le désir pour l'autre et qui est susceptible de faire de la relation amoureuse un objet d'investissement commun pour deux protagonistes. Ce faisant, l'amour recrée une aire d'illusion partagée, une aire transitionnelle où la question des limites entre soi et l'autre, la question des appartenances se trouve suspendue, pour un temps, comme elle l'était pour le bébé créateur de son objet. C'est une illusion certes, à laquelle peut faire suite une désillusion relativement traumatique, mais c'est une illusion créatrice, comme l'a été celle du bébé, puisqu'elle a fondé sa confiance dans le monde. De la même manière, cette illusion peut induire chez les amoureux une confiance en soi et en l'autre et créer une base de plaisirs partagés et d'investissements réciproques qui constitueront le ciment commun de leur couple et permettront de résister aux futurs à-coups conflictuels, à la résurgence de l'ambivalence des sentiments et à tout ce qui est générateur d'une différenciation douloureuse entre soi et l'autre, même si elle est indispensable à l'enrichissement de chacun.

L'apport narcissique mutuel de l'amour est un vecteur puissant de renforcement des assises narcissiques et de réactivation des ressources autoérotiques, mises à mal par les traumatismes éventuels de la vie, et qui se raniment à l'occasion de cette insufflation narcissique mutuelle. Précisons ici que le même processus est présent dans l'amitié et les engagements idéologiques, c'est-à-dire dans toutes ces situations qui amènent à un fonds d'investissement commun entre plusieurs individus. Comme pour le bébé, le devenir de ce fonds commun narcissique dépendra de la capacité à se le réapproprier pour nourrir son fonctionnement personnel, et de la tolérance de chacun à la différenciation des protagonistes impliqués. Si cette différenciation met par trop en cause les assises narcissiques, elle emportera jusqu'au désir même d'exister ou bien se transformera en une haine, plus ou moins persécutrice, qui assure le maintien du lien et de la différence de telle sorte que le Moi puisse survivre et éviter l'effondrement dépressif qui l'emporterait en même temps que son objet narcissique.

À l'adolescence, l'état amoureux illustre combien l'engagement narcissique est susceptible de fragiliser le Moi et le rend particulièrement vulnérable à la déception. Cette déception est proportionnelle à l'intensité de l'attente ou des attentes à l'égard de l'objet d'amour. Paradoxalement, c'est l'ampleur de l'attente qui peut conduire, après déception, jusqu'à la disparition ou à l'inversion du désir pour l'objet, assombrissant brutalement ce qui devait être une fête. La potentialité créatrice de l'amour se reconnaît au plaisir partagé qu'il induit. À l'opposé de l'agrippement, qui est l'expression d'une tentative de contrôle sous l'effet d'une menace le plus souvent imaginaire, l'amour partagé nourrit et induit une ouverture pour d'autres investissements. En ce sens, il est fondamentalement ce dont tout adolescent a besoin.

Rencontrer un adolescent : les conditions de l'alliance

Quelles qu'en soient la nature et la forme, tout échange avec l'adolescent est susceptible de prendre la dimension d'une rencontre et de se charger d'une signification potentielle que son interlocuteur est souvent loin de soupçonner. À partir de là, cette rencontre peut se transformer en occasion perdue, en révélation ou en point de départ d'un cheminement « initiatique » vers l'aventure de la vie à défaut de la découverte de la vérité. Toute culture s'efforce d'apporter des réponses organisées aux périodes de changement qui affectent le développement des individus qui la composent. Ce faisant, elle se prémunit des ruptures possibles et les protège des risques de désorganisation.

Ces réponses sont autant de moyens de combler l'écart entre continuité et ouverture. Elles constituent ces figures de médiation, ces relais dont nous avons souligné la nécessité pour conduire l'enfant à l'adulte. Les finalités diffèrent selon chaque culture ; en revanche, la nécessité psychologique de cet accompagnement demeure constante. Évidemment, le cheminement ne sera pas le même s'il s'agit d'une assimilation plus ou moins brutale au groupe des adultes par des rites d'initiation ou d'une progressive et longue autonomisation dans une société libérale. Ces médiations devront répondre à ces caractéristiques si elles veulent tenir leur rôle : constituer le relais nécessaire aux adolescents pour éviter toute rupture de leur sentiment de continuité, le temps qu'ils développent leurs propres capacités à assurer une représentation d'eux-mêmes acceptable. Mais de relais ces médiations se transforment facilement en piège captateur si elles se présentent comme une finalité par elle-même et si elles ne sont pas l'objet d'un consensus suffisant de la part du corps social qui leur assure l'ouverture nécessaire vers d'autres investissements : le groupe, étape intermédiaire entre la famille et la communauté des adultes, devient bande ou secte et enferme ses participants en son sein, telle une mère abusive.

C'est donc nécessairement à l'ensemble de la société qu'incombe la tâche de réaliser les conditions d'une alliance avec les adolescents et de fournir à ceux-ci les systèmes de représentation qui leur permettent de se repérer, de donner sens aux processus de transformation qui les affectent et de conserver le minimum de relations nécessaires pour maintenir des investissements suffisamment riches et différenciés. Ces médiations sont là pour ouvrir à l'adolescent la possibilité de déplacements successifs de ses investissements et lui permettre d'attendre. *Seul le temps permet aux paradoxes de l'adolescence de se dénouer d'eux-mêmes.* Comme l'écrivait Winnicott : « Au moment de l'adolescence, l'immaturité est un élément essentiel de santé. Et pour l'immaturité, il n'y a qu'un traitement, l'écoulement du temps et la croissance vers la maturité que seul le temps peut favoriser. » Encore faut-il pouvoir attendre. Or le temps est souvent ce qu'il y a de plus intolérable pour l'adolescent.

La tentation est de sortir au plus vite du paradoxe pour supprimer la tension qu'il engendre, mais sortir trop vite du paradoxe pour un adolescent c'est se figer, s'enfermer dans un rôle clos, une vision totalitaire et ne pas permettre au temps de faire son œuvre de maturation. Il ne nous appartient pas de résoudre les paradoxes mais si possible de créer les conditions qui les rendent vivables et au mieux pensables. Ces conditions supposent la prise en compte des caractéristiques du fonctionnement mental des adolescents telles que nous avons essayé de les schématiser, telles que les expriment crûment les rites d'initiation et telles qu'on les retrouve en quelque sorte perverties dans les processus défensifs de la psychopathologie de l'adolescence.

Comment alors rendre tolérable ce dont ils ont le plus besoin en sachant que plus ils en auront besoin, moins ils pourront tolérer ce qu'on leur apporte ? Il y a toute une stratégie à mettre en œuvre qui va s'appuyer sur les deux points qui me semblent être les données fondamentales du développement de la personnalité : le renforcement des assises narcissiques et l'intériorisation de limites et de relations différenciées. C'est la qualité de ces deux paramètres qui permet à l'adolescent de recevoir ce dont il a besoin et de tolérer les relations auxquelles il aspire sans se sentir narcissiquement menacé par son désir même.

Ce n'est que quand on est suffisamment sûr de soi, suffisamment tranquille que l'on peut s'ouvrir. Il en est de même avec les groupes, avec les nations. *Quand on a peur, on se ferme et l'autre, le différent, devient dangereux.* C'est toujours la menace sur l'identité qui provoque la violence. Si l'identité est assurée, il n'y a pas de danger à se confronter aux différences puisqu'on est assez sûr de soi, mais si l'identité est menacée alors tout ce qui est différent devient une menace rapidement intolérable. Pour ces jeunes tout le problème, c'est comment conforter leur identité, et leur permettre d'avoir une demande d'aide authentique. Ceux qui demandent le plus ne peuvent pas avoir de demande explicite puisque demander s'est se déculotter – et je prends à dessein cette métaphore –, demander est humiliant parce que c'est montrer tout ce qui manque, ses faiblesses, ses creux avec la crainte d'être pénétré, et avec la sexualisation de l'adolescence on voit aisément tous les fantasmes excitants que cela entraîne. Alors ils vont chercher à se trouver indirectement en faisant du bruit, et je crois qu'il est tout à fait licite que ce soit l'environnement qui entende ce bruit et qui sache entendre la demande qui se cache derrière. On doit inverser les choses et on est obligé dans ces problématiques de menace sur l'identité de fonctionner en miroir, c'est-à-dire d'être, nous, porteurs d'une passivité, d'une demande qui leur fait si peur, et montrer que cette passivité finalement on n'en meurt pas, elle n'est pas si dangereuse. Comment donc rendre tolérable ce dont ils ont besoin ? En renforçant leurs assises narcissiques et en différenciant les relations qui leur sont proposées par l'introduction de tiers.

Le premier facteur susceptible de renforcer une identité menacée, c'est la revalorisation narcissique sur le mode illustré par le paradoxe de Winnicott, c'est-à-dire faire en sorte que l'on puisse se nourrir de l'autre sans savoir justement qu'on dépend de lui ; avoir du plaisir en présence de quelqu'un sans se rendre compte que ce plaisir est lié à cette présence. C'est ce que décrit Winnicott de la relation entre la mère et l'enfant, je n'y reviens pas. Il me semble qu'on a intérêt à penser en ces termes à l'adolescence et que, par exemple, on a beaucoup trop dénigré les activités d'occupation avec les adolescents et ces plaisirs partagés dans une certaine méconnaissance de la relation de façon à éviter de mettre l'accent sur l'importance du lien. Si nous, nous sommes importants, c'est eux qui sont sans valeur, en un mouvement de vases communicants. Si on prend un plaisir ensemble, sans avoir réalisé encore une fois que ce plaisir était lié à la présence des autres, il y a un effet d'entraînement puissant. C'est pour cela qu'on ne peut pas répondre par un modèle univoque de prise en charge, et que c'est une chance qu'on ait à notre disposition différents modes de réponse.

Nous avons souligné l'importance du personnage tiers dès la première enfance et pendant tout le développement de l'enfant. Parce qu'il n'y a ni le même attachement, ni les mêmes attentes, qu'avec l'objet d'attachement principal, ce lien nouveau devient plus accessible. Mais si les difficultés demeurent malgré tout, ce tiers perd progressivement sa fonction médiatrice. Le tiers que représente le père par rapport au lien mère-enfant se transforme en un duo papa-maman face à l'enfant et progressivement ce sont tous les adultes qui risquent de ne représenter qu'un bloc négatif voire hostile aux yeux de l'enfant. Comme toujours on retombe dans la relation duelle d'autant plus facilement que l'enfant ou l'adolescent est plus en détresse et en attente.

Quand les tiers ne font plus tiers, il faut recréer du tiers non plus par le lien direct avec les personnes mais par une médiation de ce lien grâce à un partage d'activités, de croyances, en somme de plaisirs ou du moins d'intérêts communs entre des adultes et ces adolescents. C'est le champ de ce que Winnicott a appelé les objets transitionnels tels le doudou de l'enfant et plus largement l'aire transitionnelle, celle notamment du jeu. Le plaisir pris avec l'objet transitionnel sort l'enfant de sa solitude en lui apportant une forme de lien et de sécurité qui, en le rassurant, va secondairement faciliter son lien avec l'adulte. En consolant l'enfant de l'absence maternelle il lui évite que sa colère contre sa mère n'accroisse son sentiment d'abandon et rende les retrouvailles plus difficiles. On sait par exemple combien un animal peut, pour un adolescent en difficulté relationnelle, jouer pendant un temps ce rôle de confident qui le sécurise.

Il en est de même avec l'aire transitionnelle, celle du jeu, de l'humour, des convictions, des intérêts culturels, des activités partagées où on retrouve une possibilité d'échange sans que la question du pouvoir, de la supériorité, de l'envie soient en jeu et introduisent des écarts et des divisions entre ceux qui sont réunis autour de ce partage d'intérêts communs. À tout âge, ces zones de communauté a-conflictuelle viennent faciliter des liens que les enjeux de pouvoir vont immédiatement conflictualiser. Ces terrains de rencontre permettent une reconnaissance mutuelle en évitant toute confrontation aux différences qui obligent chacun à se comparer à l'autre et à se confronter à ses manques et ses insuffisances. Un ennemi commun, une catastrophe peuvent aussi réunir, pour un temps au moins, ceux qui s'opposeraient en d'autres circonstances.

Il est évidemment souvent plus facile pour les jeunes de se trouver des points communs ayant cette fonction de médiation avec des pairs plutôt qu'avec des adultes. Toute la difficulté, pour les parents en particulier, est d'apprécier si le groupe joue un rôle positif de soutien et de tremplin pour rebondir vers une ouverture sur le monde adulte en se sentant plus sûr de lui, ou s'il l'enferme dans une pseudofamille de substitution dont il aura du mal à se délivrer. On trouve tous les intermédiaires entre ces groupes encore ouverts, souvent temporaires, les groupes permis, la bande et la secte. À la violence de ce qui devient un enfermement, il faut pour les parents savoir opposer la force d'un refus à laisser leur enfant s'emprisonner.

C'est l'écart entre soi et l'autre mais aussi à l'intérieur de soi entre *la force des attentes de rencontre et la peur de la dépendance*, que s'efforcent de combler les différentes productions idéologiques, culturelles et sociales, ainsi que les figures de médiation qui peuvent prendre le relais des parents, professeurs, éducateurs, amis, maîtres à penser. Toute la difficulté va résider dans la capacité de ces médiateurs à concilier les contradictions qui menacent la cohésion de l'adolescent : qu'il puisse se sentir reconnu et accueilli et en même temps invité à changer. Ces différents acteurs du champ social doivent l'aider à intégrer ses émotions et leur donner une issue compatible avec le maintien d'une image de lui suffisamment acceptable pour assurer la permanence de son identité. Ce sont essentiellement les aspects les plus inacceptables de sa vie émotionnelle en lien avec l'envie, l'agressivité, la rage, l'humiliation, qui nécessiteront d'être intégrés mais qui le plus souvent continueront de se manifester dans la rigidité et la violence de leurs engagements. Bien des idéologies, des sectes ou des bandes, permettent l'intégration d'une destructivité à des idéaux suffisamment valorisés pour les rendre tolérables et compatibles avec le maintien d'une image acceptable, voire survalorisée et idéalisée mais au risque de l'enfermement. À défaut de ce travail de respectabilisation de la vie émotionnelle, l'adolescent n'aura comme recours, selon ses possibilités de défense et d'aménagement, que le rejet plus ou moins étendu de lui-même ; la projection sur le monde externe de cette haine ; le passage à l'acte destructeur ; ou l'effondrement psychique.

L'adolescent peut parcourir cette trajectoire sans grand encombres et avec juste ce qu'il faut de crises et de conflits pour s'affronter à son entourage et prendre la mesure de ses nouvelles capacités. On peut considérer que ce travail de maturation et d'intériorisation se poursuit insensiblement jusque plus ou moins tard dans ce qu'il est convenu d'appeler l'état adulte. Nous pensons même, qu'en raison du décalage de plus en plus grand de l'accès aux diverses fonctions d'adulte, il se poursuit de plus en plus tardivement et s'accomplit par une succession de déplacements (affectifs, professionnels, idéologiques et culturels en général) qui conduisent chacun à la prise de distance avec ses liens de l'enfance qui peut-être ne se fait le plus souvent qu'à l'occasion de la crise du milieu de vie et de l'adolescence de ses propres enfants.

Plus l'adolescent sera en difficulté, plus il aura besoin de ces appuis, mais plus aussi il aura tendance à rechercher non pas un tremplin pour rebondir mais un refuge dont il devient dépendant. Ce n'est plus un relais vers le monde adulte mais un retour à l'enfance, mais à une enfance qu'il n'a pas eue et qui lui apporte un sentiment de sécurité dont il a manqué et qu'il ne trouve qu'au prix d'un enfermement. L'exemple type en est la secte, mais souvent aussi sous une forme atténuée, le groupe de copain, la bande qui lui imposent des contraintes qu'il n'aurait jamais acceptées de sa famille et qu'il croit choisir librement alors qu'elles ne font que répondre à son besoin de se protéger des peurs qui l'habitent et non à un désir d'épanouissement.

Les troubles du comportement : une ritualisation avortée

Ne peut-on pas regarder les troubles des conduites des adolescents, ainsi que bien des aspects de leur psychopathologie, comme ayant inévitablement une valeur de relation et de communication qui leur confère une dimension de rite ? C'est tout particulièrement le cas dans notre culture où toute perturbation des conduites est devenue maladie, forme socialement reconnue du malaise individuel. Par là l'adolescent sort de sa solitude et finit par obtenir une réponse de l'entourage social. En l'absence de réponse adéquate, créant un lien et ouvrant l'adolescent sur d'autres moyens de communication, le trouble va perdre inévitablement sa valeur relationnelle de communication avec les autres. De rite encore socialisé, provoquant et sollicitant l'adulte, il se transforme en un rituel conjuratoire qui finit par s'enfouir dans le corps et devenir indéchiffrable. L'adolescent se replie sur sa blessure à laquelle il dresse cette sorte de mémorial que représente alors la conduite pathologique. *Le trouble devient une commémoration indéfinie de l'alliance ratée entre l'adulte et l'adolescent*, au travers de la répétition monotone des mêmes troubles, des mêmes conduites pathologiques dans une sorte de ritualisation interminable qui me semble bien être la grande caractéristique de la psychopathologie de l'adulte. Le trouble ne représente plus qu'un rite personnel qui n'est plus lié au consensus social, un acte « insensé » qui ne peut plus être reconnu que comme « maladie », pure énigme biologique ayant même cessé de poser la question de son sens et de sa valeur de communication.

Cette « privatisation » des réponses aux adolescents peut être favorisée par l'atténuation, sinon la disparition d'un consensus social sur les attitudes éducatives qui laissent les parents seuls face aux adolescents et aux attitudes à adopter à leur égard. Ils ne peuvent être guidés que par leur affectivité qui les laisse sans médiation face à leurs enfants et qui constitue un rapproché dangereux. Le développement de l'être humain est, dès le début de la vie, placé sous le signe des valeurs, d'abord du couple plaisir-déplaisir, lequel se transforme en bon-mauvais, avec ce qu'on garde à l'intérieur et ce qu'on rejette à l'extérieur. C'est la liaison de ces valeurs manichéennes aux figures humaines de l'environnement qui permettra leur progressive nuanciation et leur relativisation. L'adolescence est tout à la fois une période de remise en cause de ces valeurs et de leurs liens avec les figures de l'enfance ; c'est le dernier moment où les émotions qu'elles véhiculent peuvent encore se lier à des figures humaines qui viendront les limiter, les organiser et leur donner sens, évitant ainsi qu'elles n'aient d'autre issue expressive que la décharge mécanique dans le passage à l'acte, l'expression somatique, ou l'organisation psychopathologique.

CHAPITRE 5

PARENTS, VOUS ÊTES IMPORTANTS !

« Prévenir les désirs n'est pas l'art
de les contenter, mais de les éteindre. »
Jean-Jacques ROUSSEAU,
Julie ou La Nouvelle Héloïse.

La famille désigne la forme de lien la plus naturelle, sinon toujours la plus forte, qui unit les êtres humains entre eux. Héritage biologique, psychologique et social auquel tout homme a droit, elle paraît indispensable à son développement. « C'est ma famille », dit-on parfois d'amis, de connaissances plus éloignées, voire de courants de pensée avec lesquels on se sent des affinités fortes. On affirme par là un type de lien où le sentiment d'appartenance identitaire se double d'une proximité affective.

Une récente enquête du Credoc témoigne de l'intensité et de la force que les relations familiales ont su garder aujourd'hui. En effet, dans cette enquête significative au niveau de la population générale, la famille reste très majoritairement la référence sur laquelle s'appuyer. Les jeunes interrogés considèrent à plus de quatre-vingt pour cent que leurs liens familiaux sont satisfaisants. En revanche, si près de soixante-dix pour cent d'entre eux voient dans les éducateurs au sens large, enseignants ou intervenants sociaux, des soutiens efficaces et des relais possibles, les parents ne sont guère plus d'un tiers à les considérer ainsi. Si les parents sous-estiment souvent leur importance pour leurs enfants, il leur est difficile d'accepter le rôle que peuvent et doivent parfois occuper « ceux qui ne sont pas de la famille ». Pour les enfants, comme pour leurs parents, la famille demeure donc une lieu de vie irremplaçable et un repère essentiel. En revanche, la forme qu'y prennent les liens, sinon leur nature profonde, s'est sensiblement modifiée, comme nous allons le voir.

Moins de famille, plus de liens familiaux

Depuis une quarantaine d'années, la concentration de la population dans les villes, a provoqué une distanciation des liens avec la famille élargie. Simultanément, la famille nucléaire a été soumise à de fortes tensions et on assiste actuellement à son éclatement et à son éventuelle recomposition dans près d'un cas sur deux, tandis que se multiplient des aménagements atypiques de la vie familiale comme des modes de parentalité et de procréation. Cette implosion des structures traditionnelles s'accompagne, et d'une façon quelque peu paradoxale en apparence, d'un mouvement de repli sur la vie familiale. C'est qu'il s'agit désormais d'une famille qui repose essentiellement sur des liens affectifs fortement individualisés et qui n'est plus guère organisée par des normes culturelles et idéologiques. Le résultat en est le renforcement de ces liens au détriment des médiations conventionnelles régies par les règles sociales. Moins de famille donc, mais plus de liens familiaux, avec des avantages : plus de richesse affective personnalisée, et des inconvénients : plus de dépendance avec ce que celle-ci implique d'ambivalence des sentiments.

Un constat s'impose en effet : il n'y a plus guère de consensus social sur la façon d'éduquer les enfants, sur la discipline, le fonctionnement de la vie familiale, les règles de vie. Il ne s'agit pas ici de plaider pour un retour en arrière, mais tout changement comporte ses risques propres. La disparition de tout consensus contribue à renforcer la relation de désir et, donc, de proximité entre l'enfant et ses parents. Ceux-ci n'ont plus la possibilité de dire : « C'est comme ça parce que c'est comme ça… C'est comme ça parce que ça a toujours été comme ça… Mes parents faisaient comme ça, les voisins faisaient comme ça… » Ce « comme ça » n'était certes ni créatif ni toujours justifié, mais il avait une fonction tierce qui venait s'interposer entre le désir de l'enfant et celui de ses parents comme une donnée objective ne dépendant d'aucun désir personnel. Aujourd'hui, tout enfant peut aisément contester la position de ses parents en faisant référence aux comportements des parents de ses copains : « Justifie-toi. Le père de mon ami ne fait pas comme cela. Alors pourquoi, toi, mets-tu des limites ici plutôt que là ? » Avec en arrière-fond la croyance implicite que ce choix familial relève de l'arbitraire et du désir du plus fort. Un enfant est donc désormais interrogé très précocement et très intensément sur les liens de désir qui existent entre ses parents et lui, avec la richesse que cela représente, mais aussi avec cette difficulté qu'enfants et parents sont sollicités très directement, trop directement, dans leurs choix personnels, ce qui renforce leur dépendance affective réciproque et l'enchevêtrement des liens, faute de cet effet médiateur, limité mais efficace, qu'exerçait auparavant le consensus social en matière d'éducation.

L'enfant, prolongement du désir des parents

La possibilité du choix de l'enfant s'inscrit dans ce même contexte. Les moyens de contrôle de la procréation confortent le sentiment d'une maîtrise de plus en plus grande. Où s'arrêter dans cette possible programmation non seulement de sa venue, mais aussi de ses performances scolaires, sportives et, pourquoi pas demain, de son sexe et de son capital génétique ? Le désir de maîtrise et l'intolérance aux imprévus et aux imperfections se sont accrus. Cet « excès de choix », joint à la perte de consensus sur les règles éducatives, à la plus grande liberté d'expression, à l'affaiblissement des différences entre les générations, renforcent la position de l'enfant comme objet de désir, favorisant la dimension narcissique de son investissement. L'enfant se réduit souvent aujourd'hui à n'être que le prolongement du désir de ses parents.

L'effondrement des médiations sociales et l'accroissement de la proximité, voire de la confusion des désirs et de la dépendance, sont, à mon sens, plus importants pour rendre compte des difficultés psychiques des adolescents que l'affaiblissement du rôle du père. En effet, ce n'est pas parce que les parents n'apparaissent plus dans leur rôle traditionnel, d'ailleurs largement défensif, qu'ils ne sont pas différenciés aux yeux de leurs enfants. La majorité de ceux-ci continuent très bien à distinguer leur père de leur mère, même s'ils apparaissent physiquement ou dans leurs habitudes plus semblables qu'autrefois. Par contre, le relais social a plus que du mal, désormais, à assurer sa fonction de médiation et à aider les jeunes à éviter la tentation régressive de la dépendance narcissique.

Cette évolution des règles éducatives s'accompagne de celle, plus générale, qui touche aux mœurs. Il n'existe plus dans notre société de règles et d'interdits aussi structurés et permanents que dans les sociétés traditionnelles. Cette évolution libérale pourrait se résumer ainsi : « Fais ce que tu veux, mais fais-le bien. » On se trouve devant un phénomène de transformation sociale massif dont la conséquence est une plus grande liberté d'expression des désirs, notamment sexuels. Mais si l'on peut faire ce qu'on veut, sait-on pour autant ce qu'on veut et ne veut-on pas parfois des choses contradictoires ? Les enfants et, plus encore, les adolescents sont confrontés trop vite et trop fortement à l'ambivalence de leurs sentiments et à leur solitude devant cette ambivalence. Confrontés à leurs contradictions et à leurs insatisfactions, ils ne peuvent s'en prendre qu'à eux-mêmes et n'ont plus aussi aisément qu'avant l'excuse des limites venues de l'extérieur, des parents ou de la société. En outre, comme il faut faire bien ce que l'on fait, ce sont leurs capacités et la qualité de leurs ressources intérieures qui sont immédiatement sollicitées.

De la lutte contre les interdits, le conflit s'est déplacé sur le terrain des ego et des territoires pour être le meilleur et le mieux servi. On le sent bien à travers le culte actuel de la performance et des pôles dits d'excellence. Le combat est acharné à tous les niveaux de la compétition, avec ce que cela implique de créatif, mais aussi de violent et de potentiellement destructeur.

Aujourd'hui, l'enfant soutient ses parents et les parents soutiennent leur enfant dans des relations de dépendance. Cette complicité se mêle à une peur du conflit qui conduit à l'évitement généralisé de tout affrontement. On se dit tout, on partage tout, ce qui est certes très enrichissant pour l'enfant, mais l'expose aussi au risque d'indifférenciation des générations et, là encore, de trop grande proximité avec ses parents. Cette indifférenciation finit par être source de confusion et favorise à l'adolescence, avec la sexualisation des liens, un sentiment de promiscuité troublant dont on cherche souvent à se dégager par des formes d'opposition.

La famille, lieu du repli sécuritaire

L'évolution actuelle de notre société est ainsi susceptible d'avoir des effets sur la place et le rôle de la famille qui entrent en résonance avec le paradoxe que j'ai placé au cœur du développement de la personnalité et qui peuvent en exacerber les effets. Jamais enfants et adultes ne se sont vu offrir autant de facilités dans l'accès à la communication et à l'ouverture sur le monde. Jamais autant de jeunes n'ont accédé à un tel niveau de formation et de connaissances avec, en perspective, un mode de vie et une activité professionnelle radicalement différents de ceux de leurs parents. Jamais la liberté des mœurs n'a été plus grande. Les mariages, longtemps fondement du lien familial, se font désormais plus tardifs et se défont dans plus d'un cas sur deux. Il s'ensuit une recomposition des familles dans laquelle il est parfois bien difficile de se repérer entre les enfants, issus de mariages différents mais élevés comme des frères et sœurs, sans parler des demi-frères et des demi-sœurs.

Pourtant, dans le même temps la famille demeure la référence essentielle en matière de sécurité des liens. Le risque est qu'elle constitue une valeur refuge avec, d'un côté, un éclatement des liens de droit et, de l'autre, un agrippement aux liens affectifs, à travers un personnage pivot autour duquel s'agglutine une famille plus ou moins morcelée, ou bien un cadre, un lieu, une maison familiale. Une évolution régressive peut alors conduire à un clivage élémentaire, et en cela dangereux, entre le bon représenté par la famille ou le cadre qui en tient lieu, protecteur et rassurant, et un monde extérieur mauvais et agressif, où règne une loi de la jungle à laquelle on souscrit éventuellement et avec d'autant plus de bonne conscience que cette adhésion paraît justifiée par le comportement des autres, et même pardonnable puisque les bons sentiments sont réservés à la famille qui, elle, les mérite.

Des risques de régression clanique surgissent ainsi, marqués par le repli identitaire sur le groupe familial, les copains, la bande, la tribu, la région, quand ce n'est pas par le fondamentalisme. À la base, on retrouve toujours cette opposition entre les mêmes, rassurants, et les autres, les étrangers, ceux qui pensent autrement. Les choix peuvent changer et même s'inverser, et les proches, la famille, le milieu auquel on appartient, peuvent devenir ceux à rejeter, tandis que l'étranger, celui auquel on s'identifie, c'est désormais celui dont on se sent proche, mais le mode de fonctionnement par exclusion et clivage reste le même. Dans cette division en bons, les siens, et en mauvais, les autres, qui est d'ailleurs à la base du racisme, s'activent les mécanismes primaires du bébé de six-huit mois qui prend conscience de son existence en séparant le familier de l'étranger…

Gérer la vie quotidienne : un conflit permanent

Actuellement, toute famille se retrouve très rapidement confrontée à une situation paradoxale. Ce lieu refuge qu'elle constitue de plus en plus n'est plus régi par des règles, sinon des rites, s'imposant à tous, mais se trouve placé sous le régime quasi exclusif de l'affectivité. Ce n'est plus le statut de la famille, du seul fait de son existence, qui est synonyme de sécurité et de protection ; c'est le climat émotionnel qui en devient le garant. La famille est désormais le lieu par excellence où doit se développer la libre expression des désirs de chacun comme contrepoids aux inévitables contraintes du monde extérieur. L'enfant roi doit régner sur son territoire, même si on a omis d'en fixer à l'avance les limites. Il se transforme rapidement en adolescent tyran qui n'attend pas toujours la puberté pour se manifester dans la toute-puissance de ses désirs.

Mais de quel droit les parents se permettraient-ils d'imposer des normes et exigeraient-ils le partage des tâches ou l'obéissance ? La variabilité des règles d'une famille à l'autre, quelquefois d'un enfant à l'autre, d'un parent à l'autre, en particulier s'ils sont séparés, semble témoigner de l'arbitraire du pouvoir parental et l'entacher d'une signification affective déplacée. Elle contribue à conflictualiser la relation et même à la passionnaliser en particulier si l'enfant est en situation d'attente affective importante, aggravée éventuellement par sa jalousie à l'égard d'un autre enfant ou par les attitudes différentes de ses deux parents. Pour un adolescent, le caractère arbitraire de ces règles et leur surcharge affective seront d'autant plus perceptibles qu'elles sont appliquées plus tardivement, à l'occasion d'un conflit ou d'un mécontentement subit et qu'elles n'ont pas fait l'objet d'une installation progressive pendant l'enfance. Bien sûr, il peut en être autrement si ces règles s'appliquent au fur et à mesure du développement de l'enfant et si leur application constitue une occasion de valorisation et même de jeu. Ranger ses affaires et sa chambre, participer à la vie de la maison, rendre service et coopérer aux tâches peuvent être vus comme des activités normales, qui mettent en valeur les capacités de chacun pour peu qu'elles n'empêchent pas le plaisir et la détente, mais, au contraire, y contribuent.

Il faut reconnaître que le contexte social actuel ne facilite pas la tâche des parents. On pense volontiers qu'il est inutile de contraindre les enfants avec ces détails matériels et qu'ils le feront d'eux-mêmes en grandissant. Éduquer un enfant à ces tâches suppose de les faire avec lui au départ, puis de l'accompagner dans leur exécution jusqu'à ce qu'il puisse les accomplir de façon autonome. Mais cela prend du temps et tout le monde rentre fatigué du travail. Alors, on ne va pas l'embêter et s'embêter avec des détails aussi triviaux alors qu'on est là avant tout pour « s'aimer »... On verra donc plus tard. Sauf que, plus on attend, plus la situation se complique et plus l'enfant qui grandit perçoit toute exigence parentale nouvelle comme abusive et « injuste » – injuste par rapport aux plus jeunes auxquels on ne le demande pas, injuste par rapport aux copains dont les parents sont plus « cools »...

Aucun parent ne peut plus échapper à ces questions qui sont devenues centrales dans notre société : peut-on se passer de limites ? et où poser ces limites ? car tous les secteurs de la vie de l'enfant sont concernés.

— Le travail scolaire : doit-on l'encadrer ou laisser son enfant le gérer seul ? Quand s'inquiéter si le niveau baisse, et que faire ?
— Les sorties : à partir de quel âge ? Avec qui ? Jusqu'à quelle heure ? Dans quel contexte ?
— Les tenues vestimentaires : doit-on limiter, surveiller l'achat de vêtements ? Doit-on accepter les tenues gothiques par exemple ?
— Les horaires et le contenu des émissions de radio et de télévision : faut-il intervenir, réglementer, laisser faire ?
— Le portable et Internet : quelles restrictions imposer et comment ?
— La tenue de sa chambre : doit-elle rester correctement rangée ou bien est-ce un espace clos, interdit aux parents ?
— La cigarette : faut-il l'autoriser à fumer ? À partir de quel âge ? Et en quelle quantité ?
— Les drogues : pas de drogues dures, d'accord, mais le cannabis, l'alcool ?
— Le piercing et les tatouages : que faut-il en penser ? Que faut-il en dire ?
— Les fréquentations : faut-il en interdire certaines ? Suivant quels critères ?
— La sexualité : faut-il informer ? Quand ? Comment ? Conseiller les préservatifs sans pour autant inciter à une pratique sexuelle ? Et s'il était homosexuel ? Faut-il faciliter, limiter, interdire la venue des petits amis dans la famille ? Lui permettre de rester dans la chambre ? D'y dormir ?
— Le langage : faut-il tolérer, ou non, l'argot et les grossièretés ? Comment réagir aux insultes, souvent à la limite du tolérable au début, puis plus ou moins considérées comme des plaisanteries ?

Cette liste de questions n'est évidemment pas exhaustive, et chacun y répond à sa manière, d'une façon ou d'une autre. Ne pas répondre est déjà une réponse, celle de la fuite et de l'abandon de l'adolescent à ses propres ressources. Car, c'est un fait incontestable : la liberté a ses revers, elle oblige adolescents et parents à faire appel à leurs ressources propres, puisqu'ils ne peuvent trouver qu'un appui très relatif dans le milieu environnant. À chacun est donc fait obligation de se positionner.

Mais qu'est-ce qui aujourd'hui permet aux parents de se positionner face à la multiplicité des interrogations auxquelles ils sont confrontés ? C'est d'autant plus difficile pour eux qu'il ne leur est plus possible au niveau collectif de s'appuyer sur un consensus social, et qu'au niveau individuel ils sont souvent prisonniers de leur culpabilité, ou gêné d'utiliser le peu de temps passé dans ce refuge qu'est la famille pour se confronter à leurs adolescents. Le problème est surtout, à mon sens, que de plus en plus de parents ne sont plus sûrs d'avoir la légitimité d'imposer quoi que ce soit qui contrarie leurs enfants et risque d'affecter leur relation.

Une crise de légitimité : l'éducatif disqualifié par le psychologique

De quel droit imposera-t-on, en effet, à son enfant des règles et des contraintes qui lui gâchent son plaisir alors qu'on ne se les impose pas toujours à soi-même et, pire, qu'on n'est pas vraiment certain de leur utilité ? Ne sommes-nous pas, pour certains d'entre nous, les enfants d'une génération qui a eu le plaisir et la chance de se libérer d'un certain nombre de carcans que nos parents ont subis sans pouvoir les remettre en question ? Et cela nous a été dans l'ensemble plutôt profitable. Les rapports entre les générations, les rapports au sein d'une même génération, ne sont-ils pas, depuis, plus ouverts, plus libres, tellement moins formels, en un mot plus vrais et plus riches ? La sexualité n'est plus un tabou, mais une activité naturelle, une source de plaisir, de partage et d'enrichissement mutuel. Comme l'arc-en-ciel dévoile la diversité des couleurs qui composent la lumière, la liberté a permis un accès beaucoup plus large, pour chacun, à toute une palette de plaisirs, de sensations, mais aussi de sentiments et d'élans qui font la richesse de la vie. Qui devrait dès lors être condamné à vivre une existence subie, sans plaisirs, dominée par la contrainte ? De quel droit, par quel abus de pouvoir priverait-on ses enfants de ce dont on a soi-même bénéficié ?

Cette interrogation plus implicite qu'explicite constitue l'arrière-plan culturel qui nous influence, à mon sens, plus que nous ne le croyons. S'y rajoutent des considérations plus individuelles autour de la culpabilité, des doutes, voire de la dépressivité des parents, et une sorte de légitimation apportée par la très large diffusion des connaissances psychologiques.

Des parents coupables

Il n'est pas facile pour des parents de laisser à des tiers cet enfant voulu, programmé, objet de leur adoration, raison d'être essentielle du lien familial, pour aller travailler et, pire, de ne pas être fâchés de le faire, voire d'en être soulagés. Comment ne pas se sentir un peu coupable quand on le retrouve le soir ou qu'on ne l'a avec soi que le temps d'un week-end ? Comment, surtout, accepter de passer ce temps à l'éduquer, le cadrer, entrer en conflit avec lui pour des questions aussi triviales que la façon de parler ou de se tenir, l'abus de la télévision ou les heures de coucher ? Ce temps passé ensemble, il faut que ce soit avant tout un temps de satisfaction réciproque pour rattraper et se faire pardonner tout le temps perdu.

Au-delà des bonnes intentions, qui le sont réellement, il y a vite une confusion possible entre ce qui pourrait satisfaire l'enfant ou l'adolescent sur le moment et la satisfaction du parent. Ce qui est le plus satisfaisant pour ce dernier, c'est la mutualisation de la satisfaction et l'évitement du conflit : « Il faut que tu sois content pour que je puisse à mon tour me sentir content et, donc, pas coupable… » Non seulement cela le rassure sur le bien-fondé de ses choix de vie et sa capacité à être un bon parent, mais cette situation a en plus l'avantage de lui éviter de percevoir sa fatigue, son irritation après une journée de travail, et de lui épargner une possible exaspération s'il devait, en plus, gérer un nouveau conflit. Si le conflit devient inévitable et, avec lui, le rapport de force, la violence s'invite, violence rarement dramatique, mais souvent vécue comme telle par le parent qui pense immédiatement que son enfant va lui en vouloir et être malheureux, parce que lui-même s'en veut et qu'il est malheureux. La tentation de la capitulation complète risque alors de devenir la plus forte, laissant chacun, l'adolescent comme le parent, déçu de lui-même et de l'autre, insatisfait et coupable. La fermeté assumée aurait certes amené les protagonistes à être en colère l'un contre l'autre, mais sans cette culpabilité qui annule le bénéfice de ce qu'on a fait et empêche, parce qu'on est apaisé et en fait rassuré, de reprendre à la première occasion des relations d'autant plus agréables qu'on accepte qu'elles ne sont ni constantes ni obligatoires.

La délégitimation de l'autorité

Ce n'est pas facile d'être parent et de devoir faire face à l'ensemble des obligations qui pèsent sur soi – Freud disait d'ailleurs que c'est le métier le plus difficile, avec celui d'éducateur. L'enfant, par sa dépendance, son immaturité, sollicite l'adulte pour excuser des responsabilités, des choix qu'il ne peut faire lui-même, tout en éveillant ses propres désirs régressifs et ses propres besoins d'être soutenu et conseillé. L'adolescent, lui, a plus d'autonomie et de pouvoir de décision, mais il a besoin d'encadrement, et, comme je l'ai dit ici, car c'est le fil rouge de ce livre, plus il en a besoin, moins il l'accepte facilement, ce qui rend la tâche de l'adulte encore plus compliquée et combien fatigante.

Le contexte actuel vient encore compliquer la tâche des parents, et celle des éducateurs d'ailleurs. Certes, il n'y a jamais eu autant de publications et d'émissions de radio ou de télévision sur le sujet, mais cette abondance est source de confusion, car on peut y lire tout et son contraire. Or, en ce domaine, tout est question d'équilibre et la façon de faire importe davantage ou du moins autant que ce qu'on fait.

Outre cette cacophonie ambiante, notre société est parcourue depuis la fin de la dernière guerre par un courant philosophique, culturel et médiatique, qui, sous des formes et des idéologies diverses, délégitime toutes les formes d'autorité, toute valeur, toute exigence venant des adultes. Ce déconstructivisme généralisé a des précédents dans l'histoire, mais il a pris une extension particulière, notamment en France.

Son apparition en Europe occidentale n'est bien sûr pas le fait du hasard, après cette catastrophe inimaginable, et plus grave cette déroute de la raison, qu'ont été la Première et surtout la Seconde Guerre mondiale avec la Shoah, mais aussi les deux totalitarismes qui ont marqué le XXe siècle. Comment croire encore à la raison, à la science, à l'humanité après les horreurs de ce siècle dont l'ampleur a été justement permise par les « progrès » de la science et l'efficacité de la raison organisatrice ? Est-il encore possible de faire confiance aux adultes ? N'est-il pas urgent d'instruire un procès en règle de la parole des adultes ?

Face au choc subi, il était difficile de considérer ces événements comme une simple parenthèse et de repartir avec la même foi dans la sagesse de ces adultes et dans leurs capacités de sujets dotés de raison. Comment croire aux vertus de l'autorité après l'usage qui venait d'en être fait ? Celle-ci est vite devenue synonyme d'autoritarisme, mais par quoi remplacer le « sujet supposé savoir » de Lacan qui avait pourtant l'air de bien savoir ce qu'il disait en disant cela ? Oui, par quoi remplacer l'autorité des parents qui pouvait apparaître « naturelle » ?

La vie ayant horreur du vide, des réponses ont nécessairement surgi. La psychologie et plus particulièrement la psychanalyse sont venues occuper un terrain en friche. Si la réponse ne venait plus des adultes et de leurs références ou de leurs croyances disqualifiées – la religion, la pédagogie, l'éducation –, elle pouvait être trouvée au cœur du sujet, là où se forge la « vérité » de ses désirs. Et pourquoi pas dans son inconscient ? La psychanalyse a ouvert une nouvelle voie vers l'espérance, en redonnant sa place à l'individu et à ses véritables aspirations là où le collectif et la « raison » d'État avaient failli.

Dans le même temps, le développement de la psychologie de l'enfant a fait de l'enfant et même du bébé une « personne », et non plus un être végétatif sans parole à qui il importait seulement d'assurer la nourriture et la chaleur. On s'est donc mis à l'écoute de l'enfant. Ce progrès indispensable, nécessaire et fécond, a grandement contribué à faire des adultes d'aujourd'hui mais aussi de leurs enfants et de leurs adolescents, des sujets plus ouverts, plus épanouis, plus affirmés. Mais tout modèle a son revers, et sa diffusion, favorisée par les moyens de communication actuels, a contribué à le caricaturer, à le rigidifier, à susciter des interprétations abusives.

Désormais, l'enfant n'occupe pas seulement une place centrale dans les préoccupations des adultes, ce qui est souhaitable, il a été placé « au centre du dispositif », ce qui n'est pas nécessairement une chance. Que cette place requière toute l'attention des adultes pour qu'il puisse la tenir et passer le relais à ses propres enfants, bien sûr, mais en faire le centre, c'est en quelque sorte le décentrer et lui conférer une position spécifique, à part, et non plus celle d'un maillon dans la chaîne de la vie. Il y a là un risque d'inversion dans la transmission. Au risque de la tyrannie de l'autorité de l'adulte, on substitue alors celui de la « tyrannie de l'infantile », comme le dit Daniel Marcelli. Fascination de l'infantile, disqualification de l'adulte raisonnable, valorisation de l'individu et de ses désirs inconscients : tout se conjugue ainsi pour faire des sentiments et des émotions la vérité du sujet et, de ce fait, la valeur de référence.

Un catalogue de valeurs faisant fonction de vérités établies s'est ainsi progressivement constitué pendant ces cinquante dernières années, qui guide implicitement nos attitudes. Le système d'opposition duelle des valeurs s'est inversé en deux générations. Glissement, plutôt qu'inversion d'ailleurs, car le changement est plus implicite qu'explicite. La référence aux valeurs, considérées comme synonyme de tradition disqualifiée, a été rejetée et remplacée par la sincérité des sentiments. Car l'affectif ne ment pas et s'oppose au calcul et à la dissimulation de la raison. De même, la sincérité de l'enfant s'oppose-t-elle au mensonge de l'adulte. Il faut donc être à l'écoute de l'enfant, sa transparence supposée s'impose comme le modèle à suivre par les adultes, inversant les hiérarchies traditionnelles. Ce n'est désormais plus l'adulte qui impose son modèle éducatif à l'enfant : la vérité vient de la « bouche des enfants ». À travers lui, c'est le respect de la nature qui peut sauver de la corruption de la civilisation.

L'obligation de transparence est devenue l'instrument du dévoilement de la vérité, tout comme la mise à nu de l'inconscient permet au sujet d'accéder à sa vérité que la conscience lui cachait. Les contraintes éducatives, comme les rites de la vie sociale, ne sont que des moyens de camouflage destinées à masquer cette vérité. Il suffit d'aimer, la nature fera le reste. Le formalisme est l'ennemi ; la spontanéité, le remède. La souffrance, essentiellement psychique, est toujours le révélateur du retour des effets nocifs du monde adulte.

Dans le bagage des idées reçues, des mots à fort contenu émotionnel circulent et s'opposent les uns aux autres : le psychique au biologique, le chimique au naturel, la liberté à l'autorité, la spontanéité aux règles de vie en société, la génétique à l'environnement, l'inné à l'acquis, le moral au physique... Ce qui me paraît faire sens, c'est que ce réseau de couples opposés, comme tout système binaire, renvoie inévitablement au partage du monde en bon et en mauvais et à ces deux processus régulateurs des échanges dans le monde vivant que sont les processus appétitifs et les processus aversifs. Ce réseau de croyances implicites s'est progressivement organisé en un système de valeurs dont le point commun demeure la *disqualification profonde de la société adulte*, de ce qui la construit, de ce qu'elle a construit.

Chaque élément de ce puzzle n'est pas faux en lui-même, mais ces oppositions sont de fausses oppositions, car elles appartiennent le plus souvent à des registres différents et complémentaires. La psyché ne s'oppose pas au biologique, sans lequel elle n'existerait pas, mais le développement biologique a conduit à des propriétés propres au processus humain de communication qui lui confère une relative autonomie. De même, les propriétés liées à la vie comme le potentiel génétique n'ont de sens que par rapport à un environnement sans lequel elles n'existeraient pas.

Les conséquences de cette division manichéenne du monde ne sont pas neutres car le dangereux, le mauvais, en tout cas ce qui suscite méfiance et suspicion, sont toujours du côté du monde adulte, de la civilisation, de la connaissance scientifique, auxquels s'opposeraient le naturel, la spontanéité dont l'enfant serait le modèle le plus accompli avec la fraîcheur de son désir, sa spontanéité, la vérité de ses émotions. Position d'autant plus séduisante pour les parents et les adultes en général qu'elle les met du côté des bons sentiments, de la générosité, du côté de ceux que les enfants ne peuvent qu'aimer, car ils s'en sentent proches. Cette position avantageuse leur évite les conflits, les rassure sur leur capacité à être de bons parents, à être dignes d'être aimés.

La solitude des parents

Au bout du compte, les parents se retrouvent face à eux-mêmes et à leurs ressources personnelles pour élever leurs enfants. Ce n'est pas sans avantages : plus de liberté, de spontanéité et d'interactions, moins d'interdits et d'inhibition. Mais, comme toujours, une telle situation est surtout profitable aux familles bien structurées, disposant de ressources personnelles plus solides. Parce que cette plus grande liberté sollicite davantage les acquis et les capacités de chacun, ce sont les plus en difficulté qui se trouvent les plus désorientés et qui vont chercher à se rassurer en s'appuyant sur leurs enfants : « Dites-moi ce que vous voulez ! Allez bien. Soyez contents. Et nous le serons aussi. » C'est donner beaucoup de responsabilité aux plus jeunes d'entre nous qui deviennent les arbitres de l'éducation et les juges des qualités éducatives de leurs parents. D'autant que se développe très rapidement entre adolescents une publicité comparative des qualités respectives de leur famille qui met rapidement en difficulté les parents les plus restrictifs, les plus attachés aux modes éducatifs antérieurs, les « réactionnaires » de l'éducatif.

Comment ne pas être destabilisé devant ces comparaisons alors même que le contexte sociétal du politiquement correct de l'éducatif n'est guère soutenant ? Les uns lâchent, dans l'attente de difficultés, voire d'un accident, que leur crainte, si elle est trop visible et trop envahissante, risque fort de favoriser. Les autres se rigidifient, prenant une position caricaturale d'autorité qui devient un autoritarisme aux conséquences souvent néfastes, car susceptibles de pousser l'adolescent à la provocation, au risque d'enfermer les uns et les autres dans une surenchère en miroir ou chacun se justifie des outrances de l'autre. La pire des situations est la division du couple parental, avec un parent qui prône l'autorité et l'autre qui se veut plus compréhensif et disqualifie la position de son conjoint. C'est en général l'adolescent qui fait les frais de cette division de couple, se mettant en échec ou adoptant des conduites à risques, le plus souvent les deux à la fois. Si ce n'était pas déjà fait, le conflit peut aller jusqu'à la séparation des parents dont l'adolescent devient l'auteur principal, alors qu'il subit plus qu'il ne vit la situation, même s'il dit souhaiter la séparation.

Si je me fonde sur mon expérience, la position du « méchant » peut être tenue aussi bien par le père que par la mère. Chacun peut avoir de bonnes raisons pour justifier sa position. D'un côté, trop de sévérité, exprimée de façon rigide, voire brutale, ou encore maladroite, trop d'exigences accompagnées de trop de craintes et d'un manque de confiance dans l'adolescent. De l'autre, trop de banalisation des risques, de méconnaissance des difficultés de l'adolescent et de son besoin d'être plus encadré et protégé contre ses tentations. Chaque parent s'enferme dans ce trop et explique ses excès par les excès contraires de l'autre parent. Les entretiens familiaux peuvent être une réponse efficace, en cherchant notamment à montrer qu'au fond chacun a raison et qu'il faudrait essayer d'inverser les positions respectives, au besoin en permettant à l'adolescent de prendre de la distance par rapport à sa famille et de bénéficier d'un cadre moins passionnel, par exemple en allant dans un internat.

La transparence reine

L'exigence d'écouter l'enfant a un pendant : la « transparence » des adultes. La psychologisation de la vie individuelle, la valorisation sociale de la sincérité et de la vérité des émotions, l'explosion des nouveaux moyens de communication conjuguent leurs effets pour faire de la transparence une valeur dont on ne sait plus si elle peut être choisie ou si elle est imposée par un mode de fonctionnement social qui échappe à tout contrôle.

Les apparences, et même plus que les apparences, plaident en ce sens. La vérité est préférable au mensonge, la sincérité à la dissimulation. Qui pourrait nier la violence que représente pour tout sujet, et plus encore pour un enfant, de devoir taire ce qui le touche dans sa chair et ses émotions, de devoir nier ce qu'il voit et l'inquiète sans toujours en comprendre le sens ? Les exemples sont suffisamment nombreux et éloquents en ce qui concerne les violences cachées faites aux enfants : traumatismes subis que l'adulte lui impose de taire ; peurs, inquiétudes, interrogations sur les adultes qu'il ne peut partager avec personne ; sentiments de honte, de colère ou de désarroi qu'il n'ose avouer... Combien de vérités sont sues par les enfants, mais interdites d'expression. Combien de complicités sont imposées par les adultes qui lui interdisent d'en parler. Combien de situations dont il est le témoin silencieux, sont d'autant plus inquiétantes qu'il ne peut en comprendre le sens et qu'aucun adulte ne vient l'éclairer.

On leur vole leur enfance !

Chercher la transparence ne dispense toutefois pas de la gérer. Une fois de plus, c'est la question des limites qui se pose. Et, une fois de plus, la réponse que n'apporte pas la société est à la charge des seuls parents. Car, non seulement la société n'apporte pas de réponse aux limites de la transparence, mais elle la valorise sans nuances et la sollicite activement par médias interposés, au premier rang desquels figurent la télévision, mais, plus encore, certaines émissions radiophoniques destinées aux jeunes. L'impact des paroles n'est pas toujours moins fort que celui des images. Elles autorisent une crudité des expressions qu'on n'oserait pas montrer en image, car cela relèverait d'une violence sanctionnable. Ce ne sont que des mots, se défendent les animateurs de ces émissions, des mots que les adolescents et même les enfants utilisent entre eux. D'ailleurs, n'est-ce pas une façon de les intégrer au monde adulte, plutôt que de les marginaliser ? C'est oublier que ces échanges, dominés par la grossièreté des mots, le scatologique, une sexualité limitée au pornographique, impliquant souvent les parents et notamment la mère, prennent une tout autre signification selon qu'ils se restreignent à des échanges entre copains ou qu'ils sont cautionnés par des adultes.

En parler entre copains, hors de portée du regard et de l'écoute des adultes, c'est implicitement admettre une limite, sinon un interdit, qui signifie qu'on sait que, pour les adultes, le respect de soi et de l'autre s'impose, que la sexualité ne se réduit pas à la pornographie, que la grossièreté n'est pas nécessaire et qu'elle traduit plus la peur que le plaisir. C'est cette limite qui disparaît quand l'adulte se fait le complice plus ou moins involontaire de l'adolescent. L'intérêt d'un adulte pour un adolescent n'est pas d'être un copain de plus, c'est d'apporter une différence. C'est l'attente du plus jeune à l'égard du plus âgé, supposé posséder un savoir et des capacités qui lui font envie, qui fait de tout adulte un éducateur potentiel. Ne pas vouloir en tenir compte, ce n'est pas la faire disparaître, c'est abandonner ces plus jeunes à leurs seules ressources et leur refuser ce temps d'appui dont ils ont besoin.

Qu'ils le veuillent ou non, tous les médias représentent la voix de l'adulte. Ils constituent un modèle de ce que sont les adultes pour les plus jeunes. Parler le même langage que ces jeunes revient à cautionner ce que vit l'adolescent et à l'enfermer un peu plus. À l'inverse, introduire un décalage, une différence ne revient pas à juger ou rejeter, mais à ouvrir à un autre champ de possibles et, par là même, à élargir le choix et apporter une liberté supplémentaire. C'est d'autant plus vrai dans le cas de la radio que ces échanges ne concernent pas seulement l'interlocuteur, mais l'ensemble des auditeurs, pour lesquels ce mode de relation et de langage devient une sorte de norme adulte, et qui les met en porte-à-faux et même les oppose à leur milieu habituel, celui de leurs parents. D'une façon d'autant plus difficile à vivre qu'elle contribue à disqualifier les parents et, peut-être plus gravement, à en dégrader l'image, brutalement ravalée au niveau de ces échanges sursexualisés dont le « nique ta mère » est un des fleurons.

Pour les adolescents les plus en insécurité, toujours sur le point d'être débordés par leurs émotions, sans ces ressources internes sécurisantes, et sans l'appui d'un environnement où ils se sentent en confiance, les sources d'excitation supplémentaires peuvent être véritablement traumatiques, c'est-à-dire peuvent dépasser leurs capacités de maîtrise et les pousser au passage à l'acte. Bien sûr, l'évaluation précise de ce risque est difficile, et heureusement des facteurs protecteurs existent, mais mon contact individuel avec tant de ces jeunes en difficulté me pousse à dire qu'il n'y a pas un seul avantage à de telles émissions et qu'il n'y a aucun doute, en revanche, qu'elles présentent des désavantages certains pour les plus vulnérables.

Il y a de l'abus sexuel dans cette continuelle effraction de l'intimité de l'espace psychique des enfants et des adolescents. Le faire sans limites, sans penser aux particularités de chacun, ce n'est plus une expression de liberté, c'est bien une violence. Bien sûr, ils ne sont pas obligés d'écouter ou de regarder, mais c'est leur prêter une capacité de choix qu'ils n'ont pas parce qu'ils sont trop jeunes, parce que les plus fragiles sont attirés par ce qui les effraie, parce que ce sont les mêmes adultes chargés de les protéger et de les éduquer, du moins à leurs yeux d'enfants, qui en sont les initiateurs.

Il est frappant de constater combien chez des sujets présentant des troubles psychiques, parfois du registre de la schizophrénie, la peur d'être débordé par leurs pulsions est une peur qui envahit littéralement et peut conduire à des gestes violents et même meurtriers, parfois au nom de la purification des mœurs. Il faut bien comprendre que, derrière ces attitudes extrêmes, se cache la crainte d'un danger bien réel, celui de perdre tout repère, à la limite de devenir fou. Pour celui qui le vit, être débordé et perdre ses repères, c'est subir une violence à laquelle il répondra souvent par une violence agie.

Tout notre climat social est actuellement imprégné d'une « incestualité » de plus en plus manifeste, comme si les adultes n'avaient qu'une obsession : le sexe. C'est le fonds de commerce préféré de la publicité, que ce soit pour vendre des voitures ou pour vanter l'efficacité d'un groupe d'audit. Je passe bien sûr sur les publicités pour les sous-vêtements, les lunettes de soleil ou même les implicites assez explicites des machines à faire le café. « Tout fait sexe », pourrait-on dire en modifiant le vieil adage populaire : « Tout fait ventre », qui ne concernait que la nourriture.

Écouter les adolescents quand ils se confient, non plus en groupe, mais dans l'intimité de la confidence thérapeutique, permet de mesurer l'écart entre ce que pensent les adultes et ce qu'ils ressentent. Pour eux, derrière tout adulte se profilent les parents. L'obsession et la surreprésentation du sexuel font désormais effraction dans l'intimité dès l'enfance, contraignant, avant même que la puberté n'y pousse, à considérer que ce que les adultes présentent en permanence, concerne aussi les parents. On ne laisse plus aux jeunes le temps et l'espace pour imaginer, à leur rythme à eux, à leur convenance, selon leur propre imaginaire, cette relation dans le couple parental. On la leur impose dans sa forme comme dans sa fréquence, sans qu'ils aient un mot à dire, sans qu'ils puissent choisir. Et c'est aujourd'hui une violence quotidienne qui leur est ainsi faite.

Or, je l'ai dit, ce qui fait difficulté, ce n'est pas tant la sexualité en elle-même que son excès, et ce d'autant plus que le sexuel sert de moyen d'expression à l'insécurité du sujet, aux menaces et aux tensions qui l'habitent et qui risquent de le déborder. Avec cette *sursexualisation*, les parents perdent une partie de leur fonction apaisante, contenante et sécurisante. Ils deviennent à leur tour un facteur d'excitation et de trouble, ce qui rend plus conflictuelle la relation avec eux.

Une idéalisation protectrice

Une certaine idéalisation de son environnement par l'enfant est nécessaire à son bon développement. Elle contribue à son sentiment de sécurité, sa confiance dans le monde et, en miroir, en lui-même. Elle lui permet de libérer ses attentes et de se nourrir de ce dont il a besoin pour s'épanouir, sans se sentir trop dépendant et sans éprouver ce besoin comme une menace pour son autonomie. L'idéalisation de l'environnement fait de celui-ci un prolongement de soi, puisqu'il est perçu comme bon et, d'une certaine façon, à l'image de soi ou de ce qu'on voudrait être. L'enfant peut ainsi s'en nourrir, puis, en devenant plus confiant, plus assuré de ses ressources, s'en passer de mieux en mieux et supporter sans trop de dommages les déceptions et la progressive désidéalisation.

On comprend aisément qu'une désidéalisation trop brutale, trop précoce, puisse avoir une portée traumatique et entraver le développement, en particulier si elle concerne les personnages clés de ce développement : les parents. En se différenciant trop nettement des besoins et des attentes de l'enfant, en imposant une réalité qui lui est trop étrangère ou qui suscite son inquiétude et sa méfiance, ils perdent de leur familiarité et deviennent, à leur tour, étrangers. Étrangeté qui renvoie l'enfant à sa solitude, à sa relative impuissance face à cette perte de familiarité, et peut le contraindre à s'opposer pour ne pas tomber sous l'emprise de cet étranger d'autant plus menaçant que le désarroi rend encore plus dépendant d'une protection qui échappe. La perception trop brutale de la sexualité d'un ou des parents peut représenter un moment de rupture traumatique qui a des points communs avec l'abus sexuel. Sans aller jusque-là, la sursexualisation incestuelle de la vie quotidienne n'en reste pas moins potentiellement traumatique.

La plus grande proximité entre parents et enfants et l'affaiblissement des barrières et même des différences intergénérationnelles, bénéfiques à bien des égards, augmentent aussi les risques de désidéalisation excessive d'un ou des deux parents, surtout si ceux-ci se croient obligés, par souci de transparence, de « tout dire » à leurs enfants, de les informer de tous les aléas de leur vie de couple, voire de les mettre en situation de spectateur et de juge de leurs comportements respectifs. Combien d'adolescents et même d'enfants sont aujourd'hui sollicités sur l'opportunité d'un nouvel enfant, quand ce n'est pas d'un mariage ou d'un divorce. Il n'est plus exceptionnel qu'un parent, le plus souvent le père, mais ce n'est pas exclusif, présente sa nouvelle « amie » à sa fille adolescente dont il fait sa confidente, éventuellement à l'insu de la mère, alors même que l'amie en question n'a que quelques années de plus que l'adolescente. Nombre d'adolescentes m'ont fait part de la lassitude qu'elles éprouvaient à entendre leur mère leur parler de leur vie amoureuse, en leur demandant éventuellement conseil. Il fallait que ce soient elles qui lui disent que cela suffisait maintenant, que c'étaient ses affaires à elle et qu'elles ne voulaient plus tenir ce rôle. Dans ce genre de situation, les intentions se veulent bonnes et le parent en question ne voit pas où est le mal. Certes, la démarche n'est pas toujours catastrophique, mais elle n'est jamais bénéfique. Les plus vulnérables de ces adolescents se retrouvent, en effet, en situation de sidération émotionnelle, ce qui freine leur autonomisation et leur capacité à construire leur vie. Leurs propres relations amoureuses risquent d'en être sérieusement affectées. Le parent n'est plus, par son exemple, le vecteur qui les pousse à vouloir vivre leur histoire d'amour, mais celui qui les « fixe » davantage à lui par le rapprochement et la place privilégiée qu'il leur donne, par la compassion éventuelle qu'il induit, tout en freinant la capacité du jeune à imaginer et même désirer une vie amoureuse personnelle.

Une famille « exemplaire »

Un film récent illustre merveilleusement bien cette surcharge incestuelle favorisée par l'évolution de notre société. Il s'agit de *Nue-propriété*, premier film d'un jeune réalisateur belge qui présente cette particularité, à ma connaissance, nouvelle, d'être dédié « à nos limites ». On y voit une mère, remarquablement jouée par Isabelle Huppert, divorcée, vivant avec ses deux fils jumeaux d'une vingtaine d'années, dans une belle maison que le père, quand il est parti, leur a laissée en « nue propriété ». Ce père, remarié, « refait sa vie », mais la mère des jumeaux lui demeure manifestement attachée. Attachement déçu qui se traduit par le rejet passionnel de cet homme auquel elle interdit tout accès à la maison quand il vient voir ses fils, le traitant de « malade ». Comme souvent, l'homme tente de sauvegarder le lien avec ses fils en leur donnant de l'argent. De leur côté, ceux-ci restent de grands enfants immatures, agrippés à leur mère comme si elle leur appartenait, collés l'un à l'autre, en se disputant sans cesse pour tout et pour rien, c'est-à-dire pour tenter de se donner un territoire personnel et se différencier. L'un est censé faire des études qu'il ne fait pas ; l'autre est en recherche d'un travail dont il paraît plutôt attendre qu'il vienne à lui. La mère est lasse de cette vie sans perspectives, « fatiguée d'être elle-même », et tente une ouverture sur la vie en nouant un lien avec un homme en cachette de ses enfants.

Les relations familiales passent par les repas, engloutis sans plaisir, mais où les deux garçons s'attardent, provoquant leur mère par des plaisanteries à la limite de la grivoiserie, avant de s'avachir sur le canapé devant la télé ou un jeu vidéo. La promiscuité incestuelle infiltre la vie quotidienne. La mère prend sa douche pendant qu'un de ses fils se lavant les dents la voit dans la glace ; la porte des WC est laissée entrouverte ; l'un des fils fait des plaisanteries d'un goût douteux sur le caractère sexy des sous-vêtements que sa mère vient d'acheter et qu'elle porte pour la première fois... Rien de grave en soi, mais l'accumulation de toutes ces ambiguïtés fait perdre de vue où est la place de chacun, ce qui est licite et ne l'est pas, brouille même la nature des sentiments éprouvés. Situation exemplaire d'une clinique de l'adolescent de plus en plus fréquente qui conduit de la vie quotidienne à un engrenage destructeur.

La décision de la mère de vivre sa vie en partant avec son ami pour ouvrir un restaurant avec l'argent de la vente de la maison vient cristalliser le potentiel explosif latent. Les enfants refusent violemment, surtout le plus impulsif, celui qui « ressemble tant à son père » aux dires de la mère, celui qui se montre aussi provocant à son égard, notamment par ses commentaires et ses plaisanteries à tonalité sexuelle, par sa façon de la « chercher » constamment. Au fond, il est jaloux de ce frère que sa mère semble préférer et qui entretient avec elle une relation beaucoup plus tendre, presque physique. C'est lui le plus virulent pour s'opposer à l'intrusion d'un nouvel homme sur son territoire : « Il n'a rien à faire ici », surtout pas à donner des conseils et moins encore des ordres. « Ce n'est pas notre père », l'entend-on rétorquer quand l'amant s'avise d'expliquer aux enfants qu'ils ont l'âge de vivre seuls. Après s'être fait traiter de « pute » pour avoir exprimé son droit à vivre pour elle après vingt années au service de ses enfants, la mère tente de partir clandestinement, laissant ses deux fils à la maison. Ils finiront par se frapper rageusement, le plus violent causant la chute de son frère qui perd connaissance sans qu'on sache la gravité de son état. Le père entre alors en scène et, pour la première fois, prend son fils par le col, lui interdit de parler de sa mère en l'insultant. Le garçon s'effondre en pleurs. On comprend qu'il n'a pas voulu ce qui arrive et qu'il ne se console pas de ce qu'il a fait, mais c'est un peu tard.

Si toutes les situations familiales de *promiscuité incestuelle* ne se terminent pas de façon aussi dramatique, encore que, dans le film, l'issue reste ouverte dans un sens comme dans l'autre, elles comportent toutes ce potentiel destructeur. Pourtant, personne n'est véritablement mauvais, tout le monde a de bonnes intentions et voudrait que tout aille bien ; surtout, personne ne désire ce qui va advenir. C'est cette atmosphère emplie de bonnes intentions, mais aux effets délétères, que le film rend particulièrement bien. Tous les protagonistes sont individuellement plutôt attachants, mais en quête d'un avenir, de satisfactions qu'ils ne se sentent pas capables de se donner car ils sont avant tout paumés, sans projets précis, ils attendent que, magiquement, tout se transforme sans trop savoir comment et pour quel objectif.

Mais quand un tel climat se prolonge, quand personne ne vient créer d'ouverture, alors l'attente déçue génère une tension qui accroît le malaise. La situation, qualitativement insatisfaisante, en particulier par l'absence de projet, c'est-à-dire de projection dans l'avenir, suscite un sentiment d'enfermement, d'impasse, de contrainte. Se sentant menacé, presque violenté, l'individu qui s'y trouve enfermé transforme ce vécu qualitatif en une tension quantitative qu'il va devoir expulser d'une façon ou d'une autre. D'où les à-coups dépressifs, la mauvaise humeur, les réactions caractérielles et tout le cortège de ce qu'on pourrait appeler, paraphrasant Freud, la psychopathologie actuelle de la vie quotidienne – propos violents et grossiers, coups éventuels, fugues, scarifications, crises de boulimie, menaces de se faire du mal…

Tous ces comportements permettent de décharger la tension, mais aussi de retrouver un rôle actif et, donc, une certaine maîtrise, ou plutôt de retrouver un sentiment de maîtrise par rapport à la situation, qui rassure le sujet d'autant plus qu'elle le détache de son entourage, l'affirme dans sa différence et dans les limites de son territoire retrouvé. À l'inverse, tout ce qui favorise la confusion des limites et des émotions ne peut qu'accroître la tension et le sentiment de menace. C'est le cas de la sexualisation des liens, et du climat incestuel. C'est exemplaire dans le film que je viens d'évoquer. Tout concourt dans l'histoire à faire du jumeau « du côté du père » le porteur de la violence et l'acteur du passage à l'acte final. Cette ressemblance paternelle le surcharge de sens et favorise la cristallisation sur lui de sentiments maternels ambivalents. Sentiments hostiles et de rejet pour un mari qu'elle traite de « malade », de « fou » devant ses fils, mais avec une violence telle que ces propos semblent plutôt témoigner de l'importance et peut-être même de l'attachement qu'elle continue de lui porter.

Ces sentiments de rejet et d'attirance mêlés imprègnent la relation de cette mère avec son fils. Ils n'ont rien en eux-mêmes d'anormaux, encore moins de pathologique. D'ailleurs, ils sont ce qu'ils sont. On ne choisit pas ses sentiments et ses émotions, d'autant qu'on n'a pas toujours une conscience claire ni de leur nature, ni de leur intensité. En aurait-on conscience qu'on n'en serait pas toujours moins embarrassé. On le serait même davantage, car on perdrait toute spontanéité et on aggraverait la situation par des rationalisations et des maladresses insupportables pour l'adolescent. Cela dit, si on ne choisit pas ses sentiments, on peut choisir d'éviter de se mettre dans des situations qui vont en accentuer les possibles effets nocifs. Encore faut-il pour cela connaître ces possibles effets nocifs ainsi que les moyens de les éviter, en partie au moins. C'est là le rôle des règles éducatives.

On ne sait pas, bien sûr, comment cette mère a élevé ses enfants, mais on le pressent en les regardant vivre. L'absence de limites ou plutôt leur flou en est la caractéristique dominante, à commencer par le flou entre les générations aussi bien du côté de la mère que du père, qui sont les deux dans une position d'amis plutôt que de parents avec leurs enfants. Ils essaient bien de poser des limites – « tu exagères » –, de donner des conseils – « il faut aller à l'école », « il faut chercher du travail », mais aucun ne fait autorité. Tout se traite par transactions et quand cela ne marche pas, on laisse tomber. L'un devrait aller à l'université mais n'y va qu'en pointillés, l'autre est censé chercher du travail – mais quel travail ? – et ne fait rien. Ce n'est pas la situation elle-même qui inquiète le plus, c'est qu'on pressent qu'elle n'a pas de limite.

Je le répète, trop de contraintes peut avoir les mêmes effets et donner à celui qui les subit le sentiment qu'il n'a rien en propre. Mais l'absence d'injonctions parentales a ceci de spécifique qu'elle laisse croire à un enfant ou un adolescent que rien n'a de valeur propre, ce qui n'est guère motivant, ou, pire, que tout a l'agrément de l'adulte, lui convient et, d'une certaine façon, lui appartient aussi. De même, complimenter les seules actions qu'on juge personnellement positives, sans avoir d'exigences pour celles que l'enfant n'accomplit pas, alors qu'elles sont utiles pour lui, apprendre par exemple, c'est le rendre tributaire du désir de l'adulte : il lui fait plaisir ou non. Exiger, en revanche, de faire ce qui est important parce que c'est nécessaire au développement et à l'épanouissement, c'est faire appel à un impératif tiers, les besoins de l'enfant, et non plus céder au seul partage de satisfactions entre enfants et adultes. Partage de satisfactions dont on a vu combien il pouvait paraître plus tard aliénant pour un adolescent qui en a trop besoin pour l'accepter et qui le refuse, non par choix, mais par besoin de se différencier et d'échapper à ce qu'il vit comme une emprise parentale. Autre source de confusion : le lien intragénérationnel entre les deux frères, favorisé par la situation gémellaire, mais avant tout par leur dépendance mutuelle que renforce leur inconsistance individuelle, faute de ressources personnelles et de possibilités de valorisation, auquel vient encore s'ajouter le flou de leurs personnalités respectives. Comment avoir confiance en soi quand on passe ses journées avachi sur un canapé à visionner des DVD et à se sentir le plus fort parce qu'on a battu son frère aux jeux vidéo, au ping-pong ou en se bagarrant ? Pour combler le malaise, tenter de se remplir de cette confiance qui apaiserait, il ne reste qu'à se goinfrer de spaghettis sous l'œil las de leur mère. Ou à alterner les moments de connivence en prenant un bain ensemble, pour retrouver les plaisirs perdus de l'enfance, et les moments de différenciation dans les bagarres de la préadolescence. Mais l'un et l'autre savent bien que l'enfance est derrière eux, que ces moments d'échange ne les rassurent en rien, car ils ne les rendent pas plus forts pour affronter l'avenir, qu'ils assurent un contact rassurant, mais qui ne les nourrit pas.

Le cinéaste aurait pu ajouter la consommation de cannabis à cette panoplie désormais classique du mal-être des adolescents, où le recours à la quête de sensations sert à anesthésier les émotions à tonalité dépressive qui les habitent : recours abusif à la nourriture, au tabac, à l'alcool, mais aussi aux jeux vidéo, à Internet et au téléphone afin d'éviter la confrontation à la solitude.

Cette absence d'ouverture sur le monde extérieur domine le film qui se transforme progressivement en un huis-clos mortifère que l'irruption de l'étranger en la personne de l'amant de la mère va faire exploser. Le nouveau est un danger, car il confronte les garçons à leur sentiment d'impuissance et de dévalorisation. Le cramponnement à la maison prolonge celui à la mère. C'est ce même cramponnement qu'on retrouve dans l'accrochage des bandes de jeunes d'aujourd'hui à leur territoire, avec la peur de quitter cet espace familier, et donc rassurant, pour l'inconnu du territoire voisin et son éventuelle razzia destructrice qui rappelle à bien des égards les guerres tribales des tribus primitives. C'est le groupe, alors, qui soutient l'identité individuelle flottante. Bien des jeunes en difficulté dans ces ghettos qui entourent les grandes villes ne sont jamais allés jusqu'au centre-ville voisin, comme, autrefois, on ne quittait sa campagne que forcé ou solidement encadré par ses proches ou parce qu'on y était obligé par les obligations militaires. C'est encore cette même peur qui habite ces adolescents qui s'enferment dans leur chambre le jour et n'en sortent que la nuit pour retrouver quelques doubles d'eux-mêmes et *ne faire qu'un contre l'ennemi commun : le monde des adultes dits normaux.*

Un constat attristant

Comment en est-on arrivé à cette situation ? Elle n'a été voulue ou choisie par aucune des personnes impliquées. Elle n'a été bénéfique pour personne. Et pourtant on en est là. C'est le triste constat que nous autres « psys » faisons chaque jour dans une majorité de consultations. On voit bien qu'il n'y a pas une cause précise expliquant une telle situation, mais un faisceau de facteurs qui s'additionnent et se renforcent les uns les autres, créant les conditions d'un engrenage qui enferme tout le monde dans une course en avant que personne ne souhaite ni ne contrôle. Il faut une limite pour éviter que la boule de neige ne se transforme en avalanche. Cette limite peut venir de quelqu'un qui dit stop et met en œuvre les moyens nécessaires pour arrêter le processus. Elle peut être la conséquence d'un événement traumatique, comme dans le film, en sachant que cet événement, s'il peut permettre de repartir sur des bases nouvelles, peut aussi entériner la catastrophe.

Qu'aurait-on dû faire pour prévenir la catastrophe ? D'abord, comprendre ce qui constitue le moteur de l'engrenage. Ce n'est pas le plaisir, ce n'est jamais le plaisir, c'est toujours l'accumulation de déceptions et de peurs. Dans le film, la première déçue est la mère que son mari a abandonnée pour refaire sa vie avec une autre. Mais la déception, comme la peur et la dépression, est contagieuse, en tout cas plus que ne le sont le plaisir, la joie ou la satisfaction. Les personnes déçues courent le risque de décevoir à leur tour. La mère déçue déçoit le père, au moins par la violence de ses réactions de rejet. Chacun s'appuyant sur les réactions négatives de l'autre pour justifier sa propre attitude, le cercle vicieux se met en place. Le conflit des parents et leur disqualification réciproque ne peuvent, à leur tour, que décevoir les adolescents et invalider la confiance qu'ils leur portaient. Cette disqualification, même partielle, favorise, en retour, l'opposition des enfants dont le comportement va, enfin, décevoir les parents. La boucle est bouclée.

Pour rompre cet engrenage, il faudrait que les parents osent imposer à leurs enfants les conditions nécessaires pour qu'ils réussissent ce qu'ils entreprennent. Les enfants n'ont pas à faire les frais de la situation. C'est d'autant plus injuste que ce n'est pas choisi et qu'ils seraient plus heureux, comme tout un chacun, dans la réussite qu'en étant décevants pour leurs parents, mais aussi, en fait, pour eux-mêmes. Mais pour que les parents se montrent exigeants, il faudrait qu'ils se sentent légitimes à le faire, qu'ils ne soient pas trop coupables, qu'ils croient en l'importance de ce choix et qu'ils en aient le courage. On en conviendra, cela fait beaucoup de conditions et de conditions d'autant plus difficiles à réaliser que le contexte social n'est pas soutenant, qu'ils se sentent isolés, voire déprimés.

C'est ce qui se passe pour l'héroïne du film, la mère. Elle est déprimée, non qu'elle souffre d'une maladie dépressive, mais parce qu'elle est en pleine crise du milieu de la vie. Cette femme est déçue. Déçue par son mari, par sa situation, par sa solitude surtout. Il est naturel qu'elle souhaite faire alliance avec ses fils, qu'elle veuille qu'ils la comprennent comme elle les comprend, plutôt que d'entrer en conflit avec eux. C'est épuisant et déprimant quand, en plus de son métier, on doit batailler avec ses enfants dès le retour à la maison pour qu'ils fassent ce qu'ils ont à faire. D'ailleurs, ils sont plutôt gentils, et on s'aime. L'amour sauve tout. Ils comprendront plus tard le dévouement de leur mère, qu'elle ne les a pas abandonnés, contrairement à leur père ; ils lui rendront alors un peu de ce qu'elle leur a donné. Tout cela est vrai et n'empêche pas heureusement que les choses se passent bien, surtout si des tiers – grands-parents, amis ou école – introduisent une ouverture et des différences d'exigence salvatrices, surtout si une complémentarité peut exister entre le père et la mère qui se soutiennent mutuellement, tout en ayant des approches différenciées.

Des terroristes terrorisés

Le défaut d'exigences et de limites insécurise l'enfant que cette dépressivité maternelle inquiète. Elle le pousse à se coller à elle dans un mélange de dépendance excessive quand elle s'éloigne et d'opposition larvée, mais harcelante, quand elle s'approche. La puberté va conflictualiser davantage la situation, avec deux modalités principales de réaction : le renforcement de l'ambivalence, de la conflictualité, mais aussi de l'incestualité pour gérer l'attachement et la distance relationnelle, ou, apparemment plus proche et plus complice, le collage, y compris physique, qui prend le pas sur les conflits. Plus facile à gérer en apparence, cette dernière modalité n'en a pas moins des conséquences fâcheuses comme dans le film où le jumeau dans ce cas est non seulement victime de son frère, mais a depuis longtemps des difficultés pour exister par lui-même avec, en particulier, une forme de passivité active qui conduit à ne rien faire et à ne pas décoller de la maison.

Au lieu d'atténuer les difficultés, l'adolescence a plutôt tendance à les aggraver en accentuant simultanément l'insécurité et le manque de confiance, les envies régressives de retour à l'enfance et l'intolérance au besoin de protection des adultes. Il devient de plus en plus difficile pour les parents de faire preuve d'une autorité qu'ils n'ont jamais eue. Elle est à la fois pas crédible et intolérable voire humiliante pour l'adolescent. Combien d'adolescents m'ont dit : « Ma mère était trop gentille, elle aurait dû être plus sévère mais, maintenant, c'est trop tard… » Ils ont souvent également le sentiment, juste à mon avis, que leur mère les menaçait de sanctions mais qu'au fond, elle n'était pas convaincue elle-même de leur bien-fondé. Ce qu'ils perçoivent sans pouvoir se le dire clairement, c'est que leur mère a besoin d'eux et qu'elle ne supporte pas bien la pensée que leur enfant puisse leur en vouloir. Comme si l'approbation de l'enfant était nécessaire, que tout écart, toute différence d'appréciation, tout reproche menaçait le lien, ouvrant la porte à l'angoisse de séparation et d'abandon.

C'est justement cette perception intuitive par l'enfant que l'attachement de sa mère est plus guidé par la peur que par le plaisir qui rend cet attachement à la fois contraignant – « il ne faut surtout pas risquer ne plus l'aimer, car ce serait dangereux pour elle » –, et menaçant – « comment être moi-même si je ne peux que demeurer uni à elle ». Le compromis qui s'impose souvent est de rester uni par l'inquiétude, et non par le plaisir partagé. « Dès que je me rapproche de ma mère ou que je pense à elle, je sens le grappin me tomber dessus », me disait ainsi un jeune patient il y a quarante ans. Il aura passé sa vie seul, pris entre la peur de ce grappin qui empêchait tout plaisir avec sa mère et l'impossibilité de la quitter, ne serait-ce qu'en ayant un lien avec une autre femme.

La peur condamne à s'agripper à ce qui la soulage, et ce qui soulage celui qui a peur de perdre quelqu'un, c'est l'agrippement à cette personne. On passe alors de la relation de plaisir à celle de besoin, qui sont difficilement conciliables même s'il est difficile qu'il n'y ait pas un peu des deux dans tout attachement. Plus les relations auront été marquées par la peur de ce qui pourrait séparer et menacer le lien, plus il sera difficile de poser des limites et de s'opposer à l'adolescent, car le risque, s'il est plus imaginaire que réel avec l'enfant, devient plus crédible avec l'âge.

Comment un adolescent peut-il ressentir la peur que son père ou sa mère éprouve, et c'est souvent les deux, à s'opposer à lui ou simplement à le contrarier ? Comme un pouvoir qui lui est donné. Mais si l'adolescent a lui-même peur de se séparer, d'être seul, d'être débordé, alors les peurs se potentialisent et poussent l'adolescent au crime, c'est-à-dire au passage à l'acte. La démission du parent renvoie l'adolescent à ses propres ressources et, si celles-ci sont défaillantes, il ne peut que se vivre abandonné et sans appui qui tienne. Quand les adultes ont peur des adolescents, ils risquent d'en faire des terroristes terrorisés. Des terroristes, parce que les adolescents comprennent vite, plus intuitivement qu'intellectuellement, que cette peur qu'ils inspirent aux adultes est une force, et même souvent leur force, voire leur arme, pour inverser le rapport de force habituel. Il faut reconnaître qu'il est difficile de résister à la tentation de s'en servir, d'autant que l'adolescent se sent en état de faiblesse, menacé par la conscience de cette faiblesse et par la violence des attentes à l'égard des adultes qu'elle déclenche. La situation s'inverse totalement : il n'est plus la victime apeurée et passive de ses craintes et de ses attentes déçues à l'égard des adultes ; il devient l'acteur de cette inversion des rôles qui voit les adultes inquiets, en attente de ses décisions.

Mais cette situation, rassurante à première vue pour l'adolescent, ne l'est pas du tout. Elle est même porteuse de tous les dangers. Elle est faussement rassurante, car il sait, quelque part, qu'il est dans une impasse et même une double impasse. La peur qu'il inspire aux adultes ne le nourrit pas et ne lui donnera pas les compétences qu'il n'a pas : il le sait. Il perd confiance en ces adultes qui, en cédant, témoignent de leur propre faiblesse et dont il cesse d'espérer au fond de lui qu'ils finissent par lui transmettre cette force et cette sécurité tellement enviées : cela aussi, il le sait. Les adolescents pressentent bien que ce triomphe du moment ne présage rien de bon pour l'avenir. C'est pourquoi la capitulation des adultes n'améliore jamais leur situation et ne les détend pas. On n'est jamais joyeux et détendu quand on fait le constat qu'en fait, on est encore plus seul face à cet engrenage destructeur qu'on ne sait plus comment arrêter. Plus grave, celui-ci finit par apparaître comme le seul destin possible, parce qu'il est le seul qui donne encore l'illusion d'un pouvoir possible. Les adolescents devenus des tyrans malgré eux sont toujours tristes, comme tous les tyrans, parce qu'ils sont profondément seuls et *prisonniers eux-mêmes de la tyrannie de leurs peurs.*

Des parents qui ont peur

En quelques années, la peur a envahi les consultations de psychiatrie d'adolescents, faisant passer au second plan l'inquiétude que les parents pouvaient avoir devant les difficultés que rencontraient leurs adolescents. Désormais, les parents appellent pour demander un avis sur l'inquiétude de leurs enfants ou viennent en consultation, mais seuls. Quand on leur propose de venir avec leur adolescent pour qu'on puisse évaluer la situation, la réponse, de plus en plus fréquente, est : « Cela va être difficile, parce qu'il ne veut pas. » Il peut s'agir aussi bien d'un préadolescent de dix-douze ans que d'un postadolescent de dix-huit ans. Si on leur fait remarquer que, probablement, leur enfant n'a pas choisi et qu'il veut aller moins mal, ils acquiescent, mais ils ont peur de subir parfois des violences physiques, surtout les mères seules, ou d'être dans l'impossibilité matérielle de le faire venir : « Je ne vais pas le traîner de force… » Toutefois, la réponse la plus habituelle est : « J'ai peur de perdre sa confiance si je m'oppose à lui et si je le force à venir… Il ne se confiera plus à moi… Je ne saurai plus ce qu'il fait : s'il a des idées suicidaires, s'il prend de la drogue, s'il songe à fuguer… »

Dans ces situations, de plus en plus ordinaires en consultation de psychiatrie, le lien de confiance basique, fondamental entre les parents et leur enfant, est à l'évidence rompu. Ce qui me paraît particulièrement grave, c'est qu'il est rompu non pas du fait de l'enfant, mais de l'adulte. Il va de soi, ce doit être une évidence, comme l'est le fait qu'on prend soin de ses enfants, que si les parents expriment une exigence à l'égard de leurs enfants et de leurs adolescents, c'est qu'elle leur paraît essentielle au bien-être de ceux-ci. Cette exigence s'impose, peut-être avec discussions, si possible en préalable, mais la décision finale appartient aux parents et doit être suivie d'effets parce que les parents ont le droit et même l'obligation de veiller sur leur progéniture et de la protéger de tout ce qui pourrait porter atteinte à son épanouissement.

Que les enfants et plus encore les adolescents mettent à l'épreuve la détermination de leurs parents, cherchent à s'opposer, voire à les mettre en échec, est une chose. C'en est une autre quand les parents doutent eux-mêmes de la confiance de leurs enfants. Ils savent, bien sûr, que leurs enfants sont partagés dans leurs sentiments comme dans leur confiance, que tout cela fluctue selon les événements, les situations et avec le temps. *La confiance naît de la fiabilité, c'est-à-dire de la permanence de la position parentale.* Il faut qu'un cap soit gardé par les parents, qui serve de boussole aux enfants. Ceux-ci peuvent s'éloigner, faire des crochets et des allers-retours, manquer au rendez-vous, mais c'est aux parents de garder le cap.

Quand les parents sont déterminés à ne pas laisser leur enfant s'enfermer dans ses difficultés, à exiger une consultation, alors celle-ci a lieu et, quoi qu'il puisse en dire, l'adolescent est rassuré. Évidemment, cette détermination n'est crédible que si elle a toujours été là. Elle sera plus difficile à mobiliser si elle survient à l'adolescence ou, pire, à la fin de celle-ci. L'épreuve de force peut alors devenir inévitable, qu'il faudra aménager avec des compromis et l'aide de tiers.

De multiples exemples témoignent de ce flottement parental. C'est l'adolescent qui demande son cadeau à la fin de la consultation parce que celui-ci lui a été promis par les parents s'il acceptait de venir et de se tenir correctement. C'est le parent qui, en fin de consultation, alors que le projet de soin a été établi, demande à l'adolescent s'il est vraiment d'accord sans réaliser qu'en se comportant ainsi, il fait preuve de faiblesse et avoue qu'il n'est pas le garant du projet, qu'il recherche le soutien de son adolescent. Un adolescent qui accepte le projet prend à son compte la demande. C'est le but, et il n'est pas acquis d'avance. L'obliger à reconnaître son acceptation est inutile s'il est d'accord ; par contre, s'il reste encore par trop partagé, c'est l'obliger à reconnaître qu'il se soumet au désir des adultes, ce qu'il peut faire, parce qu'il y est obligé, mais qu'il risque de refuser si, en plus d'accepter l'obligation, on lui demande d'être d'accord, car ce serait exiger une capitulation complète.

Comment en est-on arrivé là ?

J'ai évoqué ici l'influence d'une multiplicité de facteurs – sociaux, psychologiques, individuels et collectifs – qui se sont progressivement imposés, plus comme des contre-valeurs se substituant aux valeurs dites « traditionnelles », mais qui, prenant leur place, sont devenues des valeurs de référence. Des valeurs surtout négatives dont le slogan le plus connu demeure : « Il est interdit d'interdire. » Des « valeurs » opposées à l'ordre adulte ancien, mais péchant par défaut d'objectifs valorisants ; des valeurs libératrices de l'individu et de ses désirs, ce qui n'est pas rien, mais libératrices sans qu'on sache quoi faire. C'est là où l'objectif devient flou. Au fond, l'idée est que la réponse se construira toute seule, sans l'aide des adultes ou, du moins, sans que les adultes soient plus que les accompagnateurs d'un cheminement dont les enfants auront la capacité naturelle de fixer la direction, comme les oiseaux migrateurs ont celle de s'orienter vers les lieux qui leur sont destinés. Cela peut paraître d'autant plus simple, pour ne pas dire évident, que la diffusion de la psychanalyse peut laisser croire que la liberté du sujet passe d'abord par la libération de son désir et l'épanouissement de ses capacités créatrices spontanées. Comme si l'épanouissement était possible sans les apprentissages, que ce soient ceux de la vie sociale ou ceux qui permettent le développement des compétences... Comme si les apprentissages ne passaient pas inévitablement par des efforts, parfois douloureux, quand les bénéfices et les plaisirs qu'ils procurent sont plus à imaginer dans l'avenir qu'à vivre dans l'instant. Mais comment, alors, imaginer que ces efforts puissent être consentis s'ils ne sont pas portés par la confiance en l'adulte, leur valorisation par celui-ci et par la société ?

C'est à ce niveau, disons-le, que les adultes ont failli. Le laisser-faire n'est plus l'expression de la liberté, mais de l'abandon de l'enfant à ses ressources propres. Or, celles-ci ne sont pas égales pour tous, ne sont pas les mêmes à tous les âges, varient selon le contexte, les événements et, plus généralement, selon l'environnement. Un enfant ne peut pas se développer sans un adulte ; un adulte ne peut pas se contenter d'accompagner un enfant. La vie est une gigantesque coconstruction entre tous les éléments qui la composent, lesquels ne prennent sens que les uns par rapport aux autres. Il se trouve que ce travail de coconstruction est encore plus important pour l'être humain en raison de cette capacité réflexive qui l'ouvre à la créativité comme à la destructivité. Parce que le monde adulte est nécessaire à leur développement, les adolescents seront tout aussi nécessairement obligés de s'opposer, et tentés de s'enfermer dans cette opposition. C'est la grande leçon que m'ont donnée, en quarante ans, et tous les jours, les adolescents que j'ai reçus en consultation. C'est aux adultes d'éviter cette dérive et même de s'y opposer. Ce n'est pas faire acte liberticide ; c'est, au contraire, la condition de la liberté. Pour cela, il ne peut échapper à la nécessité de clarifier ses valeurs, celles qui justifient sa capacité à s'opposer à la destruction et à imposer ce qui donnera à son enfant, son adolescent, les ressources nécessaires pour pouvoir choisir, ce qui est l'expression la plus forte de la liberté et, par là même, ce qui constitue la spécificité humaine.

Qu'est-ce qu'aimer son enfant ?

Ce qui a indéniablement favorisé le travail de disqualification des valeurs adultes et de l'autorité adulte, c'est assurément cette croyance que l'amour est ce qui est essentiel pour élever un enfant. C'est forcément vrai dans la mesure où le contraire serait le réduire à l'abandon. Cependant, l'amour est une notion trop syncrétique et trop vague que chacun interprète à sa façon, c'est-à-dire selon ses besoins, son histoire, son affectivité, pour s'y fier. Choisir l'amour comme seul critère éducatif, c'est abandonner un enfant à la subjectivité de ceux qui l'élèvent.

Certes, les parents ont une compétence naturelle pour élever leurs enfants, sinon l'humanité n'existerait plus, mais on ne peut confondre cette compétence avec l'amour dans son usage passe-partout. La relation d'une mère à son enfant, puis des parents à cet enfant, ont toujours été fortement médiatisées par un tiers : le groupe social. C'était particulièrement vrai pour les sociétés dites primitives, où le rite d'initiation venait témoigner de cette appartenance. Mais l'importance du groupe et de la société a perduré jusqu'à ces dernières décennies sous une forme plus complexe et peut-être moins manifeste, mais toujours prégnante.

Tout, néanmoins, a profondément changé dans la seconde moitié du XXe siècle, même si des prémices existaient depuis bien plus longtemps. Deux facteurs sont reconnus comme ayant joué un rôle dans cette révolution : la baisse de la mortalité infantile et le contrôle des naissances avec cette possibilité de choisir d'avoir, ou non, un enfant. L'enfant est ainsi devenu de façon prioritaire l'enfant des parents voire de plus en plus l'enfant de la mère. Tout cela a des implications majeures sur le mode éducatif. Le rôle du tiers social n'est pas seulement symbolique, ou disons que son impact symbolique passe par une imprégnation diffuse, mais massive, des exigences éducatives par les impératifs sociaux. Un enfant était élevé avant pour répondre aux besoins et aux exigences de la société, et non pas pour satisfaire les besoins affectifs de ses parents. Cela n'empêchait pas l'amour, mais lui donnait une tonalité bien différente de l'amour parental aujourd'hui.

Mais qu'est-ce que l'amour ? Une approche pragmatique, ne prétendant pas être exhaustive, peut s'appuyer sur les connaissances complémentaires apportées par l'éthologie, les neurosciences, la psychologie et la psychanalyse. La vie repose sur l'ouverture et l'échange avec l'environnement. Cette nécessité se complexifie avec les animaux les plus évolués pourvus d'un cerveau de plus en plus complexe chez les singes et, notamment, les singes humanoïdes. Les échanges avec l'environnement sont commandés par des circuits appétitifs et aversifs qui conduisent à l'échange ou à son évitement. La sexualité fait son apparition avec la différence des sexes rendant le rapprochement par la relation sexuelle indispensable à la survie de l'espèce, tout comme la reconnaissance entre congénères, ceux de la même espèce.

La reconnaissance des petits, leur protection et leur nutrition apparaissent, tandis que l'attachement fixe le petit à sa mère. Les relations de jeux, les échanges tendres sans lien avec la sexualité, se développent au fur et à mesure qu'on monte dans l'échelle animale ; tous ces ingrédients se retrouvent chez l'être humain et dépendent d'un support génétique de même nature que chez l'animal. C'est essentiel à considérer, mais loin d'être toujours fait, beaucoup préférant penser que l'amour est le propre de l'être humain. Pourtant, c'est en connaissant mieux ce qu'on a en commun avec l'animal qu'on peut situer la spécificité humaine. Si le besoin de contact et d'échange, le besoin d'attachement, la sexualité mais aussi une certaine forme de contact tendre, le plaisir du jeu sont communs aux animaux et aux hommes, où se trouve alors la spécificité de l'amour humain ? Elle est, il me semble, dans cette capacité de l'homme à avoir conscience de lui-même et de l'autre dans leur différence, et non seulement pour la satisfaction des besoins qu'il permet.

Si on reprend le paradigme de l'enfant qui se cramponne à sa mère, quelle est la mère qui aime le plus ? Celle qui se cramponne à lui, avec lui, parce qu'elle l'aime trop et ne veut pas le faire souffrir, en l'aidant à se séparer, même si elle risque, ce faisant, de l'enfermer dans sa dépendance ; ou bien celle qui se fait violence et lui fait aussi violence pour l'accompagner dehors, le laissant ainsi faire ses preuves et trouver du plaisir ailleurs qu'avec elle ? Celle qui se laisse guider par sa peur de ne plus être aimée ou celle qui pense aux besoins de son enfant ? C'est au fond toujours l'histoire du jugement de Salomon. La mère qui aime humainement son enfant accepte de le perdre pour qu'il vive, mais, en prenant ce risque, non seulement elle ne le perd probablement pas, mais elle vit en lui.

Des enfants parentifiés

L'inversion des valeurs assimilées à un monde adulte en cours de disqualification ouvre peut-être la voie à l'émergence de nouvelles valeurs suffisamment motivantes pour donner aux adolescents l'envie de devenir adultes. Mais elles leur font courir le risque de se retrouver à la place laissée vacante par les adultes et d'être « parentifiés ». Le succès de cette appellation récente est probablement symptomatique. Elle a en effet pour inconvénient de leur voler leur enfance et de casser les moteurs de leur développement. La vie, je l'ai rappelé à plusieurs reprises, c'est l'ouverture à l'environnement, c'est-à-dire l'appétence vers la rencontre. Si l'environnement se dérobe à cette rencontre, on prend le risque de laisser l'enfant et, plus tard, l'adolescent sans interlocuteur valable, c'est-à-dire apte à susciter l'envie de lui ressembler et de s'approprier ce qui fait sa force. Pas de force, pas d'envie. Comment envier ce qui est présenté comme n'étant pas enviable par ceux-là mêmes qui en sont les dépositaires ?

L'évolution de la relation des parents et au-delà de la société avec l'école est révélatrice de ce climat. Qui peut contester que l'obligation scolaire est une des grandes chances données aux hommes de se développer, s'épanouir, utiliser leurs capacités cognitives, se donner plus de possibilités de choix et, donc, d'accroître leur liberté ? Mais il a fallu qu'elle soit imposée néanmoins. Pourtant, savoir lire, écrire, compter constitue une ouverture sur le monde et, donc, sur la vie. C'est un sixième, voire un septième sens qu'on offre aux enfants. Que dit-on si un enfant perd l'usage de ses yeux ? Que c'est un handicap et une grave amputation d'une partie de ses potentialités. Aujourd'hui que la scolarité pour tous est acquise, que tout le monde peut en bénéficier, qu'elle se prolonge jusqu'à seize ans, elle est l'objet d'un dénigrement généralisé. Qu'entend-on en bruit de fond ? Que l'école est en échec, que les professeurs sont inadéquats, qu'elle conduit au chômage. Quelle que soit la part de vérité dans ce dénigrement, car il y en a toujours une, l'essentiel n'est pas là. Il est sans aucun doute dans cette chance qui doit toujours rester aussi extraordinaire qu'à ses débuts, de permettre à chaque enfant d'avoir une école près de chez lui. Mais cette chance, seuls les adultes peuvent la faire découvrir à l'enfant en lui permettant de faire le constat de l'intérêt qu'il y a à apprendre, de la valorisation et du plaisir qui en résulte.

Cela dit, les parents ne sont qu'un maillon de la chaîne. C'est l'ensemble des adultes qui est concerné, et les enseignants plus que les autres. Le meilleur révélateur du désir de l'enfant, c'est la motivation de l'enseignant pour ce qu'il transmet. Mais encore faut-il qu'il en soit convaincu lui-même et surtout qu'il comprenne qu'au-delà du contenu, plus ou moins intéressant, qu'il enseigne, c'est la valorisation du processus d'apprentissage qui est en jeu, car c'est là l'essentiel pour l'avenir d'un enfant. L'objectif de l'école est de nourrir les plus jeunes avec les apprentissages dont ils ont besoin pour se développer et avoir confiance en eux. Mais il faut pour cela que la démarche d'apprentissage soit motivante, quels qu'en soient la forme et le contenu. À partir du moment où elle est proposée par la société et par les adultes, elle doit être valorisée, et la meilleure valorisation est celle que lui confèrent les adultes.

Mais qui croit encore à la contagion de l'enthousiasme, de la motivation pour ce qu'on fait, que toute acquisition nouvelle, toute compétence supplémentaire est le plus sûr facteur d'épanouissement pour un enfant, pour peu que l'adulte le valorise et, surtout, ne le disqualifie pas ? Probablement plus de monde qu'on ne le pense, mais on n'ose l'exprimer vu le climat général de dérision et de morosité. On n'ose même plus y croire, comme si c'était trop naïf, trop simple.

On a le sentiment que la dissolution progressive des valeurs éducatives s'est opérée en trois ou quatre générations. Cette critique de la raison éducative qui a trouvé son apogée avec mai 1968 a permis une extraordinaire, et plutôt positive, libéralisation des mœurs, dont ma génération a bénéficié. Mais nous ne nous sommes pas suffisamment rendu compte que nous demeurions en profondeur nourris des valeurs éducatives que nous combattions. Celles-ci demeuraient présentes, elles avaient construit notre infrastructure, qui tenait le coup. Nous avons bénéficié du plaisir de nous libérer de contraintes excessives et, pour une part, inutiles. Notre illusion a été de croire qu'il fallait à tout prix éviter à nos enfants tout ce qui avait été pour nous un facteur de déplaisir : les contraintes de la vie quotidienne, l'ordre et parfois même la simple hygiène, le travail qui ne serait valable que s'il se fait dans le plaisir, la politesse, les marques de respect, bref une grande partie des rites de la vie sociale. Un adolescent devait d'abord être un copain, voire un confident – transparence oblige. Certains de nous avaient pu souffrir de l'internat, alors il ne fallait surtout pas l'envisager pour nos enfants. Ce faisant, on oubliait que, malgré notre « souffrance », nous avions plutôt réussi dans la vie et que nos adolescents, en revanche, échouaient et, pire, ne se sentaient motivés par rien. La « souffrance », celle que nous avions connue, tel était l'ennemi. Supprimons-en les causes apparentes et nos enfants seraient heureux et justifieraient les souffrances que nous endurions pour réussir, gagner notre vie, être reconnus. À défaut d'être parfaitement heureux, nous les rendrions au moins heureux. Je me souviens ainsi d'un échange avec le directeur d'un journal satyrique au cours d'une émission télévisée. Alors que j'évoquais l'intérêt de l'internat pour certains adolescents, il me répondit que c'était le « goulag », les « camps de concentration ». Outre le côté injurieux de la comparaison pour ceux qui avaient vécu dans ces conditions, je lui fis remarquer qu'il avait réussi sa vie, laquelle semblait plutôt riche et intéressante, alors que les adolescents dont je parlais couraient le risque d'être déçus et de se décevoir eux-mêmes s'ils ne se donnaient pas les moyens de réussir, d'une façon ou d'une autre. Peut-on vivre sans moments difficiles, sans se confronter à des épreuves, sans apprendre à surmonter ses appréhensions ? N'est-on finalement pas fier, en tout cas rassuré sur ses capacités, quand on a la preuve qu'on a été plus fort et qu'on ne s'est pas laissé couler ? L'évocation de ces souvenirs pénibles n'est-elle pas parfois et même souvent une occasion de valorisation et même de plaisir d'en être là où on est ? N'est-ce pas une des sources essentielles de résilience, cette capacité à faire une force des difficultés surmontées ?

La génération des enfants de la liberté non plus conquise, elle l'a été par leurs parents, mais offerte, ne peut se valoriser de cette conquête ni bénéficier des acquis éducatifs antérieurs. Ils tirent profit d'une plus grande ouverture sur le monde et d'une plus grande liberté de parole ; ils sont plus ouverts, moins inhibés, plus entreprenants, mais ils ne sont pas plus heureux pour autant. Ils ont dû déchanter sur bien d'autres plans en devant se confronter aux contraintes du monde adulte, en réalisant que le monde n'était pas aussi bien disposé à leur égard que leurs parents ou qu'élever des enfants imposait plus de contraintes et de devoirs que de droits. C'est la génération de la « fatigue d'être soi ». Une partie d'entre eux a relativisé, sinon critiqué, l'héritage et l'éducation de leurs parents. Le film canadien *Les Invasions barbares* en est une vigoureuse et, à mon avis, convaincante illustration, comme l'avait été pour la génération précédente le film antérieur, tourné vingt ans plus tôt par le même réalisateur et avec les mêmes acteurs, *La Chute de l'empire américain.* D'autres, probablement pour les mêmes raisons, ont choisi une voie opposée et tenté de parachever l'œuvre de libération entreprise. Si les résultats ne sont pas suffisamment convaincants, si de la « souffrance » subsiste parmi les jeunes et les moins jeunes, c'est que le travail accompli n'est pas suffisant, qu'on n'est pas allé au bout de la logique libératrice. N'ayant pas eu une adolescence aussi heureuse que prévu, face à des parents déçus et « fatigués », ou, pire, ayant trahi les idéaux de leur jeunesse, ils se proposent de continuer le travail. Toute contrainte, toute exigence adulte, toute tentative de poser des limites, de parler de respect, est jugée liberticide et assimilée à une forme de « restauration », avec les connotations historico-affectives que ce terme implique en France. N'ayant pas pu pendant leur adolescence s'opposer à des parents qui étaient à l'« écoute », ils le font contre un système qui pérennise, à leurs yeux, les exigences du monde adulte. Éternels « adulescents », pour reprendre le terme proposé par Philippe Gutton, champions de la générosité et des bons sentiments, ils retrouvent dans toute souffrance ce qui demeure de souffrance et surtout de déception en eux. Cela n'exclut pas une bonne adaptation sociale et un pragmatisme quotidien qui leur assure une honnête insertion professionnelle et une certaine aisance. Cela fait beaucoup de monde au total, et beaucoup de monde influent.

La réalité est bien sûr plus nuancée, métissée, pourrait-on dire aujourd'hui. La charge que je fais ici me semble pourtant justifiée si elle permet d'attirer l'attention sur les effets délétères de cette addition de positions individuelles, chacune plus nuancée, qui finit par créer un courant d'opinion retentissant sur les possibilités de choix et de positionnement éducatif de chaque famille. J'y suis d'autant plus sensible que je me sens partie prenante de ce travers. Mais, justement, parce que je peux en comprendre les motivations, et aussi le bien-fondé, j'en perçois les limites et le danger potentiel pour ceux qui sont les plus en difficulté de repères.

Vient un moment où il faut *valoriser et positiver les bienfaits de ce qui est conquis.* C'est vrai pour l'école ; c'est valable également pour la libéralisation des mœurs et l'assouplissement des contraintes sociales. Le temps est venu où l'évaluation des effets de ces changements est possible et leur aménagement faisable. Il est quand même navrant que cette « chance » dont bénéficient les adolescents d'aujourd'hui ne profite pas à tous, en tout cas au plus grand nombre possible. Elle profite avant tout, comme toujours, aux plus riches, c'est-à-dire à ceux qui ont un encadrement familial et culturel suffisamment adéquat pour se nourrir de ce dont ils ont besoin pour s'épanouir, pour trouver du plaisir à le faire ou, du moins, un intérêt suffisant qui leur permet d'attendre et de supporter les contraintes, les inquiétudes et les frustrations inévitables.

Il est regrettable, en revanche, qu'à ceux qui n'ont pas ces soutiens, minoritaires heureusement, notre société n'offre pas de moyens de les trouver. Quand je parle de soutien, je ne parle pas seulement de personnes, mais de volonté collective. Mais, pour cela, il faudrait s'entendre sur les objectifs à atteindre et les valeurs à promouvoir. Ce ne sont ni les enfants ni les adolescents qui peuvent le faire. C'est à la société adulte que cette tâche incombe. Il ne sert à rien, sinon à ajouter de l'incohérence à l'incohérence, de critiquer les parents, l'école, ou les éducateurs, si on ne retrouve pas une cohérence minimale entre tous les acteurs du développement de l'enfant. Tous sont importants et tous gagneraient en efficacité en partageant le même objectif et en s'aidant de leur complémentarité naturelle. Mais on ne peut partager le même objectif que s'il est clairement énoncé, si on sait pourquoi il a été choisi et dans quel but.

La transparence sans limites repose sur un déni des différences. Comme si la différence équivalait à une hiérarchie en plus ou moins, en bon ou mauvais, en supérieur ou inférieur. Il n'y aurait plus de différence entre l'enfant et l'adulte, comme il ne devrait plus en exister entre l'homme et la femme, le Noir et le Blanc, l'homosexuel et l'hétérosexuel, le malade et le bien portant, l'handicapé et celui qui ne l'est pas. Mais un enfant n'est pas inférieur à un adulte, il est simplement différent par ses compétences et sa dépendance. De même, nous n'avons pas tous la même capacité de jugement, de discernement comme on disait autrefois, de relativisation, les mêmes besoins de références et de repères. Le nier serait un déni de réalité.

CHAPITRE 6

LA TENTATION DE TOUT GÂCHER

« L'on veut faire tout le bonheur,
ou si cela ne se peut ainsi, tout le malheur
de ce qu'on aime. »
LA BRUYÈRE, *Les Caractères.*

Axelle, quatorze ans, me regarde droit dans les yeux dans une attitude de défi. Elle a accepté de me rencontrer, alors qu'elle est hospitalisée depuis quelques jours, après une tentative de suicide. À peine installée face à moi, elle me fait sentir qu'elle ne demande rien, qu'elle n'attend rien. À mes questions, elle répond de manière laconique ou par un « ça me saoule » excédé, qui revient toutes les deux ou trois minutes, surtout quand j'aborde des sujets comme ses émotions, son intimité ou ses rapports avec ses parents. Je finis par apprendre qu'elle a une sœur, un peu plus jeune qu'elle, et que ses parents ont divorcé quand elle avait huit ans. Son père, menuisier, n'a pas accepté la séparation et s'est mis à boire, tandis que sa situation professionnelle se dégradait et qu'il prenait de moins en moins ses enfants chez lui. Sa mère, employée de commerce, s'est d'abord déprimée, puis s'est mise à travailler davantage, devenant moins disponible de ce fait. Elle a aussi eu quelques liaisons, sans suite. Très vite, Axelle s'est repliée sur elle-même, provoquant et insultant sa mère pratiquement lors de tous leurs échanges. À la puberté, la situation a encore empiré, tandis que le contraste entre les deux sœurs s'accentuait avec, d'un côté, la gentille fille, celle qui grandit sans poser de problèmes et, de l'autre, elle, Axelle, la mauvaise. Échec scolaire, insultes, fugues, consommation croissante de haschich, scarifications : Axelle a tout fait, jusqu'à cette tentative de suicide, avec les médicaments de sa mère, bien entendu, qui a motivé son hospitalisation.

Il y a, dans la rencontre avec cette jeune fille de quatorze ans, des enjeux qui appartiennent en propre à l'adolescence : des milliers d'adolescents adoptent ainsi des comportements d'autosabotage ou d'autodestruction qui n'apportent ni bénéfice ni plaisir. Axelle n'est pas épanouie, elle n'est pas heureuse, et elle le sait. Pourtant, sans aide extérieure, et encore faut-il qu'elle l'accepte, il y a de fortes chances qu'elle persévère dans l'autodestruction, quelle que soit la forme qu'elle lui donne, et toutes sont possibles, et qu'elle s'y enlise jusqu'à compromettre son avenir et, précisément, parce qu'elle y compromet son avenir. C'est une tentation que partagent nombre de jeunes : en finir pour ne pas avoir à commencer, pour ne pas courir le risque de mal faire et d'être déçu. On estime aujourd'hui que cela concerne environ dix à quinze pour cent de ces adolescents en difficulté pour lesquels on ne peut pas vraiment parler de pathologie psychiatrique…

Alors, pourquoi tant d'adolescents comme Axelle s'enferment-ils dans cette attitude de défi ou d'indifférence généralisée dont on voit bien qu'il s'agit surtout d'une posture destinée à les poser et les assurer face aux autres, aux adultes, en particulier ceux qui pourraient désirer les voir changer ? Pourquoi adoptent-ils un comportement où ils deviennent leur propre bourreau ? Pourquoi ajoutent-ils cette injustice aux autres injustices qu'ils estiment déjà subir ?

« Je suis une conne... »

Au cours de l'entretien, Axelle perdra par deux fois, mais par deux fois seulement, cette attitude de défi qui l'aide à maîtriser les situations et à contrôler ses émotions, laissant apparaître de manière brutale l'attente considérable qu'elle nourrit à mon égard, c'est-à-dire, par-delà ma personne, à l'égard de tous ceux qui s'occupent d'elle. D'abord, quand, à l'une de ses questions sur la signification à donner à l'une de mes phrases, je me surprends à répondre, un peu platement : « Parce que j'ai l'habitude de voir des adolescents. » Avec une vivacité et une brutalité qui tranchent sur son détachement antérieur, je l'entends alors me rétorquer : « Ah oui, parce que vous en voyez cinquante par jour des comme moi, c'est ça ? », autrement dit : « Je ne suis pas unique et je n'ai pas d'intérêt particulier pour vous... » Le second épisode se situe à la fin de notre entretien, au moment où je cherche, comme toujours à la fin d'une première rencontre, à dresser une sorte de bilan et à dessiner ce que pourraient être les grandes lignes d'un projet d'avenir permettant de sortir des difficultés et de l'impasse dans lesquelles on se trouve. Projet difficile à formuler dans le cas d'Axelle compte tenu de son refus de toute implication personnelle et de sa fuite dans un « ça me saoule » répété en boucle. J'ai alors l'idée de lui demander de me dire une des qualités qu'elle se reconnaît. Sa réaction me surprend. Je la vois tourner brusquement la tête de côté, alors qu'elle m'a regardé droit dans les yeux pendant tout l'entretien. Ses cheveux tombent comme un écran devant ses yeux, mais cela ne semble pas suffire à la cacher. Elle met alors la main devant ses yeux et reste ainsi pétrifiée, protégée de mon regard, pendant environ vingt secondes, qui me paraissent très longues. Ensuite, elle lève la tête, me regarde franchement dans les yeux et, reprenant son attitude de défi, me lance un tonitruant : « Je suis une conne ! » À quoi je réponds que, pour dire cela, elle n'éprouve à l'évidence aucune difficulté, aucune gêne, mais que c'est manifestement beaucoup plus compliqué quand il s'agit de mettre en avant une qualité, du moins si j'en juge par l'embarras et le trouble intense qui se sont emparés d'elle, l'obligeant à se cacher quelques instants. Qu'est-ce qui se passe selon elle ? Comme elle reste silencieuse, je lui dis que, moi, je lui vois une qualité, c'est le courage, mais que je m'interroge. Et que je me demande, notamment, si cette qualité, elle va vouloir l'utiliser pour prendre soin d'elle et se mettre en valeur, ou bien si elle va la mettre au service de l'entreprise d'autodestruction qu'elle poursuit depuis plusieurs années… Nous autres, soignants, nous ne sommes pas d'accord avec les attaques auxquelles elle se livre sur sa propre personne, et nous nous y opposerons, mais nous avons besoin de sa coopération pour cela. On est toujours plus fort quand on cherche à détruire, surtout si c'est soi-même qu'on cherche à anéantir, et il sera difficile pour nous de l'aider si elle ne nous aide pas elle-même en décidant de se battre contre cette tentation qu'elle a de se faire du mal…

Devenir son propre bourreau

L'attitude d'Axelle est l'attitude de bien des adolescents qui ont été blessés, déçus, parfois traumatisés et qui s'en prennent à eux-mêmes au moyen de comportements qui vont du simple repli boudeur à la tentative de suicide, en passant par les scarifications. Dans tous les cas, l'attaque est portée par soi-même contre soi-même : agresseur et agressé, bourreau et victime ne font qu'un. Ce retournement de la violence contre soi est particulièrement net dans les situations de traumatisme sexuel et, plus largement, de violence subie où la personne traumatisée devient, dans un second temps, actrice de sa propre maltraitance en réponse à la brutalité qu'elle a d'abord subie.

Peut-être ces comportements s'imposent-ils à la victime avant tout parce qu'ils la sécurisent. Perçus de l'extérieur comme des gestes autodestructeurs, ils constitueraient, en réalité, des marques de soumission à l'agresseur et auraient, ainsi, une finalité protectrice, tout comme les attitudes de soumission protègent les animaux de l'agressivité de leurs vainqueurs. Ces comportements infrapsychiques viendraient ainsi « naturellement » répondre au traumatisme et à la menace que celui-ci fait peser. En tout cas, on peut penser que la constance de ces comportements à travers les âges et les cultures témoigne de leur sélection génétique, sans doute parce qu'elle protégeait la vie des victimes. Cela étant dit, la conscience qu'en a l'être humain favorise la remémoration du traumatisme et lui confère un caractère spécifiquement humiliant du fait de l'impuissance et de la passivité qui y sont associées, altérant profondément l'image de soi et le sentiment de confiance, si importants pour la qualité de la relation qu'on a avec le monde et avec soi-même. C'est à ce niveau que la conscience réflexive humaine est susceptible d'intervenir soit en adhérant à ce processus et en le répétant activement par sa remémoration et la mise en œuvre de comportements autodestructeurs, soit en choisissant de lutter activement contre cette tentation et en adoptant des comportements de valorisation de soi et la recherche de satisfaction. D'une certaine façon, ne pas opter pour la violence quand on en a été victime, c'est choisir activement de vouloir changer.

Changer, c'est prendre le risque d'être déçu

Changer, voilà ce qui est en fait le plus attendu et le plus redouté. Il est plus facile de revendiquer un changement que de se donner les moyens pour qu'il advienne. On voudrait que le changement arrive comme par magie, ou alors que les autres changent. D'ailleurs, si le changement ne se fait pas, n'est-ce pas parce que les autres ne font pas ce qu'il faudrait et qu'ils ne comprennent rien à rien ? N'est-ce pas toujours la faute des autres si on est ce qu'on est et si rien ne change ? Ce n'est pas nécessairement faux, mais raisonner ainsi, c'est aussi occulter qu'on donne à ces « autres » le pouvoir de nous changer, pouvoir qu'on leur refuse par ailleurs, car ce serait reconnaître nos attentes et notre dépendance à leur égard. L'adolescence est faite de paradoxes, je l'ai dit.

C'est en ce sens, je crois, qu'il faut comprendre la réaction d'Axelle quand je lui demande de me donner une qualité qu'elle se reconnaîtrait. La reconnaître, et la nommer expressément, ce serait, en effet, non seulement s'ouvrir à ma requête, mais aussi accepter de partager avec moi la reconnaissance de quelque chose de bon en elle. Admettre que ce partage est possible et qu'il y a effectivement du bon en commun dont on peut se nourrir, c'est risquer d'ouvrir grand la porte à ses attentes, à ses aspirations et à toutes les frustrations et les déceptions que leur non-satisfaction antérieure a engendrées. Si Axelle a une qualité, c'est *a contrario* aussi qu'elle a des défauts et, en miroir, qu'il en est de même des autres, de ceux dont elle a attendu et attend toujours au fond d'elle-même des réponses qui ne sont pas venues. C'est également prendre le risque d'être démenti par le jugement de l'autre, de n'être pas reconnue, voire d'être moquée – « mais pour qui vous vous prenez ? ». C'est là encore prendre le risque d'une déception. Ce serait aussi, d'une certaine façon, accepter d'avoir pu recevoir quelque chose de bon des autres, de ses parents en l'occurrence. C'est éveiller la nostalgie de ce bon, au moins en partie perdu, et renoncer à penser que, si on est mauvais, les autres le sont aussi et que c'est de leur faute si on est ainsi : « Je suis mauvais, les autres aussi. Restons-en là. Tout le reste "me saoule" d'ailleurs. »

Se reconnaître une qualité, c'est inévitablement reconnaître tout ce qui ne va pas, le gâchis qu'on fait de sa vie, et aussi le fait qu'il pourrait en être autrement. C'est faire renaître un espoir, et, donc, la possibilité qu'il soit de nouveau déçu. C'est brutalement se trouver en face du gouffre de tout ce dont on manque. C'est se sentir vide face à l'immensité d'une attente qui fait qu'on se sent une toute petite chose face à l'énormité de ce qu'on pense ne pas avoir eu et qui nous échappera. C'est ce qu'illustre si bien la terreur de l'anorexique, autre trouble du comportement lié à l'adolescence, quand elle est confrontée à la perception de son appétit boulimique. Une anorexique ne se sent maître de son destin et de son identité que dans la maîtrise que lui procure la privation active de nourriture. L'objet de satisfaction, la nourriture, est porteur de la menace de ne plus s'appartenir si on lui cède. Comme Axelle craint de ne plus être elle-même si elle s'abandonne à une relation positive.

Détruire, ou la maîtrise retrouvée

On peut avoir peur de ce qu'on désire le plus et faire le contraire de ce qui pourrait nous rendre heureux si on le faisait. C'est vrai de tout être humain, mais c'est particulièrement vrai de l'adolescent. Qu'est-ce qui, en l'occurrence, pourrait rendre Axelle heureuse ? Comme pour toutes les jeunes filles, ce serait de plaire, de se mettre en valeur, de réussir. C'est tout le contraire qu'elle met activement en place. Est-ce un choix ? Je ne le pense pas. C'est à la fois une contrainte et une tentation : on cède à cette contrainte pour en faire sa force. La contrainte vient de ce que c'est le moyen qui s'impose à Axelle pour ne pas s'effondrer, pour se sentir exister et avoir encore un pouvoir d'action. Et même s'il est en partie dérisoire et trompeur, puisque c'est celui de se faire du mal, c'est un pouvoir tout de même.

C'est ce que m'ont appris les adolescents : *la destructivité est la « créativité du pauvre », c'est-à-dire de celui qui se sent impuissant.* Avant de s'effondrer, de disparaître, il reste au moins un acte de vie, un acte prométhéen en quelque sorte : celui de détruire. « Je n'ai pas choisi de naître », disent souvent les adolescents qui ont des comptes à régler avec leur filiation, mais « je peux choisir de mourir », ajoutent-ils tout aussi volontiers, affirmant par là leur radicale différence avec ceux qui leur ont donné la vie et leur pouvoir démiurgique de refuser ce dont ils ont hérité et qu'ils n'ont pas choisi au profit d'une destruction qui, elle au moins, leur appartient. Détruire est toujours possible, à portée de main. C'est un acte qui se situe hors du temps et le temps est bien ce qui nous échappe par excellence. Créer, réussir, aimer est aléatoire ; il dépend en partie de la réponse des autres, ceux auxquels on s'adresse. Ce n'est jamais acquis et cela a toujours une fin qui n'est pas celle qu'on a choisie mais celle qui s'impose d'elle-même ou du fait des autres. Détruire, en revanche, c'est avoir rendez-vous avec l'éternité, hors de toute contingence liée aux autres ; c'est expérimenter la toute-puissance.

Et que n'est-on prêt à sacrifier quand on se sent à ce point impuissant ! Les adolescents, en ce qui les concerne, sont prêts à renoncer à beaucoup : à leurs potentialités, leurs plaisirs possibles, leur avenir et même leur vie. C'est d'ailleurs le sens de l'apostrophe d'Axelle : « Je suis une conne. Donc, je n'ai pas besoin de votre savoir, de vos attentions, de vos bonnes intentions. À la limite je vous emmerde, et c'est bien comme ça. Chacun chez soi. Nous n'avons rien à attendre les uns des autres. » Mieux vaut créer les conditions de l'échec plutôt que de subir une déception. Car attendre quelque chose serait ouvrir la boîte de Pandore de ses peurs et de ses chagrins, laisser échapper ses traumatismes antérieurs, tout ce qui nous a blessés, mais aussi exprimer ses envies, ses attentes éperdues, ses désirs qui apparaissent d'autant plus infinis qu'on les cerne mal. Accepter de se reconnaître une qualité, c'est, pour Axelle et pour beaucoup d'autres adolescents, mettre en péril tout le système de défense qu'ils se sont construit. L'image qui m'est venue en lui répondant, c'est que l'acceptation d'une émotion positive aurait sur Axelle le même effet qu'une goutte d'eau sur un morceau de sucre. Un effet qui n'est pas acceptable, car il représente la menace de fondre sous le regard de l'autre, d'y perdre son identité, de se perdre soi.

Les émotions : une intrusion de l'autre sur son territoire

On ne choisit pas ses émotions, elles s'imposent à soi, on les subit, ce qui conduit souvent à les percevoir comme une menace par le pouvoir sur soi, sur son territoire qu'elles donnent à ceux qui les suscitent. En revanche, on peut tenter de nier, de réprimer, de chasser ces émotions, notamment en mettant à distance ceux qui les provoquent. Ce maniement de la distance relationnelle redonne à l'adolescent, mais aussi à tout être humain, de retrouver un rôle actif par le contrôle qu'il exerce sur des émotions susceptibles de créer un sentiment d'insécurité. Plus on se perçoit tranquille intérieurement, plus on se sent avoir les ressources pour contenir et gérer ces émotions, plus on peut les accueillir sans les vivre comme une sorte d'amputation de son territoire personnel par les autres. Moins on a ces ressources intérieures, et plus l'émotion risque d'être éprouvée comme *une intrusion de l'autre en soi*, une menace dangereuse de l'extérieur sur soi.

C'est ce qui rend si difficile, pour les adolescents les plus vulnérables, la relation de plaisir partagé où on se nourrit d'émotions communes pour s'en enrichir. Elle devient une menace de dissolution pour son identité. Il faut alors lui substituer la relation d'emprise où l'on contrôle l'autre, puisqu'on se sent menacé d'être contrôlé par lui. En revanche, il est clair qu'on ne peut contrôler le plaisir, étant donné qu'il rend dépendant de ceux qui le procurent et qu'il ne saurait durer. Quand on se sent en insécurité, on ne supporte pas la fin de ce qui sécurise et fait plaisir. Par contre, la durée du déplaisir et de l'insatisfaction dépend de soi quand on en est l'acteur, et on peut devenir maître de son déplaisir. C'est une tentation à laquelle il est difficile de résister quand on se sent dépourvu de ressources personnelles. La souffrance offre l'avantage d'attirer l'attention des autres sur soi, mais en les tenant à distance par le refus de leur aide. On ne se perçoit plus de dépendance à leur égard, mais on sollicite leur attention par un comportement qui peut difficilement passer inaperçu.

Les comportements d'autosabotage agissent comme une véritable drogue : moins on se nourrit, et moins on développe ses ressources, et plus on se sent en insécurité, et moins on peut recevoir ce dont on aurait justement besoin, parfois jusqu'à en mourir. On crée ainsi les conditions de la déception pour ne pas risquer de devoir la subir. Mais le besoin de proximité et de complétude demeure, et déchire l'adolescent qui se trouve pris entre son désir et la peur de ce désir. Comme souvent quand on est partagé entre des aspirations opposées, la solution qui s'impose est celle de l'un ou l'autre extrême. Et l'adolescent s'engage ainsi dans un lien fusionnel avec un double – ami de cœur, groupe de pairs, clan – ou bien va chercher le plus étranger à son milieu familial – fugue, errance, secte…

Surtout, pas d'échange

Il arrive souvent que la quête de sensations prenne la place des émotions quand celles-ci sont vues comme des menaces. Elle peut conduire à un crescendo de violences. J'ai dit dans un autre chapitre que cette recherche de sensations était la réponse spontanée du bébé quand il est privé de relations suffisamment stimulantes. Le film de Cyril Collard, *Les Nuits fauves*, est une autre illustration de cette même quête éperdue de sensations en guise et place de liens perdus. Tout contact tendre, tout sentiment amoureux, surtout à l'égard d'une femme, provoquent chez le héros du film une peur incontrôlable, une panique qui le jette dans une consommation boulimique de relations sexuelles, de plus en plus violentes, jusqu'à la scène sadomasochiste ultime où on le voit se faire fouetter jusqu'au sang par un homme. La sexualité se limite au choc de la rencontre entre deux corps et à l'effraction de la pénétration, anale en l'occurrence. Dès qu'il s'approche de ses émotions, de son attente d'une relation sentimentale faite de partage et d'échanges, Jean, le héros, rompt le contact et se transforme en un fauve à la recherche de nouvelles proies. Le plaisir de la relation sexuelle se résume à celui de la décharge d'une tension et à l'assouvissement d'un besoin de contact qui, par son intensité et sa résistance, permet certes de retrouver ses propres limites, mais laisse toujours aussi seul et désespéré.

Comme Axelle, Jean ne peut se nourrir affectivement d'un échange. Il ne sait qu'opposer le sensoriel, le dur, le solide, le matériel à l'insaisissable, l'impalpable, l'immaîtrisable des sentiments et des émotions. Se laisser aller à les éprouver serait risquer de perdre ses limites et fondre comme un morceau de sucre au contact de l'eau. La scène pathétique de la superposition de quatre ou cinq corps sous un pont à Paris met en forme et fait voir, en même temps que la tragédie de son attente, l'impossibilité d'une rencontre qui, enfin, fasse sens, nourrisse et apaise. La quantité tente de remplacer l'inatteignable qualité.

À cette scène du pont fait écho la rencontre entre le héros et ses deux parents, qu'il n'a pas vus depuis longtemps. Cet échange figure, à son tour, aussi bien l'attente que l'impossibilité de la rencontre compte tenu de l'intensité même de cette attente. Une fois de plus, c'est le regard qui dit tout. On y voit la détresse du père, peut-être plus que de la mère, et la détresse de l'enfant, cet enfant qui était le leur, qu'ils ont perdu et qui est devenu ce grand jeune homme qui leur est étranger. À l'intensité du regard et du contact qu'il crée répond l'absence de contact physique. Tout le monde reste là, planté, sans pouvoir dire un mot, sans pouvoir faire un geste. Et personne n'est dupe. Tous connaissent leurs attentes réciproques, et tous, au fond, savent qu'elles sont trop intenses et qu'il y a trop longtemps qu'elles sont insatisfaites pour qu'il soit maintenant possible d'y répondre. Si l'un faisait un tout petit geste, peut-être se tomberaient-ils tous dans les bras, réalisant ainsi leur vœu le plus cher : se retrouver. Mais chacun doute de l'autre, personne n'a plus confiance, et le miracle n'a pas lieu. Les yeux perdent de leur éclat, et ils se quittent sans un mot, sans un geste pour ne plus jamais se revoir. Est-ce cela qu'ils voulaient au fond ? Mon expérience clinique me fait dire que non. Était-ce une fatalité ? Pas davantage. Il ne faut souvent pas grand-chose pour que les situations basculent dans un sens ou un autre. Une rencontre, un événement, peut provoquer l'enfermement ou offrir une promesse d'ouverture.

L'enfermement résulte souvent de la peur de perdre la face, en « capitulant » le premier, mais aussi de la peur d'être débordé par ses émotions et de s'effondrer. En revanche, tout événement qui peut surprendre et faire tiers aura une valeur d'ouverture et de dénouement potentiel des contraintes qui verrouillent chacun dans sa position, sur son territoire. Les entretiens familiaux, parce qu'ils se font précisément en présence d'un tiers, ont un fort pouvoir mobilisateur dans ces situations de blocage et d'attentes en miroir qui opposent parents et enfants.

Je pense également à un certain nombre d'adolescents, généralement des garçons avec une apparence assez féminine, qui sont dans une grande dépendance affective. La moindre émotion positive, le moindre désir de tendresse, de se sentir proche de quelqu'un, la moindre chance d'être compris et entouré est immédiatement ressentie comme une menace. La psychothérapie révèle les processus associatifs qui accompagnent ces émotions. Pour eux, être ému, c'est *perdre le contrôle* et perdre le contrôle, c'est perdre la maîtrise sphinctérienne, laisser s'épancher ce qui vient de l'intérieur, être troué, le trou étant immédiatement associé à la féminité, à la castration, au sang des règles qui coule, à l'impossibilité de se contenir, ce qui les renvoie à leurs émotions d'enfant. En réaction, on les voit se précipiter dans des idéologies musclées qui sont de véritables passages à l'acte. Ces jeunes gens vont brutalement essayer de rompre, de casser ce qu'il pouvait y avoir de besoin de relation de tendresse en eux, en lien avec leur enfance. Ils se précipitent dans ces idéologies qui ont le culte de la verticalité, de la force virile, où il n'y a pas de creux, pas de trou, où tout est contrôlé et où tout ce qui est de l'ordre de l'accueil, de la réceptivité est assimilé à de la mollesse, du laisser-aller et à une forme de pénétration passive. Mais ce qu'ils fuient en eux, ils sont obligés de le projeter sur autrui, sur cet autre abhorré, mou, sale, impur, métissé... – en somme, celui qui est pourvu de tout ce qu'ils dénient en eux et dont ils ne voient pas qu'il est leur image inversée.

Un sujet divisé

La psychopathologie de l'adolescence montre que les troubles qui apparaissent à cette période de la vie peuvent être analysés sous l'angle de l'expression d'une division du sujet avec lui-même. L'adolescent en grande difficulté va rejeter une part de lui-même, vécue comme une source d'aliénation possible et, par ce rejet, trouver à s'affirmer sous une forme négative qui ne devrait rien aux autres. Ce processus de rejet et de réappropriation par le négatif peut concerner le corps dans son ensemble ou bien seulement une partie du corps, la pensée dans son ensemble ou bien telle fonction ou capacité. Il peut s'étendre en tache d'huile ou se focaliser sur l'élément de départ. Mais il est un point commun à ces différentes manifestations qui autorise à les regarder comme participant d'une même dynamique, c'est que l'élément qui est ainsi attaqué et rejeté est souvent un élément antérieurement investi et qui l'est en raison d'un lien avec un objet d'attachement privilégié. Ce qui est alors rejeté, c'est essentiellement ce lien en tant qu'il est vécu comme la manifestation d'*une dépendance dangereuse* et l'expression d'un pouvoir aliénant.

La perception de ce risque entraîne fréquemment une réponse comportementale à cet âge, même si ce n'est pas, bien sûr, une spécificité de l'adolescence. Par son comportement, il va s'agir de s'opposer aux désirs supposés des personnes investies. Ce qui est important sera d'échapper à l'emprise possible des autres en ne répondant pas à leurs attentes et, surtout, en évitant tout ce qui pourrait être de l'ordre du plaisir partagé. Les conduites d'opposition, si fréquentes à l'adolescence, en sont l'expression la plus évidente. En s'opposant, l'adolescent prend appui sur l'adulte auquel il s'oppose, mais sans avoir à prendre conscience de cet appui et tout en ménageant son narcissisme et son autonomie par l'affirmation de sa différence. Il peut ainsi ignorer la nature du lien qui l'attache aux adultes et développer, au contraire, la croyance qu'il maîtrise ce néo-objet qu'est son comportement, alors qu'en fait, celui-ci est devenu un objet de dépendance de type toxicomaniaque, mais un objet qu'il peut penser garder sous son contrôle et qui a l'avantage d'allier la fonction relationnelle que joue ce comportement et l'assurance pour l'adolescent qu'il lui est toujours possible de le tenir à la périphérie de lui-même, au contact, mais sans pénétration. On comprend mieux alors l'importance de la perception et des données sensorielles : elles permettent à ces jeunes de s'assurer de la présence concrète des autres et du monde extérieur, tout en vérifiant que cet autre qui est à disposition, sous la main, reste aussi toujours extérieur à soi, sans risque de confusion.

Pour un adolescent, l'attitude d'opposition offre un compromis plus aisément négociable entre son désir de proximité et son besoin de se différencier que la prise de conscience et l'aménagement interne de la relation d'ambivalence qu'il entretient avec les adultes. L'espace fait partie de la réalité externe et il est, en tant que tel, sous le contrôle de la conscience, du Moi, de l'action volontaire. En cela, il est à l'opposé de la temporalité, qui renvoie à l'attente, à la passivité, à l'absence de maîtrise. Passivité qui n'est pas sans analogie avec celle du Moi de l'adolescent face aux changements pubertaires qui s'imposent à lui, en même temps que ses désirs et, de façon plus générale, son monde interne. De même, l'infigurabilité de la temporalité renvoie l'adolescent à sa difficulté à saisir sa propre image. Il existe ainsi une opposition dialectique potentielle entre l'espace et le temps comme entre réalité externe et réalité interne. La temporalité est la référence des adultes, qui vont sans cesse l'invoquer face à l'adolescent pour qu'il laisse faire le temps, seul susceptible d'apporter les solutions introuvables sur le moment. À cette invitation à un déploiement dans l'avenir des tensions présentes, l'adolescent va répondre, lui, par un déploiement dans l'espace et par la mise à distance immédiate d'une tension interne que l'attente ne fait qu'exaspérer. Ce que l'adolescence met en scène, c'est bien cette menace du territoire qui est, à mes yeux, la menace essentielle pesant sur un être humain. De façon significative, c'est aussi celle à laquelle répondent les troubles mentaux.

La pathologie : un enfermement dans des comportements appauvrissants

Quand convient-il de parler de pathologie ? La pathologie mentale, c'est l'enfermement dans des comportements répétitifs, qui ne sont ni voulus ni choisis et qui ont en commun d'amputer celui qui en est victime d'une partie de son potentiel. Plus un trouble psychopathologique dure, plus il perd son lien avec les facteurs qui ont favorisé son apparition pour devenir la réponse automatique à toute situation stressante et anxiogène qui menace l'équilibre et déborde les capacités de gestion. En ce sens, la pathologie a bien *une fonction adaptative*, puisqu'elle sécurise, mais l'adaptation qu'elle autorise n'en est pas moins dangereuse, voire inacceptable, puisqu'elle passe par l'affaiblissement des potentialités du sujet, handicapant tout particulièrement l'enfant ou l'adolescent qui est en phase d'acquisitions de ce qui est nécessaire au développement de sa personnalité. C'est en réagissant le plus tôt possible après l'apparition des troubles qu'on a le plus de chances justement d'éviter une évolution vers la pathologie et la répétition de comportements appauvrissants ou carrément destructeurs.

Encore une fois on ne choisit ni d'avoir des troubles ni leur nature, mais quelle que soit la forme qu'ils prennent, ils constituent la réponse que tel enfant, tel adolescent trouve en lui pour faire face à la menace d'être submergé, débordé par des émotions nécessairement négatives telles que la peur, la colère, la rage ou la tristesse. Si cet enfant, cet adolescent avait plus confiance dans les autres et en lui-même, s'il se sentait plus en sécurité, il pourrait sans doute maîtriser la situation autrement, aidé éventuellement par les adultes-ressources présents dans son entourage. Mais il ne peut pas le faire et le trouble s'impose à lui, sans qu'il ait décidé de sa forme, sans qu'il ait choisi de développer un trouble du comportement plutôt qu'une phobie, un TOC plutôt que des troubles alimentaires.

Si le trouble persiste, tout va ensuite concourir à le pérenniser, même si les facteurs initiaux ont disparu, aussi bien l'organisation, sur le plan biologique, des circuits cérébraux de réponse aux émotions que, sur le plan psychologique. Ce qu'on fait nous fait, malgré ce qu'on voudrait être, et il peut même arriver qu'on en devienne prisonnier. Les contraintes biologiques liées à la répétition des comportements ont été largement sous-estimées, comme le sont encore, par certains, le rôle mobilisateur que peuvent jouer des liens de qualité, leur puissance de motivation et même leur capacité de relance des circuits cérébraux appétitifs et motivationnels par la motivation qu'ils font renaître.

Il est primordial de reconnaître le caractère pathologique des troubles que peut présenter un enfant ou un adolescent si on veut pouvoir y répondre et réagir de façon opportune. Si on reprend l'histoire d'Axelle, la jeune fille que j'évoquais en début de chapitre, on peut considérer que son enfermement dans des comportements destructeurs relève d'une pathologie psychiatrique, qu'il s'agit d'une personnalité limite présentant des troubles du comportement avec conduites suicidaires, scarifications, prise de produits toxiques, le tout associé à des conduites d'errance. Comme la plupart des états limites, cette jeune fille manifeste une grande instabilité relationnelle, oscillant entre des moments de grande proximité et des ruptures de contact brutales. L'humeur est instable, avec des passages dépressifs plus importants que les passages d'euphorie et d'excitation. L'impulsivité est majeure, avec des violences verbales, mais aussi physiques, des conduites délictueuses et des passages à l'acte d'ordre sexuel ainsi que des fugues.

La reconnaissance du caractère pathologique des troubles d'Axelle oblige alors à réagir, c'est-à-dire, en premier lieu, à poser des limites pour lui signifier qu'un adulte responsable ne peut accepter qu'elle continue de s'abîmer ainsi. Réagir, c'est aussi ouvrir cette situation en impasse, en affirmant qu'il ne s'agit pas d'une fatalité et en essayant d'en comprendre les raisons. Si on est persuadé que ce n'est pas un choix volontaire, on peut aider cette jeune fille à choisir un autre combat, celui qu'il lui faudra, pour s'en sortir, mener contre une part d'elle-même. Certes, des contraintes d'ordre biologique et affectif pèsent sur son comportement, mais des outils thérapeutiques existent qui sont là pour l'aider à retrouver le désir d'autre chose. Quand on va mal, on a la tentation de s'enfermer dans son malheur afin de s'anesthésier ; quand on se sent un peu mieux, en revanche, renaît toujours la motivation à aller bien. Si personne ne peut se targuer d'avoir la recette permettant d'éviter l'enfermement d'un adolescent dans des conduites destructrices, il est injuste, quelles que soient les causes de sa souffrance, qu'il devienne involontairement son propre bourreau en se privant des apports dont il a besoin pour se développer. C'est aux adultes responsables d'y veiller et, au besoin, de l'en empêcher.

Du pathogène au pathologique

Reconnaître la dimension pathologique d'un trouble, c'est aussi faire comprendre au patient, à sa famille et à la société que les difficultés rencontrées ne sont pas de l'ordre du caprice, de la mauvaise volonté ou de la méchanceté, qu'elles impliquent le soin et la prise en charge par la société et qu'il sera très difficile, voire impossible, d'en sortir sans aide appropriée. Et cela n'est pas contradictoire avec le fait que l'adolescent a son mot à dire et qu'on a besoin de sa motivation personnelle et qu'il se donne lui-même les moyens d'aller mieux. On touche là à un aspect propre au trouble psychiatrique qui le différencie de la pathologie dite somatique. Un trouble psychiatrique concerne toujours les émotions dans leur lien avec la représentation qu'on a de soi-même : on en revient à la fonction adaptative du trouble qui soulage, rassure et redonne une maîtrise sur sa vie, en même temps qu'il appauvrit le sujet. C'est à ce niveau que la représentation de la maladie psychiatrique, l'idée que s'en fait la société, peuvent agir sur la représentation que le patient en a lui-même et sur ses motivations à en guérir. Ce n'est pas à la maladie que le psychiatre s'adresse, mais au sujet que la maladie affecte et abîme. En s'imposant à lui, la maladie altère sa capacité à vouloir s'en délivrer. C'est aux experts à le savoir et à le faire savoir pour permettre aux patients de retrouver cette capacité de se voir eux-mêmes et de prendre de la distance par rapport à leurs émotions et à leurs croyances que ces mêmes émotions contribuent à alimenter. « Ma façon d'être, mes phobies, mon anorexie, mon alcoolisme... Ce que vous appelez ma maladie, c'est à moi » : voilà ce qu'ont tendance à dire tous ceux qui sont sous l'emprise d'émotions qu'ils ne contrôlent pas. Ce n'est pas faux, mais ce n'est pas tout à fait juste non plus. Demandez-leur de se passer de ce qui est ainsi « à eux » pendant quelque temps : ce n'est pas possible ! Il faut chercher à savoir ce qu'on considère comme étant le plus représentatif de soi. Ce ne peuvent être des émotions qu'on n'a pas choisi d'avoir, du moins si elles nous appauvrissent et aliènent notre capacité de choix. On peut choisir d'aller bien ; on ne choisit jamais d'aller mal, même si justement on peut le croire.

Il existe un continuum qui va du pathogène au pathologique. Le pathologique est la réponse à l'excès par un excès inverse : excès des menaces qui pèsent sur le Moi et débordent ses capacités de maîtrise ; excès de la réponse par la fuite en avant, la perte des limites, comme si on faisait siennes cette fuite et cette perte, qu'on se les réappropriait activement pour en faire sa force dans cette recherche d'une maîtrise perdue et d'une rencontre sécurisante, ou bien excès contraire, excès de l'agrippement qui enferme, mais rassure. À la base des excès de la réponse apportée à la menace du Moi débordé, on retrouve les deux principes fondateurs du développement de la personnalité : la continuité et l'ouverture. L'excès de continuité enferme dans l'immobilisme ; l'excès d'ouverture aboutit à la dilution du Moi et de ses limites.

La violence au cœur de la psychopathologie

« Violence : qualité de ce qui agit avec force », dit le Littré. Pourtant, si la force est inhérente à la violence, toute force n'est pas violente. Si on suit cette définition, la violence participe à la vie. Elle jaillit de la force de l'appétence propre au vivant, celle qui mobilise les circuits appétitifs et aversifs. Peut-être serait-il plus juste de réserver ce terme de violence à l'humain qui lui confère une spécificité indéniable ; la conscience que l'homme a de lui-même fait de tout débordement de ses capacités de maîtrise, de tout empiétement sur les frontières de son territoire une violence subie. Mais, en réponse à ces menaces, il est capable d'agir contre lui-même et contre tous les autres, une violence sans limites. Dans le contexte qui nous occupe, celui de l'adolescence, on peut considérer qu'est susceptible d'être ressentie comme une violence toute force qui « agit » l'adolescent. Celui-ci se retrouve, de ce fait, en situation de devenir passif, emporté et dépossédé de lui-même par la force de ses appétits. Cette force n'est pas nécessairement agressive. La violence d'un amour est là pour en témoigner, mais elle est violence parce qu'elle comporte toujours une potentialité destructrice de soi-même, comme de l'objet du désir, en raison du débordement des capacités de contrôle. On peut illustrer cette omniprésence polymorphe de la violence en psychopathologie par les conduites auto- et surtout hétéro-agressives telles que les relations addictives et les relations dites perverses – modalités relationnelles qui, sous des formes différentes, ont beaucoup de points communs, dont celui d'appartenir au registre de l'emprise, donc de s'opposer au plaisir du partage.

Il y a du viol dans la violence. Au-delà de l'étymologie commune, la violence comporte une dimension d'effraction qui fait vivre au Moi un sentiment de dépossession. Cette effraction peut parfois être physique ; en revanche, elle est toujours psychique, car ce qu'elle atteint, c'est la représentation qu'on a de soi-même. Un adolescent qui se sent violenté n'est plus maître chez lui et se vit comme le jouet d'une force qui le dépasse, que celle-ci soit l'œuvre du destin, d'autrui ou de désirs qu'il a du mal à reconnaître comme siens. Dans tous les cas, c'est le Moi la principale victime. Il n'est donc pas étonnant que les affects du registre narcissique, la honte et la rage, soient si fréquemment engendrés par la violence subie. Au fond, ce que l'on ressent comme une violence comporte toujours une dimension meurtrière qui se traduit chez celui qui en est l'objet par le sentiment de n'être plus considéré comme un sujet, un sujet de désir et de jugement. Cet effet de désubjectivation peut exister sans agressivité manifeste ni violence physique. Certaines propositions amoureuses peuvent ainsi être ressenties comme une violence dans la mesure où elles ne tiennent pas compte du désir de ceux ou celles auxquels elles s'adressent et les transforment en objets juste bons à assouvir le désir d'un autre. Or ce qui vaut au niveau des groupes, comme des peuples, vaut aussi sur le terrain individuel, et quelqu'un qui est blessé dans son amour-propre devient dangereux pour lui-même et pour les autres. À partir du moment où l'amour-propre est atteint, où il y a blessure narcissique, la *limite où s'arrêter* devient difficile à trouver. On perd la possibilité de se protéger soi-même, et on peut mettre en jeu ses intérêts et parfois même sa vie plutôt que de céder. Sans s'attarder ici sur les sorties de crise possibles, disons au moins que le recours au tiers et l'introduction d'une médiation sont une des façons de sortir de cette situation s'ils permettent le retour d'un minimum de confiance

La violence agie, ou comment restaurer une identité menacée

Il serait bien sûr caricatural de ramener les situations de violence à une signification unique. Elles sont toujours pluridéterminées, mais il existe une dynamique commune qui peut aider à se repérer. Je l'ai dit, la violence répond à une menace sur l'identité à laquelle elle oppose la possibilité d'une maîtrise, comme l'agrippement chez l'enfant apeuré. Toute violence comporte, en effet, une dimension d'emprise sur l'autre qui répond à l'effraction des limites du sujet. Elle instaure un processus de séparation, de coupure, de différenciation abrupte avec l'autre. Dans tout comportement de violence, il y a une tentative de renversement en son contraire, en particulier une tentative de transformer la passivité en action et de faire subir à l'autre ce qu'on a subi soi-même.

Le comportement de violence réalise en effet un compromis. Donner un coup marque apparemment la différence, l'opposition, mais ce geste témoigne aussi d'une proximité extrême puisqu'il va jusqu'à toucher l'autre, jusqu'au corps à corps. D'ailleurs, les jeux virils, les taquineries, les bagarres sont souvent un moyen pour les jeunes de commencer à négocier leur sexualité, une façon de faire quelque chose qu'on n'oserait jamais faire en dehors de ce cadre, à savoir réaliser une proximité physique, qu'on peut méconnaître dans sa signification réelle de désir de rapprochement, compte tenu de son caractère brutal et désagréable pour l'autre.

Plus qu'à une finalité autodestructrice, les conduites agies répondent à la volonté de défendre, au moyen d'une conduite active de maîtrise, *un territoire narcissique menacé*. Compte tenu de leur dimension négative d'autosabotage, elles donnent un sentiment de maîtrise extraordinaire et peuvent se révéler être des antidépresseurs et des anxiolytiques puissants, au moins pendant un temps. Avoir du plaisir ou réussir demeure de l'ordre de l'aléatoire : on n'en est jamais assuré, on dépend toujours des autres, de leurs opinions. L'échec, au contraire, a ceci de rassurant qu'on peut être sûr du résultat et qu'on ne dépend plus de personne pour y parvenir. C'est l'étudiant qui se dit : « Si je vais à l'examen, je ne sais pas si je serai apprécié, mais, si je n'y vais pas, je ne dépends plus de l'examinateur, c'est sûr, et c'est moi qui maîtrise ce qui se passe. » Le prix à payer peut paraître élevé, mais il me semble qu'il y a toujours dans cette recherche négative la possibilité fascinante d'échapper au pouvoir d'autrui. Le plus tragique dans cette histoire est peut-être que ce soient les adolescents qui attendent le plus des autres, qui se sentent les plus vulnérables, qui sont le plus en demande, qui vont être les plus tentés de répondre par la mise en place de ces conduites négatives qui leur offrent la possibilité d'échapper à ce qu'ils ressentent comme une emprise d'autrui sur eux.

La vie institutionnelle : un observatoire de la violence

Une institution, que ce soit un internat ou un hôpital de jour, concentre une population importante de candidats à la violence, souvent pour une longue période. L'aménagement progressif de leur agressivité et la nécessité d'une contention par le cadre font partie des objectifs incontournables. L'institution présente surtout l'avantage d'offrir un lieu quasi expérimental d'étude des conditions d'émergence de la violence, mais aussi de ce qui est susceptible d'en influencer le cours. Elle permet également de suivre des adolescents dans la durée et de pouvoir observer la répétition de leurs comportements dans des conditions environnementales identiques et en fonction des variations de cet environnement.

Si l'institution est là pour aider les jeunes à trouver d'autres réponses que la violence, elle est aussi susceptible de les confronter à des facteurs générateurs de violence, notamment en ne permettant pas la fuite et en les contraignant à se confronter avec leur entourage. Il y a un jeu de miroir entre le fonctionnement mental de l'adolescent violent et l'institution. La violence provoque l'institution, la déstabilise, met à l'épreuve sa capacité à se maintenir et à être thérapeutique. Mais l'institution est elle-même génératrice de violences, non seulement parce qu'elle impose des liens et des contraintes auxquels l'adolescent ne peut pas échapper par la fuite, mais parce que ses failles et ses dysfonctionnements mobilisent les potentialités de violence du jeune. Ce jeu de miroir et ces effets de résonance témoignent de l'extrême sensibilité des adolescents violents aux variations de l'environnement et, par là même, de leurs difficultés à pouvoir contrôler leurs émotions. L'entourage devient le lieu où se traite ce que l'adolescent ne peut pas contenir et organiser lui-même. Cette dialectique entre un monde psychique interne, le monde des représentations et des symboles capable de penser, d'organiser et de maîtriser les émotions, et le monde de la réalité extérieure, le monde perceptivo-moteur, capable de provoquer ces émotions, mais aussi d'aider à les contrôler, me paraît au centre de la problématique de la violence agie.

Dans un cadre hospitalier, le surgissement de la violence sera perçu par les soignants comme une mise en cause brutale de la qualité du lien relationnel établi ou en train de s'établir. Le plus souvent, cette mise en cause semble inexplicable, voire paradoxale dans la mesure où elle succède à une amélioration de la relation. Les modes que revêt cette violence sont des plus variables selon la personnalité et le contexte. Ils vont des formes les plus classiques – menaces verbales, passages à l'acte et brutalités physiques à l'égard des soignants, du cadre ou de soi-même – jusqu'à des manifestations en apparence bien éloignées de l'expression violente – fugues, ruptures de traitement ou reprise d'une symptomatologie bruyante abandonnée depuis quelque temps, comme des délires ou des hallucinations. Ces différentes manifestations ont pourtant en commun la communauté des circonstances déclenchantes et la brutalité de la remise en cause des liens.

En effet, il est habituel, quand on fait en équipe l'historique de cette rupture ou de cette menace de rupture des liens, d'entendre dire par un ou plusieurs soignants, généralement les plus proches de l'adolescent : « Je ne comprends pas… Il était plus ouvert ces derniers temps… Il acceptait de faire des choses qu'il ne fait pas d'habitude… Il se montrait beaucoup plus bavard qu'avant… Il manifestait un plaisir qu'on ne lui connaissait pas jusque-là… », ou encore : « Il venait de reconnaître l'importance qu'on avait pour lui… » À mon sens, c'est précisément cette perception, plus ou moins confuse, de l'importance prise par les personnes qui prennent soin d'eux qui constitue le facteur déclenchant essentiel de la violence chez ces adolescents, car, pour eux, elle est synonyme de danger. Dans cette perspective, la violence agie, par la menace qu'elle fait peser sur le lien thérapeutique, la perception par le soignant de sa disqualification, de la négation du projet thérapeutique, de son désir de soignant, voire de sa personne, serait le reflet de ce que vit l'adolescent, menacé d'envahissement et de captation par les autres en raison même de son attachement et de l'ampleur du besoin qu'il en a.

On peut retrouver ce genre de passages à l'acte au cours d'un traitement psychothérapique d'adolescent. Il est alors frappant de constater l'écart entre le discours du psychothérapeute qui fait état de l'importance du transfert de son jeune patient, de l'intérêt et parfois de l'abondance du matériel exprimé, et les propos de l'entourage, du médecin généraliste ou des parents, qui insistent, eux, sur la survenue ou la recrudescence de passages à l'acte et de conduites symptomatiques agies. Cet écart entre les points de vue, qui conduit souvent à l'interruption prématurée du traitement, reflète l'incapacité de l'adolescent à contenir les conflits et les contradictions nées de la force de son appétence relationnelle. C'est, en effet, *l'intensité même de la relation* qui rend celle-ci impossible à maîtriser autrement que par des actes qui prouvent le pouvoir du patient, les limites du thérapeute et qui introduisent des tiers, l'entourage inquiet, entre le patient et le thérapeute.

De même, il n'est pas rare de constater qu'une tentative de suicide succède, dans les faits, à la prise de conscience par l'adolescent de l'importance qu'un autre a prise pour lui et de sa dépendance à son égard. La tentative de suicide devient alors le moyen d'attaquer cet autre à travers soi, mais, au-delà, de redevenir en quelque sorte maître de son destin. Il y a dans bien des gestes suicidaires le désir de maîtriser ce qui échappe, de transformer le « je n'ai pas demandé à naître », propos que tant d'adolescents prononcent et qui renvoie fondamentalement à ce sentiment de dépendance et de passivité à l'égard d'un désir parental sur lequel ils n'ont eu aucun pouvoir, en : « Je n'ai pas demandé à naître, mais je peux choisir de mourir. » On voit immédiatement ce que cette conduite négative, ce passage à l'acte, offre de pouvoir quasi démiurgique aux adolescents qui y cèdent. En effet, ils se mettent, par là, en symétrie avec la capacité de donner naissance des parents. Face à ce lien dont ils sont exclus, ils se posent en miroir, avec la capacité de détruire ce que les parents ont construit. Si un adolescent dit à ses parents : « Vous m'avez fait tel que je suis, et je ne me plais pas comme cela... Je suis déçu par ceci, par cela... Mais, bon, je vais vivre avec... », il se place dans la continuité et l'acceptation de son héritage. En revanche, s'il dit : « J'ai choisi de mourir », il introduit une rupture et peut avoir ainsi le sentiment qu'il décide de son destin puisqu'il se différencie radicalement de ses parents et s'y oppose de la façon la plus absolue qui soit.

Une telle violence, violence sans limite qui n'appartient qu'à l'homme, serait-elle la rançon de sa relative liberté ? Je le crois. Il existe un lien très étroit entre cette liberté partielle, la conscience des menaces qui pèsent sur l'identité et la violence. L'apparition de l'espèce humaine a entraîné une dérégulation progressive, par rapport aux autres animaux, dans la recherche de la satisfaction ou l'émergence de la violence. La marge de manœuvre dont dispose l'être humain lui permet de multiplier les perspectives, dans le plaisir comme dans la destruction. Les psychiatres sont bien placés pour savoir que la possibilité de se faire du mal est illimitée. Ils savent aussi que la tentation de la violence, qu'elle s'exerce contre soi ou contre l'autre, est particulièrement forte quand on est adolescent. L'adolescence est un moment privilégié pour *la mise en place de comportements destructeurs*, ce qui ne veut évidemment pas dire que tous les adolescents sont violents et que les adultes ont raison d'évacuer le problème en l'imputant, de façon abusive, à une classe d'âge.

Les conduites addictives

Les addictions sont certainement, parmi les conduites qui concernent la psychopathologie, celles qui interrogent le plus le clinicien sur les frontières entre le normal et le pathologique. Leur situation clé, au carrefour du besoin et du désir, leur confère une position centrale en matière de conduites humaines. Sans doute parce que ce sont les plus intimement liées à cette capacité, propre à l'espèce humaine, de détourner de leurs finalités naturelles un certain nombre de fonctions physiologiques, comme la faim, la soif, la sexualité, la régulation du plaisir, l'alternance tension-détente ou encore la recherche de sensations. Les conduites addictives traduisent la potentialité humaine de se libérer, en partie du moins, des contraintes biologiques et instinctuelles pour s'abandonner à l'excès, à la folie de l'*hybris* si chère aux Grecs. Liberté bien relative et chèrement payée, si on considère qu'elle ne soumet l'instinct et le besoin au désir que pour mieux enchaîner ce dernier à la contrainte de la répétition et à un jeu permanent avec la destructivité et, parfois, la mort.

Cela étant dit, existe-t-il des paramètres communs aux sujets dépendants, et de quelle nature sont-ils ? Vu que toute personne exposée à l'offre d'une drogue, quelle qu'elle soit, n'y succombe pas, quels sont donc les facteurs de vulnérabilité ou, au contraire, de protection ? Quels sont également les facteurs qui entretiennent ces conduites ? Plus précisément, quelles fonctions psychologiques le comportement addictif occupe-t-il dans l'équilibre d'une personne dépendante ? Autrement dit, est-il possible de fonder une clinique de la dépendance qui ne se limite pas au constat descriptif de la prise du produit et de ses variations quantitatives ?

Pour répondre à toutes ces questions, il est important de ne pas s'en tenir aux conduites de dépendance les plus caricaturales – la toxicomanie et l'alcoolisme – et de considérer tout un ensemble de comportements, aux caractéristiques communes nombreuses, qu'on regroupe depuis peu sous l'appellation « nouvelles addictions ». Un tel rapprochement présente l'avantage de se dégager du poids des effets biologiques propres aux drogues ou à l'alcool, qui font passer au second plan d'autres caractéristiques. Dès lors, il devient possible de s'interroger sur la fonction, dans l'équilibre de la personnalité, de cette activité consommatoire et de ce recours spécifique à tel produit ou à tel comportement, sans pour autant méconnaître les effets propres induits par le produit.

Un certain nombre de cliniciens, dont je suis, notamment ceux s'occupant d'adolescents et d'adultes jeunes, ont avancé des arguments incitant à étendre le spectre des conduites addictives au-delà des drogues et de l'alcool. Aujourd'hui, cette extension ne pose plus de problème pour le tabagisme et l'abus de psychotropes, mais elle reste moins largement admise pour un trouble comme la boulimie, incluse pourtant dès 1945 par Fenichel dans les « toxicomanies sans drogue », même si, depuis quelques années, nombre de psychiatres soulignent sa comorbidité avec l'alcoolisme et la toxicomanie, ainsi que son caractère impulsif. Il en est de même pour le jeu pathologique, considéré par beaucoup comme le comportement le plus proche des addictions chimiques, ou encore pour les achats pathologiques encore appelés « dépenses compulsives ». La question est encore plus controversée pour d'autres conduites comme la kleptomanie, ou vol compulsif, la trichotillomanie, ou compulsion à s'arracher les cheveux, la pyromanie, les scarifications, l'anorexie mentale ou certaines tentatives de suicide à répétition chez le sujet jeune. Des comportements comme la quête compulsive de partenaires sexuels, ce que des psychanalystes désignent par le nom de « toxicomanie d'objet », voire des modes particuliers de relation au travail, au sport ou à d'autres formes de quête d'excitation extérieure pourraient aussi, aux yeux de certains spécialistes, être inclus dans les conduites de dépendance. Quoi qu'il en soit, une telle extension témoigne qu'il s'agit plus d'une modalité particulière de la relation de l'homme à son environnement que d'une spécificité liée à un produit ou une conduite.

Il me semble qu'un film comme *Le Grand Bleu*, qu'on dit être un film fétiche pour la jeunesse, est très représentatif de l'addiction. Il est d'autant plus intéressant qu'il n'y a pas de produit chimique impliqué. On y voit un jeune homme qui a plutôt tendance à s'ennuyer et qui ne trouve goût à la vie que dans la pratique dangereuse de la plongée en apnée. Son but est de descendre de plus en plus bas, jusqu'au point où sa tête est prête à éclater, et de remonter, triomphant, en ayant battu un nouveau record. Mais ce record ne le satisfait jamais, il doit toujours être recommencé. La quête de la performance devient alors le but essentiel, la drogue, dans une parfaite représentation de ce que sont la tentation de la fusion et sa conjuration. Car fusionner avec la mer serait en même temps fusionner avec la mort. Perdre ses limites serait mourir, mais on a terriblement envie, en même temps, de se dissoudre, pour ne plus faire qu'un avec ce qui manque, qu'on n'a pas à l'intérieur de soi, qu'il faut aller chercher à l'extérieur. Le challenge devient ainsi d'être plus fort que l'objet qui attire. La douleur, la sensation d'éclatement sont une façon d'être au plus près de cet objet, voire de se l'approprier au moyen de la douleur et de son dépassement. Surmonter le danger rassure le Moi sur ses capacités à triompher de l'objet manquant.

Le problème est qu'une fois sur terre, le héros est triste. Plus il s'est donné des sensations fortes en plongeant sous les eaux et plus les relations quotidiennes lui paraissent manquer de piquant, engendrant une espèce de vide intérieur. Si le culte de la sensation conjure peut-être l'angoisse d'anéantissement et l'angoisse de vide, il ne résout pas le travail d'intériorisation, il ne nourrit pas vraiment. Alors s'instaure un mouvement de Yo-Yo où alterne dépressivité, recherche d'excitation et comportement d'apaisement : on sent le manque et on le conjure par le recours toujours possible à la plongée, l'objet d'addiction. Dans un mouvement de va-et-vient qui n'est pas sans rappeler celui du *Fort-Da* décrit par Freud, mais qui évolue facilement vers l'autostimulation stéréotypée et mécanique des enfants carencés, on recrée ainsi le désir, tout en empêchant, par son contrôle, sa perte dans la satisfaction. Il y a ainsi évitement de la rencontre avec ce qu'on recherche, qui n'est envisagée que sur le mode de la fusion mortifère. À la place, on ne trouve qu'une relation de contact par la sensation qui rompt la solitude, fait percevoir le lien potentiel et assure immédiatement, par la douleur ou la menace qui l'accompagne, que les limites différenciantes sont respectées, que chacun est bien différent de l'autre. La relation d'emprise triomphe, d'autant qu'elle est la condition unique de survie. Ce qui demeure impossible, en revanche, c'est la relation de plaisir partagé. La souffrance du corps, même si elle peut devenir source de jouissance, en est une garantie. Une des façons de sortir de cet enfermement addictif réside alors dans l'introduction d'une relation au tiers différenciateur.

La relation addictive

Que révèle la clinique relationnelle des conduites addictives ? Tout d'abord que la dimension narcissique prédomine en ce sens que l'équilibre de ces sujets demeure largement dépendant de la réalité de leurs relations, de leur qualité et de leur permanence. La relation addictive est donc une relation narcissique, en ce sens qu'elle correspond à une tentative de venir au secours d'assises narcissiques défaillantes ; la façade caparaçonnée mise en place est censée défendre un intérieur menacé d'effondrement si, relâchant la garde, elle laissait filtrer des émotions dans un échange réalité extérieure/monde interne ; d'où l'appui trouvé alors dans les sensations qui servent de barrière corporelle à un envahissement redouté. La relation est toujours dominée par la dépendance à l'égard des personnes investies, mais une relation mal différenciée où l'investissement se fait sur un mode « utilitaire » : en effet il est déterminé par ce que le sujet peut trouver soit de satisfactions possibles à ses besoins, avec une dimension d'étayage anaclitique, soit de résonance avec ses propres problématiques et d'image en miroir de lui-même, les deux dimensions se superposant en général, dans des proportions variables selon les cas, les rencontres et les moments de l'évolution.

En thérapie, comme dans les relations courantes, des traits de caractère et de comportement communs imprègnent fortement les modalités habituelles de relation, dominées par cette dimension narcissique que traduit la quête du regard d'autrui, la fréquence des attitudes en miroir ou leur brusque renversement en leur contraire. Les personnalités dépendantes oscillent entre un placage conformiste et une opposition systématique, souvent d'ailleurs plus passive et insidieuse que manifeste et active, mais toujours au détriment de leurs désirs propres qui demeurent en général flous, contradictoires et largement méconnus d'elles-mêmes. On les voit ainsi passer de la compliance la plus grande à l'entêtement le plus obstiné, parfois jusqu'à la mort, comme l'illustre tragiquement l'anorexie mentale.

Le besoin de dissimulation est habituel et conduit à accomplir en cachette un certain nombre d'activités, en particulier celles qui sont source de plaisir et sont liées à la conduite addictive. Cette difficulté à montrer, on serait tenté de dire à avouer son plaisir s'étend souvent à toute activité qui pourrait être l'occasion d'un plaisir partagé, notamment avec une personne proche, particulièrement investie. Néanmoins, là encore, le comportement contraire n'est pas rare, qui prend alors la forme d'un exhibitionnisme provocant, voire franchement masochique, conduisant à son rejet par l'entourage. La personnalité addictive est une personnalité à facettes, capable de diviser l'entourage à son sujet d'une manière analogue aux divisions internes qu'elle subit de son côté. D'où les mensonges et, surtout, les manipulations qu'on lui associe volontiers. De fait, les sujets addictifs manipulent les autres, comme ils se sont sentis manipulés dans leur enfance et comme ils craignent toujours de l'être. Et ils le sont en effet, mais avant tout par leur dépendance, l'ampleur de leur besoin d'attention et leur attente à l'égard d'autrui.

Leurs premiers contacts se caractérisent par la fréquence d'un emballement relationnel, voire d'un véritable coup de foudre. La facilité de la confidence, dans une apparente proximité relationnelle, abolit les différences et n'a d'égale que l'intolérance à la différence et au conflit, avec un oubli apparent de l'intimité précédente aussi rapide et déconcertant que la familiarité antérieure. On ne peut pourtant pas dire que la relation ne soit pas investie tant l'implication du sujet est souvent massive, mais l'urgence contraignante d'un contact, plus d'ailleurs que d'un lien, prend le pas sur la qualité de la relation. Rien d'étonnant dès lors que la relation ne puisse s'intérioriser ni, de ce fait, s'inscrire aisément dans la durée, puisqu'il y a méconnaissance des qualités propres du partenaire, mais aussi des désirs profonds du sujet, cette méconnaissance renvoyant probablement à une méconnaissance équivalente durant l'enfance, de ses besoins, ses désirs et ses émotions par l'entourage.

Le film *The Hours* en est une illustration remarquable. Le jour de ses cinq ans, un enfant assiste, impuissant, à l'échec de sa mère à réussir le gâteau d'anniversaire qu'elle jette à la poubelle. Le regard de l'enfant, à la fois fasciné et sidéré par le visage figé et les yeux éteints de sa mère montre mieux que tout discours l'ampleur de la catastrophe qu'il vit dans le silence d'un univers douillet. Plus tard, il deviendra le jeune toxicomane qui se jette d'une fenêtre dans le vide, lâché par le désir de vivre comme il s'était senti lâché par sa mère, partie peu après l'anniversaire raté sans même laisser d'adresse. Comment ne pas faire ici référence aux belles pages écrites par André Green sur la « mère morte » ?

Les aménagements pervers de la relation

La possibilité de pervertir un lien me semble au cœur de la spécificité humaine en ce qu'elle représente la défense narcissique par excellence d'un Moi menacé dans ses limites et son identité. En tant qu'utilisation des autres à des fins de maîtrise narcissique, la défense perverse occupe une position intermédiaire entre cette autre réponse à la détresse narcissique que constitue la violence destructrice, de soi ou des autres, et son contraire, l'expansion narcissique positive qui passe par la créativité et la rencontre. La défense perverse est une potentialité qui est toujours, plus ou moins, à la disposition du Moi. Celui-ci sera d'autant plus enclin à l'utiliser qu'il se percevra plus menacé et se trouvera plus fragilisé par des vulnérabilités diverses. Parmi ces sources de fragilité, les expériences à portée traumatique de l'enfance sont susceptibles d'avoir un pouvoir organisateur, en facilitant l'agrippement défensif à des éléments du monde perceptif pour contrevenir la menace de débordement par l'angoisse et la peur.

Une question se pose alors : qu'est-ce qui permet à cette potentialité perverse de se concrétiser ? Les points d'accrochage sur lesquels va s'exercer l'emprise perverse sont variables et, en fait, conjoncturels. En effet, c'est la conjonction des différentes contraintes qui pèsent sur le sujet alliée au contexte dans lequel il évolue qui vont conditionner l'expression de la défense perverse. Souvent c'est un abandon brutal ou un empiétement tout aussi brutal sur le territoire d'un enfant ou/et d'un adolescent, qui vont les contraindre à se protéger contre les émotions provoquées en s'agrippant de manière défensive à un détail perceptif et sensoriel du contexte. Enfin, l'importance de la conjoncture vient souligner le rôle déclenchant des événements et de l'actualité personnelle, familiale et sociale et le pouvoir révélateur et organisateur des rencontres avec des personnes comme avec des produits. Tout cela témoigne de leur grande sensibilité aux aléas de la relation avec l'environnement, à l'image que celui-ci leur renvoie d'eux-mêmes ainsi qu'à son rôle de soutien narcissique.

Les aménagements pervers confèrent à la relation des caractéristiques spécifiques qui plaident en faveur de contraintes sous-jacentes communes. La relation perverse se présente comme une contrainte à laquelle le Moi peut difficilement résister et avec laquelle il peut apparaître en accord. Il n'est pas rare d'ailleurs que ces sujets confortent ce sentiment en idéalisant le comportement pervers, voire en développant une action prosélyte en sa faveur. À partir du moment où une telle conduite émerge elle deviendrait la norme et il faudrait en convaincre les autres… Mais que ce soit l'expression d'un choix ou, du moins, d'une libre adhésion à ce qui serait la nature profonde du sujet, est contredit par le caractère contraignant de la pratique, quels que puissent être les risques qu'elle entraîne, fût-ce sur un plan légal. Une relation ou une pratique perverse se présente toujours comme une nécessité et même souvent comme une urgence, sinon à la réaliser dans l'immédiat, du moins à l'imaginer et à la préparer. Une fois programmée, tout retard, tout obstacle devient intolérable et peut déclencher des crises de rage et des réponses violentes, parfois même dangereuses. L'intolérance à l'attente, à la contrariété, à la moindre anicroche susceptible de déranger un tant soit peu le plan tel qu'il a été anticipé est remarquable. Elle est l'expression du caractère contraignant de la conduite, et témoigne de la menace de désorganisation qui pèse sur le Moi si tout ne se déroule pas comme prévu. C'est particulièrement vrai pour les perversions sexuelles qui tentent de substituer à la relation émotionnelle imprévisible la rigidité intangible de la chose matérielle et du contrat. L'accès au plaisir et à l'orgasme y est conditionné par la réalisation du cadre perceptif qui met en scène le fantasme pervers. Ce cadre se caractérise par sa rigidité, son caractère intangible et l'on sait les états de rage ou de détresse parfois meurtriers que peut déclencher le moindre accroc au scénario. La fixité de celui-ci et la dimension de contrat passé entre le pervers et son partenaire a été souligné par de nombreux psychanalystes et par un auteur comme Deleuze dans son essai sur Sacher Masoch.

Il n'est pas surprenant que l'ensemble de ces conduites dominées par *le besoin d'emprise* aient en commun de mettre en difficulté la démarche psychothérapique. Elles la mettent en difficulté profondément, dans sa finalité même, qui est de faciliter la pensée associative pour que le Moi du patient puisse aborder des aspects méconnus de lui-même, généralement douloureux et conflictuels, en s'appuyant sur le lien établi. En effet, que constate-t-on en pratique ? Que ces sujets sont spontanément peu demandeurs d'une telle démarche ; que, lorsque celle-ci peut se mettre en place, ils n'ont de cesse de l'attaquer soit en interrompant le traitement, soit en le disqualifiant en installant un clivage entre la démarche psychothérapique qui se poursuit sans apporter de changements notables et la pratique addictive qui persiste inchangée, voire s'aggrave. Il en est de même du travail d'élaboration. Celui-ci peut donner le sentiment d'avancer rapidement, avec parfois des capacités apparentes de compréhension impressionnantes, mais qui ne changent rien au comportement et plus encore paraissent glisser à la surface du Moi sans s'ancrer en profondeur. Il suffit d'une réflexion inappropriée, d'une attitude inopportune, d'une variation de la distance relationnelle due à une soudaine complicité ou à ce qui est ressenti comme de la froideur ou de l'indifférence de la part du thérapeute, pour que tout l'acquis semble disparaître. Il peut s'ensuivre une rupture, un désinvestissement durable du lien ou, au contraire, une urgence à rétablir au plus vite le contact perceptif avec l'objet.

Cette urgence rappelle, par son intensité, l'angoisse qui souvent précède les séparations, que cette angoisse soit perçue et reconnue en tant que telle, ou qu'elle se traduise par le brutal effacement de tous les bons moments partagés face à ce drame qui se joue ici et maintenant, celui d'une perte inéluctable. Dans un collapsus du temps qui, bien entendu, fait écho au collapsus de l'espace interne, la durée et le passé se trouvent ainsi abolis au profit de la seule acuité du moment de séparation. On peut y voir le reflet de racines infantiles, tant le comportement est proche de celui du petit enfant confronté à un détail perceptif (le coin cassé du gâteau sec, le verre qu'il n'a pas choisi pour boire, le énième baiser refusé avant la séparation pour le coucher…) qui le renvoie à son impuissance à maîtriser le cours des choses. Chez ces sujets, le drame, c'est que l'ouverture à la relation fait resurgir les émotions liées aux expériences traumatiques passées et aux attentes déçues qui étaient méconnues tant qu'ils pouvaient nier l'importance de leurs besoins affectifs.

CHAPITRE 7

PRENDRE SOIN DES ADOLESCENTS

ENTRE TRAITEMENT ET ÉDUCATION

« Dans la vie, il n'y a pas des solutions.
Il y a des forces en marche : il faut les créer et
les solutions suivent. »
Antoine DE SAINT-EXUPÉRY, *Vol de nuit.*

Charles a dix-neuf ans et vient accompagné de ses deux parents. Il a accepté cette consultation après des mois de tergiversations, ses parents n'osant pas lui en imposer la démarche. Par le passé, il y a déjà eu quelques consultations psychiatriques et deux ébauches de psychothérapie, mais elles ont tourné court, car, au-delà de deux ou trois semaines de suivi, Charles ne souhaite jamais continuer. J'apprends que Charles a « eu » sa première consultation à quinze ans, soit quatre ans plus tôt, quand il a commencé à ne plus travailler à l'école et qu'il s'est replié sur sa bande de potes, les retrouvant après l'école, puis, pendant presque tout le week-end. Chaque fois que Charles a laissé tomber la psychothérapie, personne ne s'y est opposé ou ne l'a questionné sur les raisons et le bien-fondé de cet abandon. Il a laissé tomber les consultations comme il a laissé tomber tous ses autres centres d'intérêt. Comme il s'est, aussi, laissé tomber lui-même, entretenu en cela par le sentiment de « lâchage » qu'il éprouvait de la part de son entourage, de ses parents en particulier. Une fois de plus, on retrouve ici ce comportement paradoxal, propre à tous les adolescents prisonniers de conduites d'autosabotage, qui consiste à fuir, parce qu'ils le redoutent, ce à quoi ils aspirent le plus, en l'occurrence : qu'on s'occupe d'eux et qu'on les aide à réussir. Charles l'affirmera d'ailleurs quelques semaines plus tard lors d'un entretien familial avec toute la candeur provocante dont ces adolescents sont parfois capables. Alors que son père lui exprime, avec beaucoup d'émotion, son affection, il lui rétorque avec une violence qui est à la mesure des attentes qu'il nourrit à son endroit : « Et pourquoi tu n'as pas vu que je me droguais avec mes copains, alors ? » « Mais je te faisais confiance, répond son père, et puis, je ne pouvais pas savoir… » Et le fils de rebondir immédiatement : « Tu n'avais qu'à regarder mes yeux, mais tu avais trop peur. Trop peur de les voir et de comprendre… De toute façon, tu n'as jamais été fichu de me donner une gifle… » « Je n'ai jamais battu mes enfants, en effet… », confirme le père qui s'entend aussitôt répliquer : « Mais gifler, ce n'est pas battre ! » Bien sûr, ce n'est pas la gifle en tant que telle qui était attendue ici. Si elle avait été donnée, il n'est pas sûr qu'elle n'ait été perçue comme une violence intolérable et la preuve d'une totale incompréhension, surtout dans le contexte actuel. Mais ce qui est réclamé ici, c'est la capacité du père à contenir celui qui reste, bien qu'adolescent, son enfant et qui, comme tel, aspire, parce qu'il sait qu'il est sur une pente glissante, à être tenu avec force et arrêté dans sa dérive angoissante. C'est cette même limite et cette même contenance qu'on apporte à l'enfant qui se roule par terre de rage, quand on le tient fortement et tendrement dans ses bras le temps qu'il se calme ou à celui qui boude dans son coin et qu'on va prendre dans les bras, malgré ses premiers refus.

Le groupe comme substitut maternel

Mais plus il a besoin d'un tiers, d'une figure paternelle, pour le tirer en avant jusqu'à ce statut d'adulte qu'il souhaite acquérir, et plus l'adolescent se sent en position d'attente passive face à ce père ou ce tiers, ce qui sexualise cette relation et la maternise en quelque sorte. Pour éviter de tomber ainsi de Charybde en Scylla, il va alors chercher une échappatoire auprès de son groupe de « potes », lequel peut se révéler un bon soutien pour avancer ou, au contraire, favoriser la régression, surtout s'il est composé d'autres adolescents insécures, en proie aux mêmes peurs et aux mêmes attentes, lesquelles vont inévitablement se renforcer. De porteur, le groupe risque alors de devenir enfermant, ses membres s'agglutinant et se cramponnant les uns aux autres pour se sécuriser. Un ghetto se forme, en marge des adultes, sans apprentissages valorisants ou susceptibles de donner confiance. Cette enclave régressive donne l'illusion d'une maturation et d'une apparente autonomisation par rapport au milieu familial, alors qu'elle permet avant tout le retour à un substitut maternel. La marginalisation de l'adolescent le grandit à ses yeux, alors qu'elle l'infantilise en réalité. Cette régression sera considérablement renforcée par la prise de haschich, dont l'un des effets est d'abraser tout ce qui pourrait faire limite et différencier les conflits comme les désirs. C'est là le grand danger du haschich, il amollit et rend inconsistant. La béatitude léthargique qu'il procure finit même par étonner certains de ces adolescents qui reconnaissent regretter de passer tant de longues soirées ensemble sans que rien ne se passe ou que rien ne se dise, dans une sorte de vide qui n'est pas sans rappeler le rassasiement du bébé après le biberon.

La déception : un cancer de l'esprit

Forcément, le réveil est douloureux parce qu'il confronte à une réalité d'autant plus pénible qu'elle a été fuie plus longtemps et que cette fuite durable a aggravé la désadaptation de l'adolescent qui se sent de moins en moins pourvu des compétences nécessaires pour faire face et qui doute de ses capacités. L'instabilité et l'agressivité dominent les moments sans haschich. Ce sont surtout les parents, et plus particulièrement la mère, qui en font les frais parce qu'ils demeurent les supports d'un attachement privilégié et que l'adolescent sait qu'il les déçoit et qu'il le comprend. Cette déception, le haschich, comme toutes les drogues, permet de l'oublier. Le cercle vicieux est ainsi enclenché, et qui peut le briser ? Déçu de se montrer aussi décevant, aux yeux de son entourage, mais aussi aux siens, Charles ne trouve plus à quoi ou à qui s'accrocher. Alors à quoi bon ? La déception, ce cancer de l'esprit qui, comme celui-ci tire sa force de la vitalité de ce qu'elle va détruire, l'envahit et elle le ronge d'autant plus qu'il était plus en attente d'une valorisation, d'un intérêt qui lui serait porté et dont il ne parvient pas à se sentir porteur. Quand il se regarde dans le miroir de ses valeurs bafouées, il ne trouve plus rien qui vaille la peine. Alors ?

Alors on est devant le spectacle attristant d'une dérive douce. Vers quoi ? Nul ne le sait précisément, tout reste possible, mais tout devient de plus en plus difficile. Le convoi des vivants passe et Charles se sent et se sait de plus en plus dépassé. Une partie de ses amis, peut-être faut-il dire déjà de ses anciens amis, a entrepris des études supérieures, alors qu'il triple sa terminale. Ils découvrent le monde, sortent, font des voyages, ont des liens affectifs variés. C'est le cas de son frère et de sa sœur aînés qu'il admire et envie, mais qu'il se sent de moins en moins capable de rejoindre dans le succès. Eux, vivent ; lui se sent croupir dans sa tanière comme un animal blessé. L'a-t-il choisi ? Certainement pas. Cela correspond-il à un quelconque désir ? Pas plus. En tire-t-il des satisfactions ? Pas vraiment. Il s'enferme dans un état qui le protège de la souffrance qui naîtrait de sa confrontation entre sa vie et ses envies, de l'écart entre celles-ci et la réalité présente.

Pendant la première consultation, j'écoute longuement les parents exposer leur situation, leur désarroi, leur peine, mais aussi leur sentiment d'impuissance devant leur fils. Ils me parlent des démarches déjà entreprises, de leur échec ; ils me racontent l'histoire de la famille, leur histoire ; ils m'exposent comment ils comprennent ou ne comprennent pas ce qui se passe, quelles sont leurs attentes. Tout cela se passe bien sûr en présence de leur fils, qui est parfois pris à témoin et qui écoute ce qui se dit de lui. C'est à mes yeux un point essentiel quand rien ne va plus entre des parents et leur enfant : que l'adolescent entende ce que ses parents ont à dire de lui, leurs attentes, leurs inquiétudes, comment ils le perçoivent. C'est pourquoi je demande toujours, aux deux parents si possible, d'accompagner leur adolescent à la consultation et de parler en premier, puisque, le plus souvent, ce sont eux les premiers demandeurs. Si c'est l'adolescent, il peut, bien sûr, être reçu seul, mais il est souhaitable d'avoir le plus rapidement possible un contact avec les parents. Ce contact devient indispensable quand les troubles sont importants et ont des répercussions sur la santé et le comportement de l'adolescent.

Aller mal est une demande

Pour moi, comme pour l'équipe avec qui j'ai longtemps travaillé, savoir s'il faut attendre qu'un adolescent fasse personnellement une demande de soins pour intervenir est un faux problème. En effet, la demande est présente dans le simple fait d'avoir des difficultés suffisamment importantes pour empêcher de se nourrir de ce dont on a besoin pour développer ses potentialités, ses compétences et pour s'épanouir, qu'il s'agisse de nourriture du corps, ou de nourriture de l'esprit par les apprentissages et la sociabilité. Les parents ont non seulement le droit, mais aussi le devoir, d'imposer une consultation devant l'apparition de telles difficultés et ce tant que leurs enfants, même majeurs, vivent sous le même toit qu'eux et demeurent dans une certaine dépendance, notamment matérielle, à leur égard. À partir du moment où existent des difficultés notables de cohabitation, il est normal que les parents puissent en parler devant des tiers susceptibles de les aider à trouver des solutions, quitte à ce que ce soit finalement, eux, les parents qui apparaissent comme la source essentielle des problèmes. La consultation familiale est le minimum exigible. L'exigence d'une thérapie individuelle est, par contre, à évaluer en fonction de la gravité de la situation et de la capacité de choix et de jugement de l'adolescent.

Quoi qu'il puisse en dire, la mobilisation de ses deux parents est toujours gratifiante pour l'adolescent. Celle du père compte particulièrement, parce qu'elle est plus exceptionnelle. Elle acquiert par là plus de valeur, témoignant non seulement de l'intérêt qui est porté à l'adolescent, mais de l'importance de cet intérêt qui passe avant le travail ou les loisirs. Ce que dit le père fait exister l'adolescent et lui renvoie une image de lui-même, à laquelle il n'est pas obligé d'adhérer, mais qui l'aide à se percevoir et à se différencier. C'est toujours plus facile d'apporter nuances et contradictions à un portrait de vous que d'avoir à se décrire et à parler de soi tout seul, surtout quand on a peur d'être débordé par ses émotions et qu'on se sent pris dans ses contradictions. C'est pourquoi, j'y insiste, il me paraît toujours préférable de faire parler les parents en premier. Cela évite également le désagrément de se voir contredit par ses parents dans un second temps et de paraître avoir menti ou omis l'essentiel.

Après les avoir bien écoutés, je prie ainsi les parents de Charles de me laisser seul avec lui. Je lui demande alors de réagir à ce qu'il a entendu et de me donner sa version à lui de ce qui se passe, en précisant que le contenu de son témoignage restera confidentiel et que ses parents n'en sauront que ce qu'il voudra bien leur en dire, lui. En l'occurrence, Charles n'a pas grand-chose à dire. Il est d'accord avec l'histoire qui a été racontée par ses parents, et les difficultés qu'ils ont évoquées sont bien les siennes, même si elles ne semblent guère le concerner. Je prends le parti, assez spontanément d'ailleurs, face à son apparente indifférence, de lui renvoyer une image dramatisée de lui-même et de son évolution et je lui dis avec une certaine vivacité comment je le vois et comment je comprends ce qui se passe. J'insiste sur l'absence de choix, sur le fait qu'il est prisonnier de cet engrenage, sur la déception, la sienne d'abord, mais celle des autres aussi qui vient l'aggraver, sur le fait que la déception est toujours à la mesure de l'intensité des attentes et que je suis certain de la force de ses attentes, comme je suis certain que tout reste ouvert et qu'il n'y a pas de fatalité à demeurer dans une situation où finalement personne n'est heureux ou même satisfait, surtout pas lui.

Il paraît touché par mes propos. Pour marquer cette volonté de rupture et de changement, je lui propose, comme je le fais souvent dans de tels cas, d'entrer pour une semaine, renouvelable trois fois, dans le service d'urgences pour adolescent, afin de couper avec ses « potes », la prise pluriquotidienne de haschich, mais aussi avec sa famille ; d'en profiter pour faire le point avec lui-même, sur sa situation ; d'élaborer, enfin, un projet de suivi et de reprise d'activité scolaire ou professionnelle.

Charles accepte. Je fais revenir ses parents et leur résume ce qui vient d'être dit. Ils se montrent un peu sceptiques devant les bonnes résolutions de leur fils, mais acceptent à leur tour. Le jeune homme entre dans le service et s'y montre, après quelques jours, transformé, actif, coopératif, bien décidé à reprendre sa scolarité, à passer son bac et à faire des études. Comme souvent, quelques jours de sevrage complet de haschich ont suffi pour qu'il se sente libéré, comme s'il sortait d'une sorte d'état second hypnotique. Charles a l'impression d'être redevenu comme avant, avant de prendre du « H », et d'avoir retrouvé le plaisir des choses simples : jouer aux cartes, faire des blagues, participer aux sorties, aux activités… Ce sentiment de sortir d'un cocon, de récupérer des envies, de retrouver de l'intérêt et du plaisir à échanger avec les autres et à participer à des activités communes est fréquent après quelques jours de sevrage complet. La difficulté est de faire en sorte que cet état persiste, une fois qu'on a regagné son environnement habituel.

Le référent : un soutien de la motivation de l'adolescent

Pour cette raison, un suivi cadrant de prise en charge multifocale est mis en place à la sortie de Charles. Il repose sur un médecin référent, si possible celui de la première consultation, qui est le garant du projet thérapeutique et, de ce fait, le soutien de l'image de l'adolescent et de son narcissisme. Ce médecin référent personnalise le projet de soin ; il en assure la continuité et la cohérence en coordonnant les différents moyens et outils thérapeutiques, sans négliger la relation avec les parents. On propose à Charles un suivi régulier tous les quinze jours environ par le référent, alternant avec un échange mensuel où les parents seront également présents. La dimension psychothérapeutique des entretiens vise surtout à *soutenir la motivation* de Charles, tout comme la prescription de l'antidépresseur déjà administré pendant l'hospitalisation. Une thérapie familiale avec un thérapeute spécifique est également préconisée ; elle commencera effectivement quelques mois après la sortie de l'hôpital.

Depuis, Charles a passé son baccalauréat et a commencé des études universitaires dont le manque de cadre le déconcerte. Il s'est éloigné de ses « potes » sans rompre totalement et s'est fait de nouvelles relations. Tout n'est pas joué, mais il y a une ouverture indéniable. Surtout Charles a repris confiance en ses possibilités d'entreprendre et de réussir. S'il sait qu'il lui est possible d'être content de lui et d'avoir des plaisirs nourrissants, il sait aussi que le découragement peut facilement ressurgir, qu'il tolère mal les déceptions et qu'il demeure hypersensible aux réactions des autres à son égard et à leur éventuel désintérêt pour lui. C'est cette vulnérabilité affective et ce risque de défaillance narcissique avec perte de motivation que la relation avec le référent s'efforce de contrôler. Rien ne pourra se faire si sa motivation à se donner les moyens d'aller bien ne se maintient pas. Qu'est-ce qui la soutiendra ? C'est la motivation des adultes qui nourrit le plus la motivation des adolescents. Charles connaît sa vulnérabilité et sa capacité à perdre confiance. Le savoir est une force. Sera-t-elle suffisante ? Nul ne peut en décider pour lui. Mais Charles connaît également notre confiance en lui et il a lui-même expérimenté la confiance retrouvée. Et toute expérience vécue nous construit en bien comme en mal. Ayant connu l'un et l'autre type, ce jeune homme sait que les deux sont possibles, mais que l'une est plus gratifiante que l'autre.

D'une conduite pathogène à un état pathologique

Charles entre-t-il dans un cadre pathologique ? Ce qui est certain, c'est qu'il était sur une voie pathogène. La rapidité de sortie est en faveur de l'absence de pathologie organisée, mais quelle est l'ampleur de ses vulnérabilités ? Il y a la vulnérabilité certaine de ses assises narcissiques, de sa sécurité interne, même si elle constitue aussi une force potentielle, dans la mesure où elle accroît sa sensibilité, sa réactivité à l'environnement et, donc, sa capacité d'ouverture, qu'elle l'oblige à se construire en permanence, à travailler et à se montrer créatif pour lutter contre l'effondrement qui menace l'image qu'il a de lui. Il y a sa vulnérabilité biologique à l'anxiété, à la dépression et peut-être aux angoisses psychotiques, toujours soupçonnées de se tapir derrière les pertes massives de motivation. Ces vulnérabilités, le haschich est susceptible de les faire flamber, provoquant alors le débordement de ses capacités de maîtrise. Les vulnérabilités biologiques et les vulnérabilités liées au défaut de sécurité interne et de confiance se renforcent inévitablement l'une l'autre, cependant que la prise de « H » contribue à brouiller les cartes. Il est donc difficile de savoir à l'avance ce qui va être facilité par l'usage des psychotropes et ce qui est susceptible d'être mobilisé par des moyens purement relationnels.

La présence de signes cliniques manifestes et durables de dépression ou de troubles psychotiques nécessite la prescription de psychotropes. En leur absence, en revanche, on commence toujours par les moyens purement relationnels, et c'est devant l'absence ou l'insuffisance d'évolution qu'on propose à l'adolescent, avec l'accord de sa famille, de faire l'essai d'un traitement psychotrope et d'en apprécier les effets avec lui après quelques semaines de traitement. Les résultats sont évalués ensemble et, en fonction de ceux-ci, on convient de continuer ou bien d'adapter les doses, de changer de produit, d'associer deux psychotropes différents mais complémentaires ou encore d'arrêter.

C'est ce qui s'est produit avec Charles. Après quelques jours d'hospitalisation et de sevrage, il se sentait devenir très irritable, avec l'envie de tout casser et d'envoyer promener tout le monde. Il percevait bien que cela s'imposait à lui et pouvait lui faire rater ce qu'il avait entrepris de faire : se soigner. C'était cela son choix profond et c'était ce choix que son irritabilité impulsive était susceptible de remettre en cause. Une nouvelle rupture aurait fourni un argument supplémentaire pour tout laisser tomber, s'enfoncer de nouveau dans l'inaction et reprendre la consommation de cannabis. C'est ce qui a déclenché l'administration de l'antidépresseur qui a un effet apaisant sur ce type d'irritabilité, laquelle traduit souvent l'intolérance à la perception d'un vécu dépressif. En diminuant ce risque, on abaisse le seuil d'irritabilité. La prescription du psychotrope a aidé Charles à poursuivre son engagement de soin.

Un an après, Charles a souhaité conserver son médicament qui le sécurise et dont l'arrêt peut, en effet, être rapidement suivi d'une reprise de l'irritabilité et de l'impulsivité. Le jeune homme n'est pas devenu dépendant de l'antidépresseur pour autant. Toute ma pratique m'a prouvé que, là où il n'y a pas de pathologie de l'humeur avérée, on peut arrêter ce type de médicament quand on a retrouvé plus de stabilité et de confiance en soi, même s'il faut parfois quelques années. Dans le cas de Charles, l'irritabilité et le manque de contrôle étaient favorisés par le haschich. Le psychotrope prescrit a ainsi pris le relais du « H » et joué la même fonction apaisante, mais sans créer de dépendance et, surtout, en permettant le développement des compétences personnelles et la valorisation de l'image de soi.

De quel soin s'agit-il ?

De quel soin s'agit-il et s'agit-il même de soin dans le cas de Charles ? Quel diagnostic peut-on, en effet, porter sur l'état de ce jeune garçon ? On peut invoquer un trouble de la personnalité avec toxicomanie au « H », c'est vrai, mais certains arrivent à mener une existence épanouie même avec ce trouble et ont même, en raison de leurs vulnérabilités, des vies particulièrement riches et créatives. Quant au « H », sa prise ne signifie pas pour autant qu'on est malade, même si c'est un signe de malaise réel. Alors, qu'est-ce qui, dans l'histoire de Charles, pose problème et risque de devenir pathologique plus ou moins rapidement ? Les conséquences négatives de sa conduite, et ce sont elles qui dictent le traitement. Les soins concernent, en effet, les potentialités pathogènes de son comportement : chute de rendement scolaire ; déscolarisation partielle ; coupure progressive des relations avec les parents et avec le monde adulte en général ; repli sur le groupe de copains qui se marginalisent ; prise croissante de « H »...

La réponse fait appel ou, du moins, devrait faire appel, à des mesures de prévention secondaire, ces mesures que l'on prend lorsque des difficultés existent déjà. Ce sont des mesures d'ordre éducatif qui posent des limites, ouvrent le dialogue ou modifient le cadre de vie : inscription dans un internat, soutien scolaire, participation à des activités de groupe animées par des adultes... Toutes ces mesures étaient encore possibles il y a dix ou vingt ans. Elles restent encore envisageables dans certains milieux. Dans le cas de Charles et de bien d'autres adolescents aujourd'hui, elles sont strictement impossibles en raison du contexte culturel dans lequel évoluent les protagonistes. « Il n'en est juste pas question », aurait probablement répondu Charles à toute éventualité de ce genre, et il aurait été plus que probablement entendu. Le fait que ces mesures éducatives puissent être considérées comme des violences faites aux adolescents est tellement intégré à la culture et à la morale ambiantes qu'elles sont effectivement perçues comme des violences inacceptables. Mais où est la violence ? Dans les mesures proposées ou dans une évolution qui n'est ni choisie ni même acceptée par Charles ? Il faut souvent, et encore cela ne marche pas toujours, la caution médicale, pour que ces mesures soient acceptées, ou bien la caution judiciaire, s'il y a danger majeur pour l'enfant lui-même ou pour autrui, ou bien s'il y a un comportement illégal, et la prise de drogue peut en être l'occasion.

Actuellement, l'autorité parentale ne fait plus autorité. Elle a perdu sa fonction tierce et sa fonction de limite, qui se trouvent déléguées à la médecine et à la justice. Avec l'autorité s'est également perdue la fonction de protection et de vigilance, ainsi que la capacité d'attention et de soin concernant le bien-être, notion difficile à définir et trompeuse s'il en est, mais aussi le développement des compétences de l'enfant. Or ces fonctions sont tellement nécessaires que, chassées de la famille et de l'école, elles sont réapparues au niveau de l'État à travers le plan de « veille éducative ». Mais cette autorité-là, pour être exercée, a besoin d'être personnifiée par une figure humaine de proximité, et c'est ainsi qu'on en est venu à proposer le maire lui-même qui, à son tour, a délégué le rôle à une instance inévitablement plus anonyme. En dernier recours, qui reste-t-il aujourd'hui sinon les juges et les médecins, notamment les « psys » ?

Cette autorité est d'autant plus perdue que chacun la croit perdue. Je suis persuadé que si le père de Charles avait eu davantage confiance en son pouvoir moral et avait cru davantage en son droit de refuser de laisser quelqu'un qu'on aime s'abîmer, son fils en aurait été soulagé et il aurait sans doute accepté certaines mesures, infléchissant progressivement son comportement. Cette gifle qu'il a reprochée à son père de ne pas lui avoir donnée dit combien Charles a manqué d'une attitude paternelle ferme et déterminée, combien il a attendu que son père lui crie : « Stop, maintenant, ça suffit ; ce n'est plus possible de continuer ce gâchis. Je t'aime trop, tu m'es trop précieux pour que j'accepte que tu continues ainsi… » S'abîmer d'une façon ou d'une autre, ne pas prendre soin de soi est toujours une façon de crier à ceux qui vous aiment et qu'on aime : « Regardez-moi, je vais mal. Occupez-vous de moi ! » Et plus on tarde à réagir, plus il est difficile à l'adolescent d'accepter de recevoir ce qu'il a attendu pendant trop longtemps.

La violence d'une attente sans réponse

La prise de conscience de cette attente qu'ont les adolescents envers leurs parents m'a amené à demander de plus en plus régulièrement aux jeunes que je recevais ce qu'ils feraient si c'était leur fils ou leur fille qui se comportait comme ils le font. Le plus souvent, la réponse fuse comme ce cri du cœur d'une jeune file de dix-sept ans avec un parcours très proche de celui de Charles : « Oh, mon Dieu, je l'en empêcherais ! » Comment imaginer que ce qu'elle pense faire pour ses enfants, elle ne l'attende pas de ses parents ? Cette jeune fille voulait devenir assistante sociale et s'occuper d'enfants africains à l'abandon, mais elle est restée sans voix, des larmes dans les yeux, quand je lui ai demandé ce qui l'empêchait de prendre soin d'elle. Comme pour tant d'autres, envisager de s'occuper d'elle, c'était ouvrir toutes grandes les portes derrière lesquelles se cachaient sa détresse et l'immensité de ses attentes. Que se passerait-il si le barrage venait à céder ? Elle en pleurait d'avance, et préférait le reste du temps ne pas y penser… Une autre jeune fille, anorexique cette fois, appelle un jour le standard au cours d'une émission à la radio où j'interviens. Elle dit qu'elle pèse vingt-huit kilos pour un mètre soixante-douze, qu'elle commence ce qu'elle appelle son « repas boulimique » qui va durer deux heures et qu'elle vomira aussitôt après. Elle a cette voix lente et désarticulée des jeunes filles en détresse physique. Alarmé par son timbre et par ce qu'elle me dit – si c'est vrai, et il y a tout lieu de la croire, son état peut la conduire à une mort soudaine à tout moment –, je demande qu'on coupe la retransmission pour qu'elle me donne le numéro de téléphone de sa mère avec qui elle vit et qui est au travail. Elle accepte. La mère en pleurs me confirme la gravité de l'état qui évolue depuis deux ans après une hospitalisation vite interrompue à la demande de sa fille. Comme je m'étonne qu'on la laisse ainsi, la mère me répond que sa fille lui a fait promettre de ne plus jamais l'hospitaliser. Et le faire, m'explique-t-elle, scrait la trahir. Mais sa fille vient tout de même de parler à la radio, pour ne rien demander de précis, mais pour dire l'essentiel : qu'elle va mourir. Qu'est-ce donc si ce n'est pas une demande ? Dans quel monde vit-on ? Quel est notre aveuglement si on ne voit pas que c'est un appel à l'aide ? On appelle une ambulance, elle est conduite aux urgences de l'hôpital. Elle est tellement mal que les urgences ne peuvent la garder et la dirigent vers un service de réanimation spécialisé dans la dénutrition, notamment des anorexiques. Quinze jours plus tard la mère, tout en me remerciant, me demande ce qu'elle doit faire. Sa fille, qui va un peu mieux, mais reste encore très faible, souhaite sortir : sa chambre d'hôpital ne lui plaît pas. Que doit-elle faire, accepter ou la maintenir hospitalisée ?

Que peut bien signifier l'hésitation de cette mère ? Que le plus important, à ses yeux, est que sa fille n'ait pas de reproches à lui faire et, surtout, qu'elle ne puisse pas penser qu'elle l'abandonne. Bien sûr qu'elle ne veut pas que sa fille meure ! Il n'y a pas à invoquer de pulsion de mort dans ces situations de détresse ultime. Le sentiment de débordement et d'impuissance qu'elles suscitent est tel que la mort y est vécue comme une fatalité terrible qui nous confronte au comble de l'impuissance. Mais si elle est impuissante à l'aider, cette mère tient toutefois à ce que sa fille sache qu'elle aura toujours été à ses côtés, attentive à répondre à ses souhaits, refusant de lui faire violence en lui imposant quoi que ce soit. L'angoisse d'abandon qui ronge cette femme, sa détresse, sa solitude sont évidemment renforcées par l'absence du père avec qui il n'y a plus aucun contact depuis de nombreuses années. On peut aussi penser, sans grand risque de se tromper, que ce besoin de « coller » aux désirs exprimés par son enfant se nourrit de la culpabilité d'avoir raté quelque chose dans l'éducation qu'on a donnée, puisqu'on en est arrivé là. Tous les parents dont l'enfant présente des difficultés psychoaffectives et se met en échec ou, pire, se laisse mourir de faim, pensent ainsi.

La peur, moteur de la destruction

Que trouve-t-on derrière le comportement de cette fille et de cette mère ? La peur. Cette peur, chacune l'éprouve devant cet engrenage dont on ne voit pas le sens, que personne ne contrôle et qui conduit vers une mort que personne ne souhaite. Chacune sait, sent, devine que l'autre l'éprouve aussi et qu'elle le terrifie, ce qui en redouble immanquablement la force par un jeu de miroirs. Mais comment réagir ? En s'accrochant et en s'accrochant d'autant plus fortement qu'on est plus désespéré à ce qui est à portée de main et qui résiste : son anorexie et sa mère pour la fille ; sa fille et les personnes qui tentent de la soigner pour la mère. Mais si la fille refuse ce que conseillent ces personnes, l'hospitalisation en l'occurrence et un suivi médical, que peut encore faire cette mère ? Comment pourrait-elle ne pas être perdue, et son enfant avec elle, surtout si l'origine des problèmes rencontrés est, comme notre société aime à le répéter, dans cette souffrance propre à l'adolescence ? Que faire, en effet, devant quelqu'un qui souffre, non pas tant physiquement que psychiquement, sinon le plaindre, compatir, l'entourer ? Comment lui *imposer des mesures* qu'il ne souhaite apparemment pas ? Comment accepter de rester un peu en retrait pendant les quelques jours ou semaines d'hospitalisation ? Que les choses soient bien claires, je ne doute pas une seconde de la souffrance de cette jeune fille et de bien d'autres adolescents en difficulté. En revanche, il est important, je crois, de dire combien cette souffrance, incontestable, n'est pas seulement, à ce stade, le résultat de ce qu'ils auraient subi passivement. En effet, ces jeunes sont devenus les acteurs d'un destin négatif qui les conduit à l'exact opposé de leurs aspirations. Ils souffrent de la violence, des contradictions de leurs désirs, et des déceptions qu'ils pourraient engendrer. Il est essentiel de le savoir et de le faire savoir si on veut aider les parents à accepter l'intervention de tiers dans ces situations de grande urgence afin que les dispositifs de soin, qui vont aider leurs adolescents à réaliser leurs véritables aspirations, puissent être mis en place.

L'impasse de l'attachement fusionnel

Cette jeune fille, anorexique, dont je viens de parler est un concentré de toutes les contradictions adolescentes. Elle ne peut pas se nourrir, mais fait des crises boulimiques plusieurs fois par jour. Elle interdit à sa mère de suivre les avis de médecins qui veulent l'hospitaliser, mais elle téléphone lors d'une émission de radio sur le sujet et n'émet aucune opposition quand je lui dis que je vais envoyer une ambulance à son domicile pour l'hospitaliser. Sa seule réflexion, quand je lui demande le numéro de téléphone de sa mère, est : « J'ai peur que cela lui fasse peur. » On nage en plein paradoxe, et cette jeune fille peut en mourir. Comment l'amour peut-il conduire à de telles impasses ? Parce qu'il est confondu avec la fusion et parce qu'il correspond à une relation en miroir : on répond aux attentes supposées de l'autre… En réalité, aimer cette jeune fille qui ne se nourrit plus, c'est d'abord prendre les mesures nécessaires pour qu'elle vive et qu'elle puisse progressivement construire les objectifs de sa vie. Ce n'est pas coller à ses peurs, mais avoir confiance dans sa capacité à les dépasser. Mais mère et fille ont perdu cette confiance, il ne leur reste que l'agrippement l'une à l'autre, ce qu'elles font avec l'énergie du désespoir. Pourtant, dans le refus anorexique de la fille, il y a aussi le refus de cet agrippement et la violence de l'appétit pour une vie qui serait la sienne. Encore faut-il qu'on le comprenne et qu'on l'entende. Encore faut-il, pour qu'elle vive cette autre vie, qu'on lui en donne les moyens, qu'on l'autorise à le faire, qu'un tiers y croie et croie en elle, qu'il ouvre la porte de la maison et l'emmène ailleurs, dehors. Un peu comme aurait fait ce père longtemps attendu et qui n'est jamais venu.

L'amour est cette nourriture indispensable à l'être humain qui lui permet de s'épanouir et d'acquérir une confiance suffisante pour tolérer une certaine solitude, qui ne soit pas l'isolement, et risquer une certaine déception en s'ouvrant aux autres. L'excès d'attachement et l'agrippement sont pathogènes dans la mesure où ils expriment moins l'amour que la peur de la séparation, comme si l'absence de confiance annulait toute possibilité de retrouvailles. En revanche, reconnaître sa peur dans l'attachement qu'on porte à un autre non seulement permet de faire de vrais choix, mais, au prix d'un effort sur soi, parce que la peur ne doit pas empêcher l'amour, de laisser l'autre prendre ses distances et parfois même l'obliger à le faire. C'est toujours cette distance qui aide un adolescent à se réapproprier les ressources que sa famille lui a léguées et à faire la preuve, hors du regard et de la protection de ses proches, qu'il les possède désormais et qu'il peut exister et se développer par lui-même grâce à cet amour dont il s'est nourri. C'est pourquoi il est si important, face à un enfant et, plus encore, un adolescent qui cesse de se nourrir, de marquer son refus, tout en discutant du problème et de ses possibles raisons, et d'introduire les changements nécessaires à la reprise d'échanges nourrissants.

Soigner, mais en vue de quels changements ?

On ne peut jamais tout comprendre en psychologie. Je ne sais pas si c'est regrettable mais, en tout cas, c'est incontestable. On ne peut comprendre que ce qui est de l'ordre de la maîtrise, de la contrainte. Ces contraintes se manifestent par la force qu'elles exercent et les effets qu'elles induisent. Qui le souhaite peut vérifier de façon quasi expérimentale ce qui déclenche leur force, en diminue l'impact ou les annule définitivement. Par exemple, la privation de relations d'échanges et de plaisir provoquera, chez un bébé, des réactions en chaîne : au retrait succéderont le désespoir, l'apathie, puis l'autoagression, avant que la reprise de relations n'atténue ces réactions et, éventuellement, ne les fasse disparaître. De la même façon, une dépression sévère, avec ses contraintes biologiques, induit des réactions constantes et stéréotypées, que les mesures thérapeutiques feront disparaître ou limiteront considérablement. Il n'en va pas de même avec ce qui relève du plaisir, du bien-être, de l'épanouissement ou de la motivation. L'alchimie y est ici bien plus complexe, qui fait intervenir une multiplicité de facteurs, plus ou moins déterminants. On peut certes essayer de créer un réseau de facteurs dont on estime qu'ils auront des effets motivants et favoriseront les changements positifs, mais le résultat demeure incertain, notamment le moment de sa survenue. Je l'ai dit, déplaisir et échec peuvent toujours être obtenus ; en revanche, le plaisir partagé et la réussite sont plus aléatoires. Cet aspect aléatoire est d'ailleurs essentiel pour l'émergence d'un intérêt et d'un plaisir partagés sans enjeu de pouvoir et de menace narcissique sur le territoire de chacun. Toute certitude en ce domaine serait de l'ordre de l'emprise.

Reprenons l'histoire de Charles. Sans doute ce jeune homme a-t-il été sécurisé par la première consultation, car il s'est détendu, il s'est ouvert, ce qui lui a permis d'accepter les soins et d'en bénéficier. Étant donné que c'est l'objectif essentiel de toute consultation, il est toujours important de saisir les facteurs qui peuvent le favoriser. Dans le cas de Charles, le premier de ces facteurs a été la mobilisation de ses deux parents, bien décidés cette fois à tout tenter pour arrêter la dérive inquiétante de leur fils. Cette mobilisation leur a probablement permis de trouver des mots plus forts, plus justes, qui ont touché leur garçon en lui faisant sentir à la fois l'intérêt et l'affection qu'ils lui portaient, mais aussi leur désarroi et les limites de ce qu'ils pouvaient accepter. Ce contexte porteur a facilité mon intervention qui allait dans le même sens, mais qui, venant d'un tiers inconnu, était plus acceptable, ne serait-ce que parce que mon « ça ne peut plus durer » pouvait aussi relever d'une décision médicale. Le deuxième facteur de mobilisation est lié aux conditions et au déroulement de mon intervention. Mon travail a sans aucun doute été rendu plus facile par l'empathie réelle que j'éprouvais pour ce jeune homme et ses parents, l'enthousiasme devant tant de qualités incontestables de Charles le disputant chez moi à la tristesse face à tant de gâchis. Réconforté par la tonalité de mes propos, Charles est sorti de son indifférence au cours d'un entretien. Sa situation, ce qu'il s'infligeait et ce qu'il infligeait à ses parents ont commencé à l'attrister, tandis que renaissait en lui un certain appétit pour l'avenir entretenu par le constat que j'avais établi sur ses atouts, mais aussi ses ambitions cachées. Ce mouvement d'ouverture, et c'est le troisième facteur probablement, a été soutenu par des mesures concrètes, en particulier l'hospitalisation. Si Charles a été pris au mot, il a aussi été, et je crois que c'est déterminant, pris en main totalement, pendant deux semaines. Deux semaines qui lui ont permis d'observer, par lui-même, que des changements étaient possibles, comme l'arrêt du « H », la reprise d'activités ou la fin d'un sentiment de torpeur aigu, et que finalement de tout cela il était plutôt satisfait.

L'absence de motivation n'est pas une absence de demande

La démarche de soin, telle que je la conçois, se fonde sur une expérience qui a guidé toute ma carrière, à savoir que l'absence apparente de motivation chez un jeune n'équivaut pas à une absence de demande de sa part. Serait-on en présence d'un refus que les adultes auraient, à mon sens, dans ce rejet de toute aide un motif supplémentaire pour porter cette demande à la place de l'adolescent, voire d'intervenir pour exiger la mise en place de soins. Un comportement d'échec cache toujours une blessure, mais aussi l'attente d'un changement. Or, plus quelqu'un est en difficulté, plus il s'est construit dans l'opposition et le repli, et moins il a conscience de cette attente, qui existe toujours, mais qui est devenue impensable, car ne pas y penser évite d'en souffrir. On comprend que, dans ce genre de configuration, la demande ne puisse venir que de l'entourage. C'est donc aux plus proches que revient cette tâche, d'abord en étant suffisamment à l'écoute des difficultés de l'adolescent, en y réagissant et en posant des limites – pas question de continuer dans cette voie destructrice et appauvrissante –, puis, si nécessaire, en servant de relais entre le jeune et d'autres tiers, plus extérieurs et plus à même, parce que moins engagés affectivement, de faire renaître cette motivation que les attentes déçues et les conflits antérieurs ont amoindrie ou totalement anéantie. Cela dit, *l'engagement des proches* est et demeure fondamental pour la mise en œuvre et le maintien du processus de soin. C'est cette motivation des intervenants, parents ou professionnels du soin, qui, dans le cas de Charles, est venue suppléer à la motivation, encore très virtuelle, de cet adolescent en difficulté et qui constitue le fil rouge reliant les trois facteurs que j'évoquais plus haut et qui ont eu un effet mobilisateur.

Être motivé pour motiver l'adolescent

Est-ce donc le rôle du soignant que d'être ainsi motivé pour son patient ? On peut être motivé pour s'occuper d'un patient, c'est pour le moins souhaitable, mais peut-on être motivé à la place de ce patient ? Ma réponse est oui et que non seulement on le peut, mais on le doit. Ce qui m'autorise à dire cela, à partir de mon expérience personnelle, c'est tout ce que l'on sait des conditions nécessaires au bon développement de l'enfant et des raisons de son échec éventuel. Un enfant, comme tout être vivant, naît prédisposé à la rencontre et à l'échange. J'ai dit le rôle essentiel du regard pour que cet échange soit vivant et nourrissant, la nécessité, la vie durant, de cet appui qu'offre le regard d'autrui, mais aussi les valeurs et les croyances que l'on partage avec lui. Comment imaginer aider un adolescent qui a perdu jusqu'au désir de ce regard si, à aucun moment de son parcours, il ne sent qu'on porte sur lui un regard motivé ?

Motiver un adolescent par *l'intérêt qu'on lui porte* plutôt que par la compassion, lui permettre de vivre des relations et des expériences nouvelles, parfois en les lui imposant ; lui faire expérimenter les ressources qui sont les siennes et les plaisirs qu'elles lui procurent : tel est l'objectif prioritaire du thérapeute. Bien sûr, une rencontre motivante n'est pas maîtrisable. Elle dépend de trop de facteurs que ni l'adolescent ni le thérapeute ne contrôlent. Les éléments perceptifs jouent en particulier un rôle important : le cadre, mais aussi l'apparence physique, le sexe, l'âge, la tonalité de la voix, la poignée de main, le regard et toutes ces autres données sensorielles auxquelles tous les insécures, tous les dépendants à l'environnement sont si sensibles. La représentation *a priori* que se fait un adolescent de son interlocuteur et la valeur qu'il lui prête sont bien plus déterminantes que ne le pensent l'adolescent et, souvent aussi, son interlocuteur. Et ici, une idéalisation minimale, qui soit soutenante pour le narcissisme de l'adolescent, est absolument indispensable. Évidemment, ces différents éléments seront largement conditionnés par le poids des expériences antérieures et la propension de chacun à les répéter en les projetant sur un nouveau venu. Néanmoins, l'insistance mise sur le passé et l'importance de cette relation de « transfert » fait actuellement sous-estimer la sensibilité des adolescents au nouveau et à la surprise, cette « chatouille de l'âme » dont parle avec bonheur Daniel Marcelli. Or, incontestablement, en thérapie, le nouveau est plus important que le passé, qu'il s'agit de reconnaître pour pouvoir, non pas l'oublier, mais cesser de s'y agripper. S'accrocher à du nouveau est même d'autant plus important pour pouvoir reprendre pied que le passé pèse lourd. Et il sera bien temps d'y revenir après, quand on se sentira moins enfermé et que le retour de l'espoir et de la confiance permettra de croire que tout n'est pas répétition dans la vie.

Si être motivé pour motiver un adolescent n'implique évidemment pas de créer les conditions d'un attachement, il faut tout de même reconnaître qu'il n'y a pas de lien possible sans attachement. Pour ma part, il me semble qu'un attachement, appuyé sur un intérêt manifeste pour l'adolescent et sur la mise en valeur et l'expérimentation par l'adolescent lui-même de ses ressources et de ses capacités d'intérêt et de plaisir, me paraît moins dangereux qu'un attachement qui enfermerait le jeune dans la prise en compte prioritaire de la répétition transférentielle du passé. C'est avec la confiance retrouvée, avec un minimum de sécurité et de revalorisation de soi, qu'il sera ensuite possible de comprendre comment le nouveau est négativement parasité par les résurgences d'un passé difficile, mais dans des conditions telles que les expériences nouvelles et positives permettent de relativiser le poids de ce passé et son caractère de fatalité.

Par ailleurs, le caractère bifocal ou plurifocal du traitement peut contribuer à éviter une relation d'attachement au thérapeute qui présenterait un caractère excessif d'agrippement ou de dépendance, comme dans les thérapies qui n'en finissent jamais. Ce qu'on a appelé les « réactions thérapeutiques négatives » en offre une expression particulièrement paradoxale. Le patient se plaint de l'absence d'efficacité du traitement, laquelle, cependant, justifie sa poursuite puisqu'il ne va pas mieux et ne peut donc se passer de traitement. Cela, on peut l'éviter ou, du moins, le limiter, si le thérapeute référent, organisateur du projet thérapeutique et garant de sa cohérence, laisse à d'autres thérapeutes le soin de la psychothérapie, qu'elle soit analytique, comportementale ou systémique.

Dans tous les cas, le meilleur garant de la bonne distance avec l'adolescent demeure ce qui se passe dans la tête du thérapeute et le fait qu'il est au clair avec les raisons qui lui font adopter un style de relation plutôt qu'un autre. En ce qui me concerne, ces raisons sont avant tout liées à ma compréhension de ce qui constitue les lignes de force sous-tendant le développement de l'enfant et de l'adolescent ; j'en ai parlé amplement dans ce livre. Au-delà, figurent inévitablement l'engagement plus personnel de chacun, ses croyances et ses valeurs. Notre façon d'être, de nous exprimer et, plus largement, de nous manifester dépend de notre personnalité, laquelle entre nécessairement en résonance, positive ou négative, avec la personnalité de l'adolescent. C'est d'ailleurs parce que toute rencontre entre un adolescent et un adulte a une portée éducative et une valeur de modèle qu'il est devenu de plus en plus évident, pour moi, au fur et à mesure que ma carrière avançait, qu'on ne peut pas laisser de côté ce à quoi on croit en tant qu'homme, ce pourquoi on fait le métier qu'on fait et, plus encore, la façon dont on le fait. Bien sûr, il n'est pas question de s'épancher, de faire des confidences ou même d'en parler comme je le fais ici. C'est plus simplement, et plus discrètement, s'autoriser dans sa façon de s'exprimer, notamment lors du premier entretien, et celui avec Charles en est un bon exemple, à laisser transparaître ce qui constitue pour soi, en tant que professionnel et en tant que personne, les points forts de la vie et les arcs-boutants qui font que l'édifice tient.

Un « psy » n'est donc pas seulement un expert qui donne son avis. Un « psy » est aussi un homme dont l'expertise garantit qu'il a les moyens d'aider cet adolescent à être plus épanoui, plus libre, plus heureux. Beaucoup d'adolescents m'ont demandé : « Pourquoi voulez-vous qu'on vive autrement ? Qu'est-ce que cela peut bien vous faire ? », « Pourquoi est-ce que vous vous intéresseriez à moi ? », « Est-ce alors que vous m'aimez ? » Mon engagement, comme celui de nombre de mes collègues thérapeutes, ne se situe pas au niveau de l'amour. Il est de l'ordre de ce que j'appellerais la « solidarité du vivant ». Les médecins sont souvent engagés dans des actions présentant des enjeux vitaux qui dramatisent la relation de soin. Ce qui est particulier en psychiatrie, et plus encore quand elle traite d'enfants et d'adolescents, c'est-à-dire d'individus dont la personnalité est en développement, c'est que le patient est susceptible d'adhérer à ses troubles comme s'ils étaient l'expression d'un choix qu'il a fait, de voir dans le refus de ces troubles par son entourage un refus de la personne qu'il est et, du coup, de considérer les propositions de soin comme des menaces pesant sur son identité. Malentendu tragique et ô combien attristant pour l'adulte ou le thérapeute en face en face qui mesure tout ce qui ne va pas, toute l'énergie perdue, les relations gâchées, les comportements qui vont à l'encontre de ce qu'on serait pourtant si content de vivre si on pouvait l'accepter, si la confiance revenait.

Comment transmettre ce qu'on sait ? Comment redonner envie ? Comment recréer la motivation qui manque ? « Il suffit de vouloir », disent parfois les adultes exaspérés par l'entêtement inébranlable que mettent les adolescents à refuser ce qu'on leur propose. Les adolescents manqueraient-ils de volonté ? Ils semblent plutôt ne pas avoir envie d'être volontaires, et cela change tout – on est prêt à faire des sacrifices quand cela en vaut la peine. C'est en cela que les adolescents nous touchent, parce qu'ils nous renvoient le miroir du gâchis possible de la vie, alors que rien ou si peu dans la vie n'est vraiment irrémédiable. Leur échec nous touche, non parce qu'il serait en partie nôtre, ou qu'il nous affecterait, comme il affecte leurs proches, mais parce que quelque chose de l'éclat de la vie « s'assombrit » chaque fois que la destructivité l'emporte sur la créativité. La vie, comme l'envie de créer, le plaisir partagé, la liberté et je crois qu'on peut ajouter, comme la démocratie, sont fragiles. Ils ne reposent que sur la capacité que les hommes ont de faire confiance, de se faire confiance. Tout ce qui vient fragiliser cette capacité renforce inévitablement l'insécurité, le doute, la menace et redonne ses chances à la tentation de l'emprise mortifère. Y résister est un acte volontaire et, donc, fatigant, toujours à recommencer.

C'est le propre de certains métiers, ceux que Freud jugeait impossibles, d'y résister. La motivation de ceux qui les exercent et, donc, la mobilisation des valeurs qui leur servent de référence conditionne, en miroir, ceux à qui ils s'adressent. Dans tous ces métiers – ceux de parent, d'enseignant ou… de psy –, la dimension éducative est au premier plan, qui sollicite l'attente et la capacité à recevoir. Rien d'étonnant dès lors qu'ils activent *les paradoxes propres à la relation de dépendance* et qu'ils paraissent relativement imprévisibles quant à leurs résultats, puisqu'ils reposent sur cette qualité relationnelle qui n'est pas maîtrisable à l'avance. Cette qualité relationnelle dépend du regard que l'adulte porte sur l'enfant ou l'adolescent, mais aussi des valeurs qui sont les siennes. On sait qu'un adulte motivé a plus de chances d'être suivi que celui qui ne l'est pas ou ne paraît pas l'être. C'est ce qui explique aussi que toute méthode nouvelle, éducative ou thérapeutique, donne plus de résultats les premiers temps que lorsqu'elle est généralisée et banalisée…

Le soin : restaurer la continuité et l'ouverture nécessaire au développement

Le soin en psychiatrie repose sur les mêmes principes que ceux nécessaires au développement, à savoir : la continuité du lien, condition de sa fiabilité et de l'émergence d'une relation de confiance ; les limites posées aux comportements d'opposition et de destruction de ce qui est nécessaire au développement des ressources de l'adolescent et à sa valorisation ; enfin, l'ouverture à des liens nouveaux qui s'interposent en tiers entre les objets d'attachement principaux, les parents en général, et l'adolescent lui-même. Ces principes guident l'établissement du cadre de soin et son maintien dans le temps. Plus les troubles sont importants, c'est-à-dire plus ils débordent les capacités de contenance de l'adolescent, mais aussi de ses parents, et plus le relais doit être pris par le cadre soignant. Ce sera le rôle du psychiatre référent de l'évaluer, d'adapter les réponses aux besoins et d'en suivre l'évolution. Le référent assure la continuité par la permanence de son regard sur le suivi de l'adolescent. Il aide au maintien des limites en soutenant les parents et en s'appuyant sur les différents outils thérapeutiques qui vont de l'hospitalisation aux diverses formes de psychothérapie en passant par les médicaments. Il garantit l'ouverture par sa présence qui fait tiers par rapport aux parents, mais aussi par la délégation de thérapies spécifiques à d'autres thérapeutes et par la prescription d'activités et de soutien social ou scolaire qui interviennent alors en tiers par rapport à lui.

Un même thérapeute peut assurer tous ces rôles. C'est souvent le cas, ne serait-ce que parce qu'on n'a pas le choix. Cela suppose que l'adolescent seul ou aidé par ses parents, mais encore faut-il qu'il l'accepte, ait une capacité de contenance et de contrôle de lui-même suffisante. Dans le cas contraire, on assiste souvent à une multiplication désordonnée des actions de soin, au coup par coup, ce qui aggrave les troubles et, plus grave encore à mes yeux, brouille les objectifs, déçoit l'adolescent et ses parents et fait perdre confiance dans le processus de soin. L'absence d'un regard cohérent et clairement exprimé sur le sens de la démarche de soin et ses objectifs est une fragilisation supplémentaire pour l'image de l'adolescent et de son narcissisme, car elle ne lui laisse que ses troubles comme point de repère et objet d'agrippement. On peut alors observer une effarante multiplication des intervenants, très coûteuse à tout point de vue et, plus qu'inefficace, franchement pathogène. C'est d'autant plus vrai si personne n'ose *endosser la responsabilité de la conduite des soins* et des mesures à prendre, parce qu'il ne se sent pas la légitimité de le faire et qu'il craint, en outre, d'empiéter sur le territoire des autres intervenants. Il arrive qu'on se retrouve ainsi à la fois en manque de moyens pour assurer la qualité et le suivi de soins concrets et paralysé par le nombre d'intervenants possibles.

Soigner, mais jusqu'à quand ?

Ma réponse est claire : on soigne toujours le temps nécessaire, nécessaire pour qu'un adolescent ne soit plus limité, osons le dire handicapé, par ses symptômes et ses troubles du comportement. Le critère est toujours la capacité de l'adolescent à développer les ressources qui lui appartiennent et à se valoriser, en fonction de la réalité du potentiel qu'il présente, ce qui n'est pas toujours facile à évaluer, et de la nature des difficultés qu'il rencontre. La chronicisation des troubles commence quand on a renoncé à les atténuer ou à les faire disparaître si c'est envisageable.

La prolongation des troubles ou leur reprise après une amélioration a pour effet de tester la détermination des parents, mais aussi des thérapeutes, à poursuivre la démarche de soin et leur confiance dans les capacités de l'adolescent à évoluer positivement. Cette mise à l'épreuve du soin est très habituelle au début d'un traitement. Les adolescents dénient tout intérêt à la démarche thérapeutique et dénigrent le thérapeute, attendant que la réponse vienne des parents. Ceux-ci ont trop souvent tendance à prendre ces critiques au pied de la lettre, soulagés, au fond, de penser que ce n'est pas si grave et que leur adolescent va s'en sortir tout seul. Jusqu'à ce que l'aggravation conduise à un nouveau thérapeute, qui subit le même rejet, puis à un autre, et que tout le monde soit découragé. Il y a toujours intérêt à persévérer dans ce qui est entrepris, la continuité étant le meilleur chemin vers le retour de la confiance. Il est certes plus facile de changer de thérapeute que de changer soi-même, mais il faut savoir que disqualifier un traitement, c'est toujours donner une prime à la poursuite des troubles.

Le temps nécessaire pour aller mieux

Marie a débuté une anorexie mentale sévère à dix-sept ans. Elle a été suivie en thérapie bifocale par un médecin somaticien tandis qu'elle poursuivait une psychothérapie avec moi. Elle a dû être hospitalisée à trente reprises pour ses pertes de poids, tandis que se poursuivait sa psychothérapie interrompue seulement par ses hospitalisations. Après dix années de suivi, une indéniable amélioration psychologique et une reprise de poids qui semble se maintenir, elle me dit un jour : « Je ne suis plus anorexique. Je ne comprends pas comment on peut être anorexique. Je le voudrais que je ne le pourrais plus ! » De fait, cette jeune femme n'a plus jamais été anorexique. Elle s'est épanouie dans son métier, s'est mariée et a eu plusieurs enfants pour qui elle a pu craindre une anorexie à l'adolescence. Mais ils continuent d'aller bien, comme elle. Certains cliniciens parlent pourtant d'anorexie chronique au-delà de cinq années d'évolution… Inversement, d'autres jeunes filles dont l'anorexie ne paraissait pas trop sévère ont cessé d'être suivies assez vite. Elles le souhaitaient fortement et n'étaient plus en danger physiquement, même si elles restaient trop maigres et conservaient un comportement anorexique. J'en ai revu certaines récemment, après vingt ans de recul et même trente-cinq pour l'une d'elles. Elles présentaient clairement une anorexie chronique, c'est-à-dire, outre l'amaigrissement et la persistance de la conduite anorexique, une organisation essentielle de leur vie et de leurs intérêts autour de la nourriture et de l'image de leur corps. Elles étaient conscientes de ce rétrécissement et de cet appauvrissement de leur existence, mais ne pouvaient rien y changer. L'une d'elles a même prononcé cette phrase terrible : « Ma vie s'est arrêtée à vingt-cinq ans… » C'est cela la chronicité, et je regrette qu'on n'ait pu continuer à se battre pour qu'elles reprennent une alimentation et un poids normaux. La pression des soignants pour la disparition des troubles est une source d'angoisse et de conflits avec ce type d'anorexiques, mais c'est aussi ce qui maintient l'échange, et qui autorise l'expression de leurs peurs par d'autres moyens que cet enkystement mortifère dans leur comportement et leur corps. Mieux vaut se battre avec d'autres que seul avec soi-même.

Cela, Richard l'a compris. Il est hospitalisé à dix-huit ans pour des angoisses massives et des épisodes d'agitation avec manifestations agressives envers les autres, puis rigidification du corps – ce qu'on appelle catatonie en psychiatrie. Les séances d'électroconvulsivothérapie qu'il a dû suivre ont eu des effets bénéfiques spectaculaires, comme cela est habituellement le cas. Ces épisodes psychotiques de type schizophrénique ont également nécessité un traitement neuroleptique, important au début, puis décroissant après quelques années. J'ai suivi ce jeune homme pendant et après son hospitalisation, assurant à la fois la prescription des médicaments et l'ouverture psychothérapique. Il a pu poursuivre des études relativement satisfaisantes et trouver, après quelques années instables, un travail qui lui convenait et où il pouvait utiliser ses talents artistiques indéniables. Après une dizaine d'années, j'ai demandé à ce que le suivi soit assuré par quelqu'un d'autre, pensant que l'ouverture à un tiers et à un autre regard serait un facteur de progrès. Richard s'est montré très réticent, mais il a accepté à condition de pouvoir garder un contact avec moi et me voir s'il en ressentait le besoin. Les années ont passé. Sa vie s'est écoulée de façon plutôt satisfaisante grâce, en particulier, à un réseau d'amis qui lui sont restés fidèles. Il a changé trois ou quatre fois de thérapeute, tout en maintenant le lien avec moi. Je suis ainsi devenu pour lui une « personne-ressource » dont l'accueil toujours possible rassure. Pouvoir s'assurer de ma présence le rassurait et lui offrait cette sécurité qu'il ne trouvait pas à l'intérieur de lui, notamment quand ses émotions, qu'elles soient positives ou négatives, menaçaient de le déborder.

Richard est revenu me voir récemment. Il partait à la retraite et désirait faire le bilan de sa vie. En fin d'entretien, il m'a confié : « Finalement, même si je me sens un peu trop seul, ma vie est plutôt réussie… » C'est vrai, c'est même incontestable quand on sait ce que sa vie aurait pu être avec des troubles comme les siens. Que cet homme, que j'avais connu jeune, ait été dépendant pendant une grande partie de son existence du lien qui nous unissait, c'est certain, mais devais-je pour autant suspendre toute relation avec lui, alors que cette dépendance était nourrissante et non pas pathogène ? Au nom de quoi ? Qui d'entre nous n'a pas besoin de personnes référentes sur lesquelles s'appuyer à plus ou moins de distance ? Que cette relation se soit inscrite dans un cadre médical est finalement assez naturel au vu de la réalité de la pathologie que présentait cet homme. La refuser aurait entraîné, en outre, un risque de rupture et de désorganisation dans le rapport qu'il entretenait avec lui-même. Peut-on parler d'aliénation ? Je ne pense pas, ce serait plutôt le contraire, puisque ce lien a permis à Richard de s'engager dans des activités sans trop en avoir peur. La précarité de sa sécurité interne a été compensée par la fiabilité de la relation de soin. C'est aussi cela le soin en psychiatrie. Cette confiance partagée l'a aidé à trouver une certaine confiance en lui et à savoir à qui s'adresser quand il se sentait menacé par le retour de l'angoisse. Cet homme a également appris, après quelques années de suivi, à reconnaître les signes avant-coureurs d'un risque de débordement et à ne plus en avoir peur, grâce à cette garantie contre l'angoisse de l'inconnu et de l'imprévisible que constitue le recours possible à une « personne-ressource ». Chacun de nous a besoin, de temps à autre, de refonder ses motivations pour les renforcer. Ce ressourcement peut se produire à l'intérieur de nous, s'appuyer sur les croyances qui sont les nôtres, mais il peut aussi nécessiter périodiquement une « relance » par le regard d'un autre, seul capable de nous redonner envie d'y croire. Ceux qui n'ont pas pu se nourrir suffisamment pendant leur enfance du regard confiant de leurs proches en ont encore plus besoin. De même que le feu ne peut surgir que du frottement de deux surfaces, il est des circonstances où seul le partage de regards peut ranimer la flamme du désir.

Quels outils pour les soins ?

Le terme d'outils convient bien pour qualifier la palette de moyens dont on dispose pour soigner en psychiatrie. Ces outils permettent d'atteindre des objectifs qui sont fondamentalement toujours les mêmes : empêcher l'enfermement dans des contraintes appauvrissantes et favoriser la reprise des échanges nourrissants et l'épanouissement des potentialités, qui sont à la base du plaisir de vivre et d'un possible bien-être. En cela, ces outils sont des outils de liberté. Comme tout outil, ils peuvent être bien ou mal utilisés. Ils peuvent être pervertis et servir à mettre sous emprise les patients auxquels ils sont appliqués. S'ils ne produisent pas les effets désirés, on les change. *A priori*, tout nouvel outil est une chance et offre une liberté supplémentaire. Il n'y a donc pas lieu de les opposer entre eux, puisqu'ils sont complémentaires et ont chacun des spécificités propres qui renforcent leur complémentarité. L'intérêt de ceux qui ont une indication précise, donc nécessairement limitée, comme les thérapies cognitivo-comportementales ou les psychotropes, c'est qu'il est relativement facile d'apprécier leur action et de les arrêter quand ils se montrent inefficaces ou que l'objectif est atteint.

Il n'en est évidemment pas de même pour la psychanalyse qui se veut à la fois curative et préventive et qui s'appuie sur la relation établie avec le thérapeute pour que le patient, tout en se réorganisant grâce à l'appui de la relation transférentielle, puisse se libérer des éventuels effets traumatiques du passé et des contraintes inconscientes que ce même passé continue de faire peser sur le développement de sa personnalité. Toutefois, la diffusion très large et fortement médiatisée de la psychanalyse, tout comme l'engouement dont elle a fait l'objet, ont été source de malentendus. Ils ont, en effet, participé à la dévalorisation de l'éducatif au profit du « tout comprendre » et de la survalorisation de l'écoute et de l'affectif. Ils ont pu également contribuer à faire sous-estimer dans la culture ambiante, mais aussi chez les professionnels, la différence entre les troubles manifestes, et ce qu'on peut qualifier de « mal-être ». Par troubles manifestes, j'entends les symptômes comme les phobies et les obsessions, les troubles du comportement comme l'anorexie mentale, l'hyperactivité, les troubles des conduites, et bien sûr les troubles graves du développement relevant du spectre de l'autisme et des dysharmonies d'évolution, mais aussi les troubles de l'humeur et du registre psychotique schizophrénique. Sous-estimation en même temps du rôle des vulnérabilités biologiques d'origine génétique. Si le sens de ce qui représente une menace pour le sujet est lié à son histoire et à ses représentations de lui-même et des autres et joue un rôle parfois déterminant dans le déclenchement des troubles symptomatiques et comportementaux sévères, il ne rend compte ni de leur forme, ni de leur intensité, ni de leur propension à s'auto-organiser et à s'autorenforcer. Ces caractéristiques sont la réponse, en grande partie physiologique, à la menace qui pèse sur le sujet. De même, si l'approche psychothérapique est toujours importante, elle ne suffit pas le plus souvent à arrêter ces troubles et à provoquer des changements substantiels si des mesures spécifiques centrées sur le trouble et ses effets, qu'elles soient comportementales ou médicamenteuses, ne sont pas prises pour empêcher symptômes et comportements de s'organiser.

De ce fait, pour ceux qui présentent des troubles manifestes, et pas seulement un « mal-être », la priorité du soin est désormais de les aider à retrouver *un sentiment de sécurité suffisant pour soulager leur sentiment de menace et de peur.* On comprend aisément que cette sécurisation passe par l'établissement d'une relation de confiance avec le thérapeute. Cet objectif est même inhérent à toute relation de soin. La diffusion du modèle psychanalytique a pu laisser croire que seule une approche psychanalytique pouvait permettre l'écoute et la compréhension nécessaires à la confiance. Toutefois, si l'écoute et la compréhension sont nécessaires à la psychanalyse, elles n'ont rien en elles-mêmes de psychanalytique. Ce qui est psychanalytique, c'est d'utiliser ces moyens et d'autres plus spécifiques au cadre psychanalytique, pour déclencher une relation transférentielle, c'est-à-dire une relation avec le thérapeute sur laquelle se transfère, se reporte, se projette le mode de relation qui s'est noué dans l'enfance avec les personnes les plus significatives pour l'enfant – en général les parents. L'écart entre les pensées et les sentiments prêtés à l'analyste et la réalité de celui-ci donne lieu à des interprétations censées montrer au patient en analyse à quel point ses croyances, ses sentiments, ce qu'il imagine, ses fantasmes sont construits par ses expériences antérieures, et non sur la réalité présente. C'est pour cette raison que l'analyste doit rester neutre et en retrait, afin que sa réalité interfère le moins possible avec les fantasmes de l'analysant tels qu'il les projette sur l'analyste. Cette attitude est très difficile à tenir à l'adolescence et elle est franchement déconseillée avec les adolescents qui vont mal, car la neutralité, même bienveillante, équivaut alors à une forme d'abandon.

La primauté du présent dans les soins psychiatriques

Avec les adolescents, et ce d'autant plus qu'ils sont plus en difficulté, la préoccupation principale n'est pas le passé, mais le présent. Tout se joue dans l'actualité de la relation qui doit servir de contrepoint au poids du passé. Il faut plus pouvoir contenir et contredire activement par nos attitudes concrètes les projections de l'adolescent quand elles sont négatives qu'essayer de les interpréter en fonction du passé. La résistance de la réalité présente sert à contenir la dangerosité de l'imaginaire et des fantasmes. C'est de cette attitude que dépendent la capacité contenante du soignant et la sécurisation progressive de l'adolescent. Je l'ai dit, on reviendra au passé, progressivement, par petites touches successives, quand l'adolescent se sentira davantage en position de contrôler sa réalité actuelle. C'est, il est vrai, l'inverse de la démarche psychanalytique *stricto sensu*. Je ne nie pas l'intérêt que l'adolescent a de se réapproprier, progressivement, à la mesure de ses possibilités et de ses envies, ce passé, mais il ne pourra le faire que quand il sera en position de force, c'est-à-dire doté d'un narcissisme réparé et d'un minimum de confiance et de sécurité retrouvées. L'importance accordée à *la vulnérabilité narcissique* tout au long de ce livre est évidemment liée à un contact prolongé avec les adolescents en grande difficulté. Le narcissisme en souffrance est aussi celui que l'évolution de la société vers plus de liberté d'expression et moins de contraintes éducatives sollicite de plus en plus. Cette évolution remet en question, à mon sens, une partie de la théorie psychanalytique, en particulier celle concernant la place accordée à la théorie des pulsions et à l'importance de la sexualité.

Tout le champ du pathogène et du pathologique appartient au registre de la peur et de la menace sur le territoire du sujet et sur son équilibre narcissique. À la menace répondent des *tentatives de maîtrise et de contrôle* par l'agrippement aux objets d'attachement et aux troubles mis en place pour conjurer cette menace. Toute variation de la distance à ces objets d'attachement favorise une sursexualisation du lien. À son tour, l'émergence des désirs sexuels vient accroître l'insécurité et la peur d'être débordé chez ces sujets fragilisés, en particulier quand ils ont été traumatisés par des expériences antérieures. C'est la fragilité des assises narcissiques qui rend la sexualité menaçante, non l'inverse. La force des tabous a pu laisser penser, à une époque, que la peur et le sentiment de menace qu'elle faisait naître résultait du choc frontal entre ces deux forces que sont la puissance de la libido et la sévérité des interdits. Supprimons ou atténuons les interdits, et la peur disparaîtra : le raisonnement était logique. Or la peur n'a pas disparu avec la libéralisation des mœurs et son origine apparaît désormais, et à juste titre, davantage ancrée dans la fragilité de la structuration du sentiment d'identité et de sécurité interne. Cette fragilité est intrinsèquement liée à ce qui fait la spécificité de l'être humain, à savoir sa conscience de lui-même et de sa dépendance face à son environnement, laquelle transforme ce besoin de liens en une menace pour son autonomie et son identité. La source du mal-être adolescent n'est donc plus à chercher du côté d'une libido réprimée et de désirs méconnus, cachés quelque part dans notre inconscient, mais, plus prosaïquement, dans l'héritage d'un sentiment d'insécurité qui résulte, à la fois, de la paradoxalité structurelle de notre condition humaine et des aléas combinés de l'histoire infantile et du bagage génétique propre à chacun. Du même coup, l'issue n'est plus la quête indéfinie de vérité concernant de prétendus désirs primordiaux, mais la recherche de moyens pour donner à chacun une confiance suffisante en soi dont il n'est inscrit nulle part qu'elle ne puisse être trouvée. Pour le dire autrement au jour d'aujourd'hui, la vérité de nos désirs apparaît comme une coconstruction permanente entre nous-mêmes et notre environnement.

Les troubles manifestes, qu'ils s'expriment par des symptômes ou leurs conséquences sur notre comportement, reflètent l'actualité d'un sujet débordé et appellent une réponse actuelle, quelle que soit la place du passé dans notre débordement présent. Cette primauté du présent et de l'environnement confère aux parents une place essentielle dans le soin et fait de la recherche d'une alliance thérapeutique une priorité. Les parents sont nécessairement partie prenante du soin, même en leur absence. La place croissante prise par les thérapies familiales en est un témoin.

Que devient alors la démarche psychanalytique ? Elle garde à mes yeux ses intérêts essentiels. Elle représente, en effet, une expérience unique d'intégration de notre paradoxalité en raison du cadre qu'elle offre à la relation. L'expérience de rencontre qu'elle autorise allie à la fois la proximité la plus grande, par les confidences faites, *via* l'obligation d'association libre, à une personne présente auprès de soi de façon continue, et la distance la plus nette, puisqu'on ne voit pas cette personne, mais qu'on sait qu'il n'y a pas de relations en dehors de la démarche analytique. Cette alliance du plus familier et du plus étranger est une extraordinaire garantie de liberté, qui fait de l'expérience analytique une expérience maïeutique unique de rencontre avec soi-même, non pas solipsiste comme dans le journal intime, mais porteuse de tout l'impact émotionnel découlant de la présence charnelle et du regard de l'autre sur soi. Elle autorise une reprise de contact avec l'enfant qu'on a été et qui continue de nous habiter, tout en permettant sa réappropriation active pour le garder vivant en soi, sans que pour autant il nous déborde et cherche à prendre le dessus sur l'adulte en devenir que nous sommes.

La séparation a-t-elle une place dans le soin ?

La séparation de l'adolescent d'avec sa famille n'a pas bonne presse dans le contexte compassionnel actuel. Ce serait rajouter une souffrance de plus à celle déjà supportée par l'adolescent et par sa famille. Un tel débat est mal engagé parce qu'il repose sur un malentendu. Le présupposé est que s'il y a séparation, c'est que la famille est nocive. La réalité est beaucoup plus nuancée. L'effet pathogène de la présence familiale n'est pas tant lié à son éventuelle nocivité, qui peut exister, qu'au caractère paradoxal de la relation d'attachement, surtout quand elle est marquée par l'insécurité. J'ai suffisamment insisté ici sur les effets pathogènes de la relation d'agrippement qui peut en résulter pour ne pas y revenir. Dans ce contexte, les troubles qui surgissent, quelle que soit la forme qu'ils revêtent, servent à maîtriser et réguler la distance avec les parents. Ils ont pour effet immédiat de susciter l'intérêt des parents, parce qu'ils les inquiètent, et de protéger l'adolescent contre l'angoisse d'abandon. En même temps, ils le protègent de l'angoisse de fusion-intrusion, en tenant ces mêmes parents à distance, puisqu'ils empêchent tout rapprochement dans le partage du plaisir et qu'ils les rendent plus ou moins impuissants, facilitant ainsi le déni de sa dépendance et de ses attentes à leur égard par l'adolescent.

La séparation a l'avantage de rompre cet engrenage et d'introduire un tiers d'autant plus efficace que l'adolescent ne peut plus provoquer l'affrontement entre parents et soignants ou, du moins, a plus de mal à le faire. Bien sûr, cette fonction d'emprise et de contrôle de la distance et des besoins affectifs par le trouble peut se reproduire au sein de l'institution qui accueille l'adolescent. Toutefois, l'expertise du soignant l'aide à renforcer sa position de tiers, et le trouble perd, de ce fait, une partie de son pouvoir, car il ne suscite pas la même anxiété chez les soignants que chez les parents. Les premiers ont à leur disposition un certain nombre d'outils, ce qui tranquillise tout le monde, et permet, ce qui n'est pas négligeable, d'attendre que tout le monde se calme et se sécurise, objectif essentiel du soin. Pour avoir conscience de cette réalité, il suffit d'observer à quel point les visites des parents sont susceptibles, à elles seules, d'enclencher de nouveau une relation d'anxiété, avec les effets d'engrenage néfaste qui vont avec. Il en va de même pour l'écart, fréquemment observé, entre ce que peut dire un adolescent de son séjour « cauchemardesque » à l'hôpital quand il téléphone à sa mère et son comportement détendu et actif dans le service.

La séparation permet à un adolescent de se retrouver face à lui-même, de se poser, de reprendre ses marques. Face à des interlocuteurs nouveaux, ne suscitant pas les mêmes engagements affectifs, il peut procéder à une récupération de son territoire à lui, désintriqué de celui de ses parents et de son environnement. Ses retrouvailles avec lui-même le mettent en contact avec ses ressources, qui sont d'autant plus perçues comme étant les siennes qu'elles ne s'exercent plus sous le regard des parents. Il lui est alors beaucoup plus facile de faire siens des points de vue qui ont pu être ceux de ses parents, sans même en avoir conscience. Changer n'est plus, dès lors, perçu comme une capitulation et une soumission. Sans compter que l'absence de la famille suscite aussi la nostalgie, qu'elle permet de relativiser les conflits et les oppositions et qu'elle fait naître l'envie de retrouver les siens, mais, cette fois, pour le plaisir et pour s'en nourrir.

La séparation est aussi une aide à la hiérarchisation des sentiments, des valeurs, de ce qui est important et de ce qui l'est moins. Se séparer, ce n'est pas se perdre, comme le fait croire la peur de la séparation. C'est, au contraire, retrouver le plaisir d'être soi, de ne plus avoir constamment recours à l'autre, et aussi le plaisir de retrouver l'autre en ce qu'il a de spécifique, et pas seulement parce qu'il rassure. La contrainte du besoin laisse ainsi place au plaisir de l'échange et à ce qu'il apporte en plus. Les parents prennent conscience, sans angoisse, qu'ils peuvent vivre sans leur adolescent tandis que l'adolescent, de son côté, se trouve autorisé à penser à la vie qu'il aura plus tard, à distance, parfois loin de ses parents, sans qu'ils en meurent ou en souffrent par trop. Car c'est ce que craignent, à tort ou à raison, bien des adolescents. Que deviendront leurs parents sans eux ? Resteront-ils ensemble ? Qui souffrira le plus de leur départ ? Leur père ? Leur mère ? Si on veut que nos enfants puissent partir, se séparer de nous, et en être heureux, encore faut-il qu'ils sachent, ou qu'ils sentent, que notre vie ne se résume pas à eux, quelle que soit leur importance.

La séparation a occupé une place particulière dans le traitement de l'anorexie mentale ou d'autres formes de troubles résistant au traitement ambulatoire. Elle est apparue comme une réponse efficace aux dangers d'une perte de poids installée dans la durée. Il faut reconnaître que la reprise de poids, grâce à une réalimentation normale par la patiente, peut être spectaculaire après quelques semaines ou quelques mois. Depuis quelques années, c'est devenu un peu moins facile, c'est-à-dire plus inconstant et plus long, en raison des débats qui opposent à son sujet les professionnels du soin et aussi parce que les patientes sont à la fois surinformées et désinformées sur les troubles qu'elles présentent, notamment par le biais d'Internet. Sachant ce qui est attendu du traitement, elles le mettent plus facilement en échec et en font davantage un enjeu de pouvoir avec les soignants.

L'intérêt de la séparation dans l'anorexie, c'est qu'elle permet à la patiente de se réalimenter elle-même et de se prouver ainsi qu'elle était capable d'atteindre cet objectif par ses propres moyens. En revanche, quand l'hospitalisation se fait sans séparation, la pose d'une sonde gastrique est le plus souvent nécessaire. Mais l'intérêt de la séparation ne se réduit pas à ce qu'elle permet d'éviter la sonde. Le temps passé avant et pendant la reprise alimentaire autorise également un travail d'autonomisation psychique, car l'adolescente prend conscience de ses ressources propres en même temps qu'elle s'ouvre aux autres adolescents qui sont hospitalisés comme elle et qu'elle constate qu'un malaise très proche du sien peut s'exprimer autrement que par l'anorexie, ce qui contribue à relativiser le mode d'expression qu'elle a privilégié et la conduit à se dire qu'il n'est peut-être pas choisi, mais subi en raison de contraintes probablement plus complexes qu'elle ne le pensait. Comment pourrait-elle, en outre, ne pas s'interroger avec nous sur ce qui se passe en elle, sur la nature de ses sentiments et de ses émotions quand elle voit qu'elle perd du poids quelques jours avant la reprise de contact prévu avec les parents ou systématiquement quand elle rentre d'un week-end familial ?

Dans le cas de l'anorexie, la séparation est ainsi le moteur d'un travail de prise de conscience portant sur l'ambiguïté des sentiments qui nous animent, la force des peurs dont on est la proie et les difficultés qu'on rencontre à les gérer autrement que par le recours au trouble alimentaire. C'est un travail analogue que les parents d'anorexiques peuvent effectuer en miroir, réfléchissant à la nature de leur attachement, aux peurs qu'ils éprouvent face à l'idée de séparation ou à la prise de distance affective, aux craintes et aux doutes qui les animent quand ils s'interrogent sur la capacité de leurs filles à y faire face seules ou sur la capacité d'autres qu'eux-mêmes à pouvoir les y aider. Ce travail de maturation, quand il est possible, se révèle d'une exceptionnelle richesse, puisqu'il permet de travailler sur la difficulté à faire confiance à sa fille, mais aussi à des tiers, pour qu'elle s'épanouisse, sur le droit de s'organiser une vie et d'avoir des intérêts et même du plaisir en son absence, ce qui est une façon en miroir d'autoriser son enfant à faire de même, sur l'importance que leur fille se soigne et qu'eux-mêmes en profitent pour se reposer, pour respirer après l'enfer des semaines qui ont précédé l'hospitalisation et pour prendre soin d'eux-mêmes, mais aussi des frères et sœurs qui en ont bien besoin. C'est ce travail qui permet d'apprendre à gérer et dépasser la culpabilité suscitée par la prise de conscience du soulagement qu'on éprouve au fond de soi, et, aussi, sortir du sentiment d'engrenage et de fatalité qui ronge de l'intérieur pour reprendre espoir et confiance. Évidemment, tout cela n'est possible que si le sens de la séparation est compris et si celle-ci est l'occasion d'un échange approfondi avec l'adolescente d'un côté et ses parents de l'autre. S'ajoutant à la relation personnalisée établie avec chaque famille, les groupes de parents sont un autre moyen exceptionnel d'approfondir ce temps d'échange. L'aide à la compréhension et la réassurance que s'apportent les parents entre eux sont au moins aussi importantes que l'appui, complémentaire, qu'offrent les soignants.

La séparation est un des moyens de concrétiser la nécessité de *s'ouvrir au monde*, indispensable au développement de la personnalité, à ce qui fait tiers par rapport au lien d'attachement privilégié. Elle desserre les liens d'agrippement, libère les potentialités de l'adolescent, facilite la mise en œuvre des ressources dont il dispose et l'aide à s'approprier ce qu'il a reçu de ses parents. Elle ouvre également à des rencontres nouvelles. Ces effets de la séparation ne sont propres ni à l'anorexie mentale ni à l'hôpital. La séparation dans le cadre d'un internat par exemple, qu'il soit plus ou moins médicalisé ou simplement pédagogique, offre un cadre contenant et protecteur qui peut être mieux accepté, après un temps d'adaptation, que le milieu familial, trop chargé d'affectivité et qui aiguise le caractère paradoxal du lien d'attachement chez l'adolescent en difficulté.

Maintenant, la séparation nécessite-t-elle l'accord de l'adolescent ? À mon avis, la question ne se pose pas ainsi, et le faire, c'est prendre le risque de se mettre à son tour dans l'impasse où se trouvent déjà l'adolescent et sa famille. La question à laquelle il faut répondre est celle qui se pose pour l'enfant de deux ans qui se cramponne à sa mère, à savoir : de quoi a-t-il besoin pour s'épanouir au mieux ? La réponse est incontestablement : de se nourrir au mieux pour pouvoir développer ses potentialités et prendre confiance en lui. Il n'est pas question de s'enfermer dans une situation si elle ne permet pas de satisfaire ce besoin fondamental. Si les moyens les plus simples ne sont pas efficaces, alors il faut en trouver d'autres. La séparation est une des solutions possibles et, si elle est proposée par les « experts », alors elle doit être mise en œuvre. Tant mieux si l'adolescent est d'accord ; s'il ne l'est pas, il faut tout de même l'essayer. La conviction et la détermination des parents sont essentielles dans ce genre de situation. La séparation aura donc d'autant plus de chance d'être acceptée qu'il existe une relation de confiance et que les parents en comprennent la nécessité et la légitimité. M'appuyant sur mon assez longue expérience, je puis dire que le problème est d'ailleurs moins souvent au niveau de l'adolescent que de ses parents qui doutent, culpabilisent, craignent l'affrontement avec leur enfant et redoutent qu'il ne leur fasse plus jamais confiance.

Pour le dire autrement, plus les parents seront clairs sur leurs motivations, plus ils auront compris l'enjeu de la décision, les objectifs de la séparation et du soin, plus ils seront dans une relation de confiance avec eux-mêmes, avec les soignants et avec leur adolescent, et plus il sera facile d'entraîner l'adhésion de ce dernier. L'accord de l'adolescent n'a pas besoin d'être formel et explicite – ce serait d'ailleurs trop demander. La séparation doit se faire, et on la fait, parce qu'il est nécessaire de sortir de l'impasse. On verra, ensuite, ce qui se passe et on changera alors si ce n'est pas efficace. Demander l'accord de l'adolescent, c'est supposer qu'il a le choix, alors qu'il ne l'a pas. Il ne s'agit pas d'imposer la loi du plus fort, mais d'appliquer la seule décision qui vaille si on entend libérer un adolescent qui va mal d'une contrainte qu'il n'a pas choisie et qui le détruit, malgré lui : la maladie.

Jusqu'où peut-on imposer le soin ?

Deux situations contrastées peuvent servir à illustrer les enjeux d'une telle question. Mireille, par exemple, débute une anorexie mentale particulièrement sévère à seize ans. À dix-huit ans, alors qu'elle est majeure, elle refuse une réalimentation jugée urgente en raison du danger de mort qu'elle court. Ses parents, plus particulièrement son père, dont elle paraît plus proche, décident d'une hospitalisation contre son gré, selon la procédure dite d'« hospitalisation à la demande d'un tiers ». Pendant quatre années, Mireille va ainsi alterner internement psychiatrique avec alimentation forcée et hospitalisation complète en milieu ouvert, tout en continuant ses études supérieures. Les quatre ans qui suivent habituellement un internement ne seront pas nécessaires et elle reprendra très doucement du poids. Elle sera suivie en thérapie bifocale, avec une équipe hospitalière et un médecin référent d'un côté et une psychothérapie sous la forme d'un psychodrame d'inspiration psychanalytique de l'autre. Ses parents seront reçus de leur côté et participeront très régulièrement aux réunions de groupe de parents. Au jour d'aujourd'hui, soit dix ans plus tard, Mireille a arrêté tout traitement, elle a terminé brillamment ses études, a trouvé un travail et vit en couple. Voici des passages de deux mails que j'ai reçus d'elle récemment après un entretien ponctuel. Ils contrastent singulièrement, quand on la connaît bien comme moi, avec sa réserve habituelle et son refus de tout épanchement, voire de toute expression émotionnelle. Elle a intitulé le premier « Voyage microscopique au centre de la sensation ». On y lit :

« Que c'est bon de pouvoir s'asseoir et se reposer tranquillement à la terrasse d'un café. Sentir une légère brise souffler dans nos cheveux. Savourer l'arôme d'un grand crème. Se laisser saisir par cette odeur chaleureuse qui remplit nos narines. Découvrir méticuleusement les goûts si particuliers, si forts, si intenses de la boisson. Puis, partir dans ses rêves avec le plaisir et [...] réussir à s'isoler sur son petit nuage, sa propre planète, son *chez-soi*, en sécurité.

Enfin, sans violence rouvrir les yeux et regarder les passants, [...] et pourquoi pas tenter de croiser leur regard, d'amorcer la communication, *improviser* et engager la conversation, [...] se faire un ami. Partager des moments forts. Pouvoir avoir des souvenirs à évoquer ensemble. Se créer un scénario et y trouver son rôle, son importance, son caractère. Affirmer sa *personnalité*, ne pas hésiter, se lancer en avant. *Oser vivre sa vie*. Concrétiser ses projets, dominer ses peurs et ses angoisses. Rester déterminée, sûre de soi et toujours battante. Finalement, être soi-même dans son intégralité, *accepter* son personnage. » Et elle termine par ces mots écrits en gros caractères « l'aimer et le faire aimer ! ».

Le deuxième mail s'intitule « Parents ». Il dit :

« C'est chouette de tomber sur de bons parents.

Le seul problème, c'est qu'on ne choisit pas ses parents, et une fois qu'ils nous ont été attribués [...] on ne peut plus en changer. [...] Comment alors se débarrasser de ce cordon qui nous attache sans nous demander notre avis. On a beau crier, c'est parti pour tout une Vie. Il va falloir se supporter mutuellement, bien discuter et surtout s'écouter. [...] Il s'agit de tenir le coup et de garder en tête l'objectif final, le but à atteindre, mais personne ne nous interdit de prendre quelques détours. [...]

> Chacun est libre de tracer sa propre trajectoire comme il le souhaite… de toute façon, il y aura toujours ses parents qui l'attendront à l'arrivée et qui seront là pour l'encourager et le soutenir pendant les tempêtes passagères, et ainsi lui éviter le naufrage. »

Pour que les parents de Mireille puissent ainsi attendre leur fille, encore fallait-il qu'ils fassent le choix, difficile, de se donner les moyens de la faire vivre.

En contrepoint voici une autre situation, semblable et tout aussi tragique, à laquelle une réponse opposée a été apportée par les parents. Un père vient me demander un avis sur sa fille anorexique, en danger de mort. C'est une fille active, brillante et, comme Mireille, moins proche de sa mère que de son père. Elle a vingt-trois ans, un métier, une apparente autonomie, même si elle a mis beaucoup de temps à se séparer de ses parents. La rupture d'une relation amoureuse très intense vient de la précipiter dans une conduite anorexique sévère, avec perte de poids massive et hyperactivité sans dépression apparente. Le père me précise qu'avec sa femme, ils pensent à elle jour et nuit et qu'ils se demandent tous les matins s'ils ne vont pas la trouver morte au réveil. Malgré cette inquiétude, ils hésitent à suivre mon avis et à lui imposer l'hospitalisation qu'elle refuse. « Ce serait un viol », m'affirme même ce père un jour où j'insiste particulièrement sur l'urgence d'une mesure autoritaire. Au jour d'aujourd'hui, je ne sais comment la situation a évolué, mais, ce que je sais, c'est que cette jeune fille a, en elle, la capacité d'éprouver les mêmes sensations de plaisir que Mireille dont je rapportais l'histoire ci-dessus. Seulement, pour qu'elle le sache, elle, il faut qu'elle le vive. Lui parler des plaisirs qu'elle éprouvera plus tard n'a aucun sens dans son état, mais, tant qu'il y a vie, retrouver du plaisir reste possible et c'est, de mon point de vue, aux parents, quel que soit l'âge de leur enfant, d'être garants de cette possibilité. Dans l'histoire de cette jeune femme, l'attente de la réponse parentale est d'autant plus importante que leur fille continue de s'agripper à eux par son comportement anorexique. Elle demeure présente dans leurs pensées nuit et jour, empêchant toute intimité et tout plaisir de couple. Certes, prendre la décision de s'opposer à elle en imposant le traitement nécessaire aurait été prendre le risque qu'elle ne leur pardonne pas et, par là, que s'instaure une distance, laquelle signifiait, encore plus pour le père que pour la mère, une forme d'abandon. Alors, plutôt laisser mourir son enfant et, d'une certaine façon, mourir un peu avec lui, que de s'exposer à des reproches pour avoir pris le parti de la vie. Une telle position dépend, bien sûr, de l'éthique de chacun, mais si on veut atténuer la part affective présente dans ce genre de choix, la seule possibilité, comme toujours dans ces situations qui engagent le sens que nous donnons à la vie, c'est incontestablement d'accroître la compréhension du sens de ce comportement.

La connaissance au service de choix éthiques

Les troubles mentaux s'imposent à la personne qui les subit et relèvent du registre de la destructivité. Leur point commun, outre leur caractère stéréotypé, réside dans l'amputation partielle des potentialités humaines et l'appauvrissement individuel. Quels que soient leur nature propre et leurs symptômes spécifiques, ils exercent une contrainte qui se déploie pour des raisons émotionnelles liées à la peur et au sentiment de menace. Les désirs y sont finalement peu impliqués, si ce n'est par leur caractère menaçant. Mais les troubles mentaux, en s'imposant au Moi, permettent aussi de trouver une forme de maîtrise, comme si, à défaut d'avoir été choisis, ils appartenaient en propre à la personne qui en est victime, un peu comme notre caractère, notre histoire nous appartiennent. Et cette conviction est d'autant plus forte si la personne qui subit ces troubles a le sentiment, parce qu'elle subit ces troubles, de se différencier des autres, de ces autres dont elle se sent dépendante et qu'elle met en échec, encore plus qu'elle-même, en n'allant pas bien. C'est dire si l'adolescence est une période propice à l'appropriation d'un comportement pathologique, quel qu'il soit, comme trait distinctif. Cela étant dit, pour l'entourage ou l'extérieur, il est injuste et, donc, inacceptable, quels que soient les déceptions, les traumatismes et les blessures passés, qu'une victime devienne son propre bourreau. Ne pas accepter cette situation, ce n'est pas nier la souffrance du jeune, c'est tenter de redonner droit d'expression à des désirs positifs réprimés, bafoués, déçus. On ne construit pas l'avenir à la seule lumière du passé, mais en fonction de l'avenir qu'on veut se donner. Le mouvement naturel de la vie et des circuits appétitifs qui la soutiennent est de rechercher l'épanouissement. Et c'est aux adultes de soutenir ce mouvement et non celui, destructeur, du narcissisme blessé.

La pathologie mentale est une pathologie de la liberté, comme se plaisait à le souligner Henri Ey. Mais voici qu'apparaissent des outils de plus en plus efficaces qui permettent de mieux contrôler ses émotions et de retrouver un certain contrôle sur soi et, par là, une possibilité de choix, même si le choix est de prendre le risque d'être déçu de n'être que ce qu'on est. Cette perte de liberté qu'entraîne la pathologie mentale est relativement facile à admettre pour les troubles majeurs. En revanche, elle est plus délicate à mettre en évidence pour les troubles de la personnalité, les états limites ou les troubles du comportement. Ce type de pathologies semble, en effet, la rançon de la conscience réflexive qui rend l'homme tributaire dans sa définition de lui-même de ce miroir que sont les valeurs qu'il se donne et qui le constituent en tant qu'homme. Mais toute société est en droit et probablement se doit de définir des contours, même si ces contours sont évolutifs en fonction de nos connaissances sur les contraintes qui pèsent sur nous et de ce que nous souhaitons valoriser. À chacun de se donner les outils pour y correspondre dans la mesure où ils existent, et ils existent désormais. Ils sont même de plus en plus efficaces avec les psychotropes, dont on ne peut concevoir la prescription indépendamment d'une qualité de relation, c'est-à-dire sans une forme de psychothérapie. Une société peut être en droit de demander à ses membres d'être capables de se contrôler, notamment dans l'expression de leur violence, qu'elle soit dirigée contre eux-mêmes ou contre les autres. Les psychiatres ne pourront pas se dérober à cette réflexion, et les troubles du comportement, la violence et la destructivité ne peuvent en être exclus *a priori*. C'est un choix collectif et individuel.

Chez un adolescent, symptômes et troubles du comportement ont tout particulièrement *une fonction de communication, de maîtrise de l'environnement, d'affirmation identitaire*. Le danger est que cette fonction contribue à figer l'évolution et à renforcer l'« identité négative ». C'est notamment le cas dans notre culture où toute perturbation des conduites est devenue maladie, forme socialement reconnue du malaise individuel. Par là, l'adolescent sort de sa solitude et finit par obtenir une réponse de l'entourage social, sinon de sa famille directe. En effet, en l'absence de réponse adéquate, créant un lien et ouvrant l'adolescent sur d'autres moyens de communication, le trouble va perdre inévitablement sa valeur relationnelle de communication ou ne la retrouver que sous la forme d'une ritualisation ratée car elle marginalise au lieu d'intégrer.

C'est l'expression d'exigences de la part des adultes qui peut seule permettre aux adolescents de satisfaire leurs besoins de dépendance et d'étayage, car elle leur évite la prise de conscience de leur passivité et ménage leur désir de s'affirmer. C'est aux contraintes relatives du cadre que doit être dévolue l'expression de la violence potentielle de l'adolescence si on veut que cette dernière, ainsi contenue, se transforme en échange et non en affrontement destructeur.

Éduquer est la meilleure prévention

Mais si souffrance et malaise sont avant tout le reflet de l'anxiété et du flottement des adultes, amplifié par les attentes, les peurs et les paradoxes de l'adolescence, de qui faut-il s'occuper en priorité ? Des parents ou des adolescents ? Le travail relève-t-il de la pédagogie ou de la thérapeutique ? Il faut reconnaître qu'il est devenu très difficile pour un parent d'imposer quoi que ce soit à son adolescent, surtout s'il est déjà en difficulté et plus ou moins en opposition, puisque cette attitude ne fait pas l'objet d'un consensus social et qu'elle est même en contradiction avec les valeurs actuelles. On écoute un enfant ou un adolescent « en souffrance », on compatit, on cherche avec lui comment l'aider, mais on ne lui impose rien. Toute exigence apparaît désormais comme une violence aux yeux de l'adolescent, de la société, voire des parents eux-mêmes, et non plus comme l'expression d'un souci légitime émanant de personnes responsables qui veulent le bien de leur enfant.

Or le fait de considérer que le comportement d'un parent qui impose est un comportement violent le rend effectivement violent. On est en partie créateur de ce qu'on croit, c'est l'un des fils directeurs de cet ouvrage. À une croyance, on ne peut opposer qu'une autre croyance en essayant de l'argumenter et de la fonder sur les faits les plus objectifs possibles, mais, dans le domaine du comportement et de l'équilibre psychologique impliquant l'image de soi et les émotions, il est fréquent que les arguments n'apparaissent objectifs qu'à ceux qui en sont déjà convaincus. Comment, dans ces conditions, être déterminé quand on n'est pas sûr de la légitimité de sa position et que le contexte socioculturel ne la soutient pas ? C'est la spécificité de la psychiatrie par rapport à toutes les autres spécialités médicales que d'engager à ce point la représentation qu'on a de soi-même, c'est-à-dire ce qu'on ressent comme son identité, à ses yeux et aux yeux des autres. Parce que le trouble psychiatrique donne le sentiment de réduire la menace qui pèse sur soi, de rendre une certaine maîtrise, ne serait-ce qu'en permettant de se réapproprier ce qu'on ressent comme étant en train de nous échapper, alors il est tentant de s'y agripper comme si c'était l'expression de son soi le plus intime et d'avoir peur de tout perdre si, d'aventure, quelqu'un le faisait disparaître. Les médicaments, mais aussi la psychothérapie ou toute autre forme d'aide peuvent, pour cette raison, être ressenties comme une menace de ne plus être soi-même. Menacé et désemparé, on se cramponne à ce qui conduit à sa perte ou, du moins, à la perte d'une partie de ses potentialités et, en particulier, à la perte de cette spécificité humaine qu'est la capacité de choisir. Et c'est ainsi que, paradoxalement, alors qu'il se cramponne à ses troubles, un adolescent a le sentiment de choisir et de défendre sa liberté par rapport à ceux qui veulent l'aider, le soigner, le changer.

Difficultés et paradoxes de la relation éducative

Éduquer, c'est conduire quelqu'un hors de lui-même, c'est-à-dire l'amener à réaliser ses potentialités par la rencontre avec autrui et avec l'environnement. Ce processus très élaboré ne peut se construire que dans le cadre d'une relation fiable et durable notamment avec les objets d'attachement, c'est-à-dire les parents ou ceux qui en tiennent lieu. La relation éducative confronte inévitablement au paradoxe qui est au cœur de l'être humain, parce qu'il va falloir permettre à un individu en construction de réaliser ses propres désirs et aspirations, mais aussi de s'approprier un certain nombre d'exigences et de valeurs venues d'autres que lui, d'intégrer des limites, des contraintes et des interdits, mais aussi des idéaux portés par l'environnement et la culture dans lesquels il est élevé.

On n'échappe pas à l'autorité, en ce sens qu'il existe une autorité de fait liée à la dépendance physique et psychologique de l'enfant à l'égard de ses parents. Qu'ils le veuillent ou non, ceux-ci ont un pouvoir total, dont celui de lui donner le langage et les mots qu'il utilisera pour qualifier ses émotions, ses sentiments, ses ressentiments, pour nommer et se représenter les liens qu'il entretient avec eux. Les parents disent et organisent le permis et l'interdit et servent de modèle à leur enfant. Le besoin que celui-ci a de leur amour et de leur attention crée une dépendance affective qui les met inévitablement en position d'autorité.

Au moins jusqu'à la fin de l'adolescence, la différence de génération confère à ce que fait, dit ou montre un adulte une force d'attraction qui fait référence et autorité. La différence d'âge place l'adulte dans un rôle éducatif qui contribue à organiser la personnalité en formation de l'enfant et de l'adolescent. Aucun adulte ne peut échapper à cet impact éducatif : cette relation d'autorité s'impose d'elle-même. Ne pas exercer d'autorité, c'est abandonner un jeune à lui-même, à la tyrannie de ses besoins et de ses contradictions, sans repère extérieur lui permettant de les réguler, les projeter dans l'avenir et leur donner un sens. Face à un adulte trop laxiste, un enfant ne peut que rester prisonnier de ses contradictions internes, sans autre valorisation structurante que la quête répétée de satisfactions passagères dans lesquelles il risque de s'enfermer.

L'essentiel de la liberté humaine dépend de *la capacité d'attendre*. Or l'attente est un apprentissage qui dépend des capacités propres de l'enfant, mais aussi de sa prise en compte progressive des limites que les adultes lui imposent pour le protéger et l'insérer dans un groupe social. Fondamentalement, cette capacité d'attendre repose moins sur le refus de la satisfaction immédiate que sur la possibilité de différer la satisfaction en vue d'un plus grand bien. L'important n'est pas de valoriser la frustration comme méthode éducative, comme on le fait trop souvent, mais de renforcer la confiance que cela vaut la peine de savoir attendre là où des satisfactions sont à venir. C'est parce que l'enfant fait profondément confiance à l'adulte qu'il accepte les sacrifices immédiats qui lui sont demandés, sans trop de frustration et avec un bénéfice secondaire important : celui d'être aimable aux yeux d'une personne elle-même aimable et de valeur à ses yeux, ce qui autorise, en retour, l'acquisition du sentiment de sa propre valeur. C'est d'ailleurs ce sentiment qui lui permettra, ensuite, de s'opposer à l'occasion et d'oser se différencier sans craindre de perdre l'amour de ses parents. Si l'approbation des adultes constitue le soutien essentiel dans un premier temps, le relais est donc pris ensuite par l'adolescent qui, prenant progressivement conscience de ses ressources propres et de ses moyens de contrôle, se perçoit lui-même comme étant plus libre par rapport à ses besoins et aux réactions de son environnement. Il va de soi que cet apprentissage de l'attente sera toujours plus aisé si l'enfant et l'adolescent sont dans une relation de confiance avec le monde qui les entoure.

La contrainte éducative : une réponse au paradoxe

Maintenant, quelle part de liberté reste-t-il à un adolescent qui se sent pris dans une double contrainte, celle, interne, qu'exercent les émotions qui le débordent et qu'il ne peut contrôler, et dont la violence est parfois telle qu'il en vient à penser que ces émotions ne lui appartiennent pas et sont purement induites par l'extérieur, et celle, externe, qui, compte tenu de son hypersensibilité aux attitudes d'autrui, rend douloureux tout rapprochement ? Pris entre ces deux forces perçues comme étrangères, l'adolescent ne se sent exister que dans la violence de l'acte et l'immédiateté de la réponse. Comment, alors, dans de telles conditions, faire appel à la raison éducative ? Cet adolescent peut-il se construire s'il n'a pas la possibilité de contenir et de se réapproprier ces forces pour les mettre au service d'un projet ? À une contrainte n'est-on pas tenu d'opposer, à un moment donné, une autre contrainte dont la finalité sera d'arrêter le cycle sans fin de stimuli réponses afin de pouvoir poser des choix ? Ces adolescents ont besoin d'une contrainte externe pour ne pas en arriver à saboter tout ce qu'ils désirent. La prescription, parfois l'imposition, de ce qu'ils attendent sans oser se l'avouer peut être paradoxalement quelque chose qui les soulage. C'est là où la démarche analytique classique est peut-être en porte-à-faux quand elle fait de la demande un préalable à la démarche de soin, car ces adolescents sont dans une attente perçue comme totalement aliénante, vu que le plus grand danger, à leurs yeux, est d'exprimer son désir, puisque ce désir fait sentir ce qu'on vit comme une sorte d'emprise exercée par l'objet de désir.

Les adultes doivent avoir des exigences qui apportent les limites dont les adolescents ont besoin et qui les rassurent. La formulation de ces exigences permet, en outre, l'expression d'une conflictualité qu'il faut rendre tolérable. Elle offre la possibilité à l'adolescent de prendre sa mesure dans l'affrontement, mais, surtout, contribue à le protéger d'une prise de conscience trop brutale de ses besoins et de sa passivité. Avoir des exigences permet, en effet, à celui qui en est l'objet de satisfaire un certain nombre de ses désirs et de ses besoins, sans avoir à les reconnaître, mais en pensant qu'il ne fait que subir une contrainte extérieure. Or les contraintes externes sont toujours ressenties moins péniblement que les contraintes internes, liées aux besoins et aux désirs qui représentent la véritable passivité, la plus dangereuse pour l'intégrité et le sentiment d'identité, car l'adolescent ne peut se révolter totalement contre elles, puisqu'il en est le complice et qu'elles font partie de lui. Le risque n'est plus alors la révolte mais, bien plus grave, l'effondrement du Moi ou l'annihilation des désirs.

Imposer une contrainte éducative implique, néanmoins, de prendre un risque, celui d'imposer ses propres choix et ses propres valeurs, voire d'utiliser l'autre à des fins personnelles, un peu comme dans la démarche sectaire, démarche totalitaire qui vise à dépouiller l'autre de sa capacité de choisir. Cela dit, éduquer, c'est donner les outils nécessaires pour apprendre des contenus donnés, mais aussi développer le plaisir et la curiosité d'apprendre et permettre, en fin de compte, de faire des choix. La perversion, en revanche, consiste à utiliser l'autre à des fins personnelles et à lui refuser le droit d'exister en tant que sujet qui a des besoins et des désirs propres, c'est-à-dire différents des siens et, à son sommet, de lui faire croire que ce qui lui est imposé relève de ses choix propres. En somme, entre l'endoctrinement et l'éducation, ce qui fait la différence, c'est l'intentionnalité de celui qui éduque et le contenu des apprentissages. Dans le cas de l'endoctrinement, l'intention, servie par les outils éducatifs proposés, est de faire en sorte que l'autre perpétue et reproduise une pensée identique. Un véritable éducateur, lui, peut marquer sa préférence pour tel ou tel courant de pensée, mais il ne l'imposera pas, et les outils éducatifs qu'il contribue à communiquer ouvriront au choix et à la différence. Bien sûr, la tentation de tout éducateur, surtout s'il se sent menacé et fragilisé dans la transmission de son savoir, est de chercher à maîtriser et à contrôler. Il s'attachera alors à transmettre des contenus qui demeurent fixes et sont restés intangibles au cours des siècles, comme si leur permanence garantissait leur bien-fondé. Le risque d'abus est inhérent à la fonction éducative, mais le danger n'est-il pas plus grand de laisser un être en devenir abandonné à lui-même et condamné à ne pouvoir rencontrer autrui que dans la violence de l'affrontement et à se confronter à l'altérité sous la seule forme du clivage bon ou mauvais ?

Limiter, c'est créer un espace de rencontre tolérable

De toute façon, la meilleure façon d'éviter le risque d'abus est de créer un espace de rencontre ayant les caractéristiques de l'aire transitionnelle décrite par Winnicott où le paradoxe fondateur est le suivant : pour que le bébé crée l'objet, il faut que l'objet soit déjà là, en attente d'être créé et de devenir un objet investi. Il en va de même avec les adolescents les plus en difficulté d'individuation : pour eux, les conditions d'investissement doivent déjà être là, fournies par les adultes, mais de telle façon qu'ils puissent avoir le sentiment de les créer. Pour ce type d'adolescents, un tel travail va se traduire par l'importance de la restauration de soi et du plaisir pris à fonctionner, notamment dans le « faire avec » et le partage d'activités, sans que ce plaisir ait à être mesuré et sans que la question de son appartenance ait à se poser, c'est-à-dire sans que l'adolescent concerné ait à se demander à qui il le doit et d'où il provient. Ce plaisir à fonctionner sera d'autant plus nourrissant qu'il est protégé par une certaine méconnaissance qui autorise à le vivre comme étant sien, sans être confronté à autrui et à sa différence, lesquels ne pourraient être que source d'une envie dangereuse.

À ce *plaisir partagé dans l'activité et l'échange* fait pendant l'aménagement de conditions d'expression d'une conflictualité rendue tolérable et l'expression d'exigences de la part des adultes. Le conflit permet, en effet, à un adolescent de prendre un rôle actif ; il a une valeur d'épreuve à laquelle se mesurer ; il est une occasion de contact, mais en marquant les différences ; il témoigne de l'intérêt accordé à l'adolescent et de l'importance que l'adulte attache à ses attitudes ; il permet un maniement de l'agressivité dans un climat qui reste globalement positif. Le conflit est un facteur de médiation entre les protagonistes. Il autorise les échanges, permet la relation et la satisfaction des besoins de dépendance sous-jacents, tout en confortant, à travers les oppositions, le sentiment d'autonomie et d'identité personnelle chez l'adolescent.

Limiter n'est pas réprimer. Une ambiguïté apparaît immédiatement, et l'amalgame est volontiers fait entre ces deux termes. Que cela soit ressenti de cette façon par l'adolescent est naturel et de bonne guerre, mais ce qui l'est moins, c'est quand la confusion est entretenue par les adultes eux-mêmes. Or poser des limites et différer la satisfaction, c'est en réalité permettre à l'adolescent de mûrir son désir et protéger son narcissisme. Celui-ci peut croire, par exemple sur le plan des relations sexuelles, que ce sont les limites et les interdits posés par les adultes qui empêchent sa satisfaction, alors que, en réalité, il n'y est simplement pas prêt affectivement. En revanche, l'absence de limites joue comme une véritable incitation au passage à l'acte, obligeant l'adolescent soit à prendre conscience, brutalement et d'une façon qui peut être humiliante, de ses propres limites et inhibitions, soit à se lancer précocement et de manière contraphobique dans une aventure pour laquelle il n'est pas encore disponible. Elle risque de le précipiter dans la parodie des conduites adultes, le faire-semblant et le simulacre, le confrontant à un sentiment de faux, de vide interne et de dramatique méconnaissance, par son entourage, de sa réalité profonde.

Une attitude laxiste est facilement entendue par un adolescent comme une complicité de la part des parents, une façon pour eux de vivre par procuration une adolescence qu'ils ont rêvée, mais n'ont pas connue. Elle peut avoir le même effet sidérant qu'une interprétation sauvage qui confronte brutalement à ses contradictions, notamment entre le besoin qu'on éprouve de s'affirmer et la dépendance qu'on ressent, intolérable pour l'amour-propre, à l'égard des adultes. En revanche, une limite posée est aisément surmontable quand la maturité est suffisante, tout en permettant à l'adolescent de sauvegarder l'image qu'il a de lui-même.

Éduquer, c'est aussi respecter

La relation parent-enfant, comme celle éducateur-enfant, doit être fondée sur le respect – un respect réciproque, mais asymétrique. Le respect consiste à reconnaître l'autre pour lui-même, c'est-à-dire comme une personne à part entière, ayant des besoins et des désirs propres, qui ne se confondent pas avec les siens. Ce respect, que chaque parent devrait placer à la base de ses relations avec ses enfants, est présent dans divers domaines : respect des besoins de l'enfant et de son autonomie potentielle ; respect de son corps, qui ne doit pas servir à assouvir les désirs sexuels ou agressifs des adultes ; respect de son esprit, qui doit s'ouvrir à la différence, et donc, à la capacité de critique, par la découverte de la langue, les apprentissages, la culture et les contacts hors du milieu familial. Mais ce respect reste obligatoirement asymétrique dans la mesure où les parents ont le devoir d'éduquer leur enfant, alors que l'inverse n'est pas vrai.

Le devoir d'éducation implique ainsi une asymétrie du respect, qui se traduit pour l'adolescent, comme pour l'enfant, par le devoir d'obéissance aux injonctions et aux règles éducatives. Néanmoins, si le respect passe par l'acceptation des décisions éducatives des parents, cela n'exclut ni la discussion, dont les modalités varient d'une famille à l'autre, ni l'esprit critique. Mais, quelle que soit la critique que puisse en faire l'adolescent, le respect lui impose, au final, l'obéissance, quitte à ce qu'il se raccroche, une fois qu'il sera adulte, à la possibilité qu'il aura de faire autrement, y compris dans l'éducation de ses propres enfants.

La règle d'or en matière d'éducation est donc de savoir poser des limites, *contenir*, et parfois sanctionner, mais sans jamais humilier. Punir n'est pas humilier, mais poser une limite à une attitude ou un comportement, sanctionner une faute et demander réparation pour un dommage commis. Il est primordial qu'un adolescent puni ait la conviction qu'il en aurait été de même pour un autre que lui. Dans la punition, le jugement porte sur l'acte, et non pas directement sur la personne qui l'a commis. Il sous-entend que la personne aurait pu, aurait dû agir autrement et donc qu'elle avait les qualités requises pour le faire. Une punition peut irriter sur le moment, voire provoquer un sentiment d'humiliation, parce qu'elle est subie et qu'il faut s'y soumettre, mais, en général, elle ne laisse guère de traces… Tout autre est l'humiliation, qui prend son origine dans la volonté de blesser l'autre. Alors, le jugement ne concerne plus seulement les actes et les paroles, mais la valeur de la personne qui en est l'auteur, jugée incapable d'agir autrement, indigne de confiance, d'estime ou d'intérêt. La blessure est portée au cœur même de l'adolescent, qui risque d'en garder une trace durable, laquelle alimentera, tant qu'elle persistera, violence et rancune.

L'autorité, expression d'un tiers médiateur et au travers de lui de l'ordre social, ouvre un espace nouveau qui constitue un au-delà de l'affectivité, qui intègre celle-ci et la dépasse. On conçoit que cette autorité puisse aisément se pervertir, devenir l'expression cachée de l'affectivité, le moyen d'exercer sa puissance sur un jeune afin, pour le moins jeune, d'assouvir son affectivité à des fins purement personnelles. Hors tout travestissement de ce genre, la manifestation d'une autorité permet essentiellement l'établissement de limites qui sont la condition d'une différenciation. En effet, on ne peut se connaître et prendre sa mesure qu'en se différenciant, car il n'est identité que par rapport à des différences. N'étant pas encore assuré de son identité interne, un adolescent a besoin de différenciations qui viennent de l'extérieur. Aux adultes, donc, de ne pas renoncer à leurs responsabilités. Car, pour paraphraser Winnicott, agir autrement, ce serait laisser tomber ses enfants à un moment critique. « Survivre intacts, sans changer la couleur et sans renoncer à des principes importants », n'est-ce pas ce que les parents ont de mieux à faire ?

CONCLUSION

Ce fut une chance et un privilège d'avoir pu être ainsi un de ces passeurs, placé à un point d'accueil, celui du soin, et d'avoir pu rencontrer ces adolescents à la recherche d'eux-mêmes pour essayer de les aider à se trouver. Il m'a fallu leur tendre la main et parfois la saisir fortement, sans toujours leur demander leur avis, mais en sachant pourquoi je le faisais. Ce qui me permettait de le savoir, c'était, par exemple, d'avoir été le témoin de la qualité de vie retrouvée de celui qui, un jour, avait souffert de troubles schizophréniques graves, de voir le plaisir pris de nouveau à vivre chez cet autre qui sortait d'un épisode mélancolique, de rencontrer le sourire épanoui de tel adolescent qui avait, enfin, ses premières bonnes notes après tant d'années d'échec, d'entendre au téléphone le bonheur tranquille de cette ancienne anorexique qui s'était décollé les deux rétines par ses coups de poing sur les yeux et qui avait failli mourir…

Il faut avoir été le témoin de cette renaissance possible, parfois après quinze ans de galère, pour regretter toute sa vie de ne pas avoir pu ou su empêcher d'autres de mourir ou de gâcher leur vie par des comportements qu'ils n'avaient même pas choisis. Ce que m'ont appris les adolescents prisonniers de cet engrenage destructeur, c'est que ce gâchis n'est jamais un choix, même s'ils le croient à ce moment-là, mais une contrainte liée à la peur, dont ils n'ont pas conscience ou qu'ils peuvent méconnaître en raison de la position active qu'elle semble leur conférer. Comme le disait si finement Albert Camus : « Si je me suicidais, au moins j'aurais l'initiative… » Une telle position de maîtrise soulage immédiatement car, paradoxalement, on se sent exister et on peut croire qu'on redevient l'acteur de sa vie, effaçant la souffrance, l'anesthésiant, parfois même la renversant en un triomphe tragique. En vérité, adhérer à une contrainte n'est pas un choix, si on ne peut se prouver qu'on peut faire autrement. Le plus souvent, c'est une source de soulagement et un moyen immédiat de rester en vie. Sans doute faut-il y voir l'une des raisons de la force des comportements masochiques ou de ce qu'on a nommé le syndrome de Stockholm qui conduit l'otage à s'attacher à son ravisseur. Certes, on ne décide jamais d'aller mal, on est le fruit d'un héritage et, plus encore, de rencontres, mais on devient aussi ce qu'on fait et on se gâche à force de tout gâcher. Le drame est qu'il est parfois bien difficile de résister à la tentation de s'enfermer dans le malheur. « Quand l'âme reçoit une trop grande souffrance, note encore Camus joliment, il lui vient un appétit de malheur… »

Il me semble que les adultes sous-estiment par trop qu'ils demeurent pour tous les adolescents des porteurs d'espoir. Or les adultes savent, pour l'avoir vécu, qu'il peut faire beau après la pluie et le brouillard, que l'attente vaut souvent la peine, qui débouche en général sur un plaisir qui ne pouvait ni être reconnu ni même parfois imaginé *a priori.* Un adolescent qui se cherche ne le sait pas toujours et, dans sa tentative de sortir d'un engrenage destructeur, c'est la douleur qui, à certains moments, risque de le reprendre, renaissant encore plus vive. « Je ne savais pas que je souffrais... », m'a ainsi dit un jour un adolescent qui commençait à abandonner ses comportements autodestructeurs. Si cet adolescent avait réussi à s'anesthésier par ses conduites, nous autres soignants savions qu'il allait mal, malgré toutes ses dénégations, et qu'il était de notre responsabilité de ne pas l'abandonner à son autosabotage, quitte à lui imposer des mesures de survie.

Comment peut-on encore soutenir qu'il faut attendre l'accord de celui qui est en perdition pour agir et prendre des mesures d'autorité ? Quel miroir tendons-nous aux jeunes si nous avons peur de leur poser des limites, et quelle confiance ces jeunes peuvent-ils avoir en nous si nous nous montrons si peu convaincus de notre importance ? Pour vivre, les adolescents ont besoin que les adultes sachent tenir leur place et imposer, comme nécessaire et naturel, leur soutien, leur accompagnement, leur autorité. Mais, plus que tout, ils ont besoin que ces mêmes adultes témoignent, par leur existence, de l'intérêt que la vie a en elle-même, indépendamment des échecs, des souffrances et des déceptions inévitables. C'est la première des préventions et la motivation la plus efficace pour donner à un adolescent l'envie de prendre soin de lui. D'ailleurs, si on a donné la vie, la moindre des cohérences n'est-elle pas de garantir la priorité du vivant, de soutenir la créativité contre la destructivité, cette revanche des narcissismes blessés, de défendre ce que j'ai appelé la solidarité du vivant ?

PETITE BIBLIOGRAPHIE SÉLECTIVE

BOBIN C., *Le Très-Bas*, Paris, Gallimard, 1993.

BOWLBY J., *Attachement et Perte*, Paris, PUF, 1984, vol. 1, 2, 3.

BRACONNIER A., *Petit ou Grand Anxieux ?*, Paris, Odile Jacob, 2002.

BRACONNIER A. et MARCELLI D., *L'Adolescence aux mille visages*, Paris, Odile Jacob, 1998.

BRUSSET B., *La Psychanalyse du lien. La relation d'objet*, Paris, Le Centurion, 1988.

CAHN R., *L'Adolescent dans la psychanalyse. L'aventure de la subjectivation*, Paris, PUF, 1998.

CAMUS A., *Le Premier Homme*, Paris, Gallimard, 1994.

CYRULNIK B., *Le Murmure des fantômes*, Paris, Odile Jacob, 2003.

DENIS P., *Emprise et satisfaction*, Paris, PUF, 1997.

EHRENBERG A., *La Fatigue d'être soi. Dépression et société*, Paris, Odile Jacob, 1998.

GIVRE Ph. et TASSEL A., *Le Tourment adolescent*, Paris, PUF, « Le fil rouge », 2007.

GOLSE B., *Insister, exister. De l'être à la personne*, Paris, PUF, « Le fil rouge », 1990.

GREEN A., *Narcissisme de vie, narcissisme de mort*, Paris, Minuit, 1982.

GRISCELLI C., *En quête d'adolescences*, Paris, Privat, 2007.

GUEDENEY N. et GUEDENEY A. (éds.), « Introduction à la théorie de l'attachement. Concepts et applications », in *Les Âges de la vie*, Paris, Masson, 2006, 2e édition.

GUTTON P., *Le Pubertaire*, Paris, PUF, 1991.

HUERRE P., PAGAN-REYMOND M. et REYMOND J.-M., *L'Adolescence n'existe pas*, Paris, Odile Jacob, 1997.

JEAMMET N., *Amour, sexualité, tendresse : la réconciliation ?*, Paris, Odile Jacob, 2005.

KESTEMBERG E., *L'Adolescent à vif*, Paris, PUF, « Le fil rouge », 1999.

MARCELLI D., *La Surprise. Chatouille de l'âme*, Paris, Albin Michel, 2000.

MISÈS R., *Les Pathologies limites de l'enfance*, Paris, PUF, « Le fil rouge », 1990.

PASCHE F., *Le Sens de la psychanalyse*, Paris, PUF, « Le fil rouge », 1988.

REYNAUD M., *L'Amour est une drogue douce en général*, Paris, Robert Laffont, 2005.

RUFO M. et CHOQUET M., *Regards croisés sur l'adolescence, son évolution, sa diversité*, Paris, Anne Carrière, 2007.

WINNICOTT D. W., *Jeu et Réalité*, Paris, Gallimard, 1971.

REMERCIEMENTS

Je tiens à rendre hommage à tous ceux qui ont nourri ma réflexion au point que je ne sais plus très bien ce qui revient à chacun d'eux et ce qui me revient dans cette élaboration. C'est le destin de la transmission réussie et ce qui permet probablement son assimilation par celui qui s'en nourrit de se situer davantage dans le champ du transitionnel que dans le registre de l'appartenance.

Ce que je sais, c'est que je ne serais pas ce que je suis si je ne m'étais pas nourri de ce qu'ils m'ont apporté. Je sais ce que je leur dois et cela me rend plus libre de pouvoir aussi être différent, de ne pas avoir besoin ni de rejeter ni de reproduire leur apport.

Je tiens ainsi à exprimer ma gratitude à Raymond Cahn, Colette Chiland, Christian David, René Diatkine, Serge Lebovici, Michel de M'Uzan et, plus particulièrement, André Green, Évelyne Kestemberg et Roger Misès dont l'apport clinique et théorique ont été à la base de ma formation, pour ne citer que les plus marquants de ceux de la génération qui m'a précédé, sans oublier H. Flavigny dont la pratique clinique a constitué une véritable matrice pour moi. J'associe à ces remerciements Alain Braconnier, Bernard

Brusset, Paul Denis et Philippe Gutton pour leur précieux compagnonnage.

Cette gratitude s'adresse aussi à tous les membres et à toutes les catégories de soignants de l'équipe hospitalière avec lesquels j'ai eu la chance de travailler dans une ambiance, où le plaisir de l'échange a toujours pu prendre le dessus sur les inévitables et parfois nécessaires conflits. C'est cet échange constant qui a nourri cette réflexion. Je ne rappellerai que les plus anciens de mes collègues : Gilles Agman, Frédéric Atger, Élisabeth Birot, Anne Bonnafont, Maurice Corcos, Nathalie Godart, Annie Gorgé, Nicole Guedeney, Daniel Hurvy, Irène Kaganski, Didier Lippe, Bernard Richard et, bien sûr, Catherine Chabert, sans oublier tous les collègues plus jeunes et avec une pensée attristée pour Blandine Foliot qui vient de nous quitter.

Je tiens à remercier tout particulièrement Claude Corlier pour ne pas avoir ménagé son soutien dans ce difficile travail d'écriture et de mise en forme.

Ce livre n'aurait pas lieu d'être sans les adolescents et leur famille. C'est à eux qu'il s'adresse en premier, c'est ma façon de les remercier pour ce qu'ils m'ont apporté. Mais il n'aurait peut-être pas vu le jour sans le soutien constant et la cordiale ténacité d'Odile Jacob. Je tiens à lui dire un grand merci, ainsi qu'à Marie-Lorraine Colas qui a contribué avec tant de patience et de persévérance à l'amélioration de cet ouvrage.

Mon dernier remerciement ira à Nicole Jeammet qui, implicitement et explicitement, a contribué à la coconstruction de ce travail.

TABLE

CET OUVRAGE A ÉTÉ TRANSCODÉ
ET MIS EN PAGES CHEZ NORD COMPO (VILLENEUVE-D'ASCQ)
ET ACHEVÉ D'IMPRIMER SUR ROTO-PAGE
PAR L'IMPRIMERIE FLOCH À MAYENNE
EN AOÛT 2008

N° d'impression : 71902
N° d'édition : 7381-1735-2
Dépôt légal : janvier 2008

Imprimé en France